MOI, MARIE-ANTOINETTE

Isabelle, comtesse de Paris

Moi,
Marie-Antoinette

ROBERT LAFFONT

Ouvrage publié
sous la direction d'Alexandre Wickham

© Éditions Robert Laffont, S.A., Paris, 1993
ISBN 2-221-07485-8

J'exprime toute ma reconnaissance à Isabelle Le Bis pour son dévouement et l'aide intelligente qu'elle m'a apportée.

PRÉFACE
par Anne de France

Aux étages supérieurs d'un vieux palais de Lisbonne, une pièce inhabitée sert d'atelier au peintre Eduardo Malta. Mes parents, tour à tour, vont s'y installer et posent de longues heures, tandis que le reste de la maisonnée « tourne rond » selon l'expression de ma mère. En effet, les repas sont servis aux heures dites, et pour nous les enfants, nos classes d'histoire, de grammaire, de latin ou autres se poursuivent selon les horaires prévus dans les salles du rez-de-chaussée, loin de ce qui se passe là-haut.

Mais, aux récréations, au lieu d'aller au jardin, je me faufile dans un dédale d'escaliers, de couloirs et de corridors à coudes pour découvrir « l'Histoire » sous les combles. J'y reviens chaque jour, dans l'espoir que les séances de pose ne soient pas terminées, car je suis fascinée par l'extraordinaire parure de saphirs de Marie-Antoinette que porte ma mère. C'est alors pour la première fois que je vois se superposer sur elle la silhouette de la Reine martyre.

Est-ce la magie des pierres, l'imagination d'une enfant de neuf ans à qui l'on a déjà bien rabâché l'Histoire de France? Que sais-je? Mais le fait est que dans cette ample pièce vide ma mère est seule dans la pose hiératique que devait avoir Marie-Antoinette dans la nudité du Temple... et pour celle-ci, toujours des colliers, des histoires de colliers et pour finir, sur son cou, l'acier de la mort! Toutes ces fantasmagories me font frissonner. Le silence pèse, pendant que le maître dévoile

9

les traits de son modèle. Et subitement mille aspects d'une réincarnation de Marie-Antoinette s'étalent au grand jour sur la toile.

Sous les pinceaux et les regards imaginatifs de l'enfance, c'est une reine que fait apparaître l'artiste. Les yeux bleu pâle d'Isabelle d'Orléans-Bragance (qui d'ailleurs ressemblent à ceux de Marie-Antoinette) se perdraient-ils dans la vue lointaine du paysage... ou de celle de l'Histoire ? Ces maillons de saphirs et de diamants cernant son cou tendent à relier directement sa vie avec cette illustre jeune femme du XVIIIe siècle.

L'auteur de ce livre se sent mille affinités avec Marie-Antoinette, ne serait-ce que parce qu'elle descend de Marie-Caroline de Naples et de Léopoldine, impératrice du Brésil, respectivement sœur et nièce de la reine de France. Donc un même sang ou peut-être quelques gènes se retrouvent pour cette arrière-arrière-petite-nièce de Marie-Antoinette.

Les ressemblances amènent parfois bien des analogies psychologiques, d'où cette phrase de ma mère au cours d'une conversation à Louveciennes sur la malheureuse reine : « C'est une femme que je comprends tellement bien. » De nouveau ce rapprochement entre l'une et l'autre. Chose assez normale car certains membres de notre famille du passé deviennent des amis intimes à force de les lire. Nous en parlons entre nous, nous les voyons vivre au salon, aux repas... mais oui, eux dans leur cadre, et nous, installés sous leur regard dans le quotidien. Que de questions posées en silence à ces personnages, que de coups d'œil croisés où l'on cherche la réponse au fond de ces prunelles brillantes peintes avec art ! Voyez-vous, il est des familles où le rapprochement avec les ancêtres se fait avec beaucoup d'aisance, et cela depuis des générations.

Je pense, en conséquence, que la comtesse de Paris peut avoir une vision, plus que cela, une complicité très spéciale avec certains personnages de l'Histoire : comme une survivance.

Marie-Antoinette, on le sait, a souvent servi de bouc émissaire à l'Histoire.

10

Ce livre fera découvrir, au-delà de la politique du moment, la femme qu'elle était, tout simplement, avec ses battements de cœur trop souvent étouffés sous des manœuvres insidieuses. On la critique, on l'aime. Sa vie durant, son charme et sa vivacité l'ont entourée d'amis ou d'ennemis. Elle n'est indifférente à personne.

Dès que l'on approche la « question Marie-Antoinette », l'enchaînement des faits devient surprenant. Telle l'anecdote suivante, reliée à la naissance de ce livre.

J'ai eu le plaisir en juin 1992 d'accompagner ma mère chez l'éditeur Robert Laffont, dans son bureau avec vue sur les toits du quartier Saint-Sulpice. C'est là, sans hésitation, que Madame prit la vaillante décision d'écrire ce livre. L'enthousiasme fut immédiat de part et d'autre. Un échange de propos brillants s'entrecroisa. Dans le vif du sujet, personne ne se rendit compte que les toitures de l'immeuble voisin étaient en feu. Déjà les pompiers nous encerclent; il y a de la fumée partout! Difficile de poursuivre une conversation dans ce brouillard! Un court-circuit nous laisse dans l'obscurité totale! Nous descendons à tâtons. Les flammes redoublent, et quelqu'un de s'exclamer alors : « Il suffit de parler de Marie-Antoinette pour s'enflammer! »

J'ajouterai que l'auteur de cet ouvrage, sans être historienne de métier, réalise son projet avec intuition, connaissance et générosité de cœur. Avec sa façon d'être, l'élégance et le savoir-faire de sa plume, elle nous offre un nouveau profil de Marie-Antoinette.

Anne de France

AVANT-PROPOS

Bien suspendu sur ses sangles de cuir, le carrosse allait bon train. Qui transportait-on à cette belle allure? Une petite fille de quinze ans. J'aime cette petite fille, gracieuse et enjouée, j'ai toujours aimé cette enfant, cette jeune fille, cette jeune femme. Qui est-elle donc? C'est Marie-Antoinette. Une parente? Non, pas vraiment. Mais nous sommes du même arbre. Un sang semblable coule dans nos veines. Sa sœur, Marie-Caroline de Naples, était la mère de la reine Marie-Amélie, épouse du roi Louis-Philippe, mon trisaïeul; l'archiduchesse Léopoldine, la fille de l'empereur François II, neveu de Marie-Antoinette, était également ma trisaïeule, car elle épousa l'empereur du Brésil Pierre Ier.

Le sang, la race, cela peut être une catastrophe, dans une vie, ou au contraire un bienfait. Dans mon cas, je ne suis pas fière, mais heureuse d'appartenir à la race de ces jeunes femmes. C'est la raison pour laquelle je comprends Marie-Antoinette tellement bien. Je la comprends, je la devine; ce n'est pas une impression, c'est une certitude. Comme je l'ai déjà dit une fois, je ne suis pas une historienne, mais j'aime défendre passionnément ceux qui sont accusés injustement. Et lorsqu'ils font partie de ceux que j'appelle « les miens », alors j'emploie tous les moyens, même écrire en transposant leur pensée et leur raison.

Quels meilleurs instants pour ce plaidoyer que l'année 1993, aux approches de ce bicentenaire? Cette année, nous

13

nous souvenons de la mort d'une femme incomprise, calomniée, une martyre dont l'Histoire et une partie de l'humanité n'ont jamais réalisé combien elle a été courageuse dans l'adversité. L'Histoire ne se souvient que de ses défauts. Qui n'en a pas ? Personne ne se souvient de ses qualités, toutes de générosité, d'attention auprès des plus humbles, de dévouement à sa famille, d'amour pour ses enfants. On oublie aussi que cette jeune femme est morte avant ses trente-huit ans.

Lorsque je pense à Marie-Antoinette, reine de France, je suis bouleversée en revoyant les contrastes de sa courte vie, qui est allée en s'amplifiant vers le malheur. Il y eut son enfance, simple et heureuse, et ensuite son adolescence à la cour de France, parmi tout ce luxe inimaginable et toutes ces tentations, à une époque où elle était pourtant en plein désarroi. Et puis, sa vie de jeune femme et de mère comblée, et soudain, l'horreur qu'elle domine avec sagesse.

Et je vais me répéter : elle était de bonne race, ce qui lui permit de tenir la tête haute et de garder jusqu'à la fin sa désinvolture. Mais surtout, il s'opéra dans son caractère quelque chose d'extraordinaire. Par nature, elle était légère et intellectuellement paresseuse. Son charme suffisait pour qu'elle obtienne tout sans effort depuis sa plus tendre enfance. Et subitement, comprenant que sa famille et son royaume étaient en grand péril, et que le roi, tout en jugeant bien la situation, hésitait toujours trop longtemps avant de prendre une décision, elle prit les choses en main avec détermination et énergie, on pourrait dire une énergie du désespoir. Elle qui n'écrivait que peu de lettres, et assez insignifiantes, se mit à rédiger des rapports et des ordres dans un style parfait et d'une grande clarté. La femme futile et paresseuse se mua en femme de tête et de courage. Courageuse, elle l'a toujours été, mais elle employait son ardeur en actions inutiles. Son horreur du mensonge et de la dissimulation lui a causé plus de tort que de bien. Elle disait trop franchement ce qu'elle pensait et jugeait nécessaire d'être dit, ce qui, dans une cour où la dissimulation était devenue un art, lui a créé beaucoup d'ennemis. Et sa nature étourdie la faisait souvent agir déraisonnablement. Pauvre Marie-Antoinette! On ne lui a pas laissé le temps de devenir une femme de valeur, on l'a jugée sur son passé; or toute nature généreuse a plusieurs facettes. Toutes ses qualités ne se sont épanouies que dans l'épreuve. Son vrai caractère surgit dans une phrase écrite aux Tuileries : « C'est dans le malheur que l'on sent davantage ce qu'on est. »

J'aimerais décrire l'ambiance très spéciale et fermée à toute tentation de la cour d'Autriche, là où commencent l'histoire et l'enfance de Marie-Antoinette. Cette petite avant-dernière parmi seize frères et sœurs vivait dans une cour austère et bien ordonnée. Cette sévérité était le cadre extérieur qui entourait une vie de famille heureuse, simple et gaie. La mère, souveraine impératrice d'Autriche, dirigeait cet immense pays, l'Empire austro-hongrois, examinant absolument tout, inondant sa famille de lettres de plusieurs pages en français, surveillant la santé et l'éducation de ses enfants et de ses petits-fils, enfants de ses fils surtout. Les enfants de son fils Léopold, grand-duc de Toscane avant d'être empereur d'Autriche après la mort de son frère Joseph II, ses petits-enfants donc, lui donnèrent beaucoup de tracas. Et le pauvre comte Coloredo, leur gouverneur, reçut de nombreuses mercuriales remplies d'une multitude de conseils pour faire soigner la rougeole de ces petits enfants. Ceci est un exemple entre beaucoup d'autres.

Entre deux lectures, comptes rendus de ses ministres et quelques signatures, l'impératrice Marie-Thérèse d'Autriche mit au monde son quinzième enfant, pendant que son époux l'empereur François Ier et les archiducs aînés assistaient à la messe des morts du 2 novembre 1755. Le lendemain, dans l'allégresse familiale, cette enfant fut baptisée et reçut les noms de Maria, Antonia, Josepha, Johanna, en l'honneur de ses parrain et marraine le roi et la reine du Portugal. Ces malheureux monarques vivaient depuis le 1er novembre la plus grande calamité jamais vue à Lisbonne : un tremblement de terre suivi d'un raz de marée qui

15

détruisit presque toute la ville. Et pour couronner le tout, il y eut un immense incendie. La coutume au Portugal voulait que dans la nuit du 1er au 2 novembre les cimetières et les églises fussent illuminés de cierges que l'on brûlait en l'honneur des morts, ce qui causa, à la suite du tremblement de terre, un incendie effroyable.

Ce furent son frère Joseph et sa sœur Marie-Anne qui portèrent l'enfant nouveau-née sur les fonts baptismaux.

Malgré ses occupations politiques et ses nombreux voyages, Marie-Thérèse suivait la santé et l'éducation de ses enfants avec une grande rigueur. On disait que l'impératrice ne s'occupait pas assez de ses propres enfants. Mais elle avait l'œil à tout et surveillait surtout énormément la régularité des horaires depuis le lever jusqu'au coucher, ainsi que les prières du soir. Elle écrivait de multiples lettres de conseils et désirait qu'on la tienne au courant journellement de tout ce qui leur arrivait. Tout petits, les enfants étaient confiés à des ayas, femmes dévouées qui devaient rendre compte à l'impératrice des moindres petits ennuis que l'enfant pouvait avoir. En l'absence de Marie-Thérèse, les ayas devaient immédiatement prévenir le médecin de famille, le docteur Van Swieten. Celui-ci trouvait que l'empereur et l'impératrice mangeaient trop. Mais ceux-ci n'en avaient cure en ce qui les concernait. Par contre, pour les enfants, la discipline alimentaire était très stricte. Pas de sucre, ni pâtisserie et confiture en excès. Le soir, ils devaient se contenter d'un potage maigre, d'un œuf et quand même un dessert léger. L'impératrice tenait à une grande propreté et à des bains quotidiens, « pris avec décence », commentait-elle, « pour inspirer de bonne heure la modestie ». Dès tout petits, elle voulait que ses enfants s'habituent à toute éventualité, par exemple, dormir malgré le bruit ou la lumière, « pour leur ôter la peur à l'égard des choses qui peuvent d'ailleurs en donner ». Elle recommandait aux ayas de parler convenablement aux petits enfants, et de ne pas employer un langage de bébé sous prétexte que cela leur plaisait mieux. Dès l'enfance, les enfants comprenaient et

16

parlaient plus ou moins bien trois langues : le français, l'allemand et l'italien. Cette mère qui veillait à tout, malgré ses occupations d'homme d'État qu'elle menait de main de maître, a su créer une ambiance de famille unie et joyeuse.

La petite Toinette avait une grande amie et compagne de tous les jours, en sa sœur Marie-Caroline, un peu plus âgée qu'elle, et future reine de Naples. Elles couchaient dans la même chambre. Et le soir, c'était entre ces deux petites filles de grandes parties de rire et d'échanges de secrets, ce qui agaçait beaucoup leur mère. Elle trouvait cela futile et une perte de temps. Elle menaça même de les séparer si cette dissipation continuait.

Quant au *paterfamilias*, François de Lorraine, empereur, c'était un homme jovial. Il adorait ses enfants, surtout les plus jeunes, dont Marie-Antoinette, qu'il appelait Toinette ou ma petite. La prière en commun était d'usage, en même temps que la tournée du soir des plus petits au lit. Promenades et pique-niques en famille étaient des divertissements assez fréquents. Que l'on s'imagine cette petite archiduchesse, l'une des benjamines, taquinée par ses frères, aimée par ses sœurs, et gâtée par son père qui l'admirait beaucoup, surtout lorsqu'elle dansait. Il riait de ses fantaisies, de ses glissades au travers des salons, de ses impertinences avec les messieurs de la cour. Elle était mince, gracieuse, et s'adonnait à tout avec passion, sauf aux études. Elle était très paresseuse intellectuellement, et jusqu'à l'âge de douze ans spécialement ignorante. En un mot, heureuse, et assez mal élevée.

Mais un jour l'impératrice, déesse Junon de cette cour, s'aperçut que sa petite fille était trop gâtée par sa gouvernante, la comtesse de Brandeiss, qui écrivait tous les devoirs que la jeune archiduchesse n'avait plus qu'à recopier. Ce fut le premier gros chagrin de Marie-Antoinette, car la pauvre comtesse de Brandeiss fut renvoyée sur-le-champ. L'autre immense chagrin a été la mort de son père. C'était une petite fille passionnée, rieuse, spontanée et pleine de charme, disant toujours la vérité, d'autant plus sensible à de telles épreuves.

Le mariage de ses filles était un des soucis majeurs de l'impératrice. Elles représentaient des pions pour sa politique. L'archiduchesse Marie-Christine épousa le prince Albert de Saxe-Teschen. Tout était préparé pour le mariage de Josepha avec l'infant de Parme, lorsqu'il y eut une épidémie de petite vérole au palais, et Josepha mourut quelques jours avant son mariage par procuration. Qu'à cela ne tienne, l'impératrice arrangea le mariage de l'infant de Parme avec sa fille Marie-Amélie. Trois ans avant les fiançailles de Marie-Antoinette, ce fut le tour de Marie-Caroline, qui partit pour Naples. Sa petite sœur en fut très affectée. Sa sœur chérie lui manqua beaucoup, mais pour ses jeux, jardinage à Schönbrunn et promenades à cheval, Marie-Antoinette se rabattit sur son petit frère cadet Maximilien. Elle a toujours détesté être seule.

Lorsque Marie-Antoinette eut douze ans, l'impératrice s'inquiéta sérieusement du futur de sa cadette. Depuis déjà quelque temps, de nombreux contacts étaient pris avec la cour de France. Choiseul, ministre des Affaires étrangères, le marquis de Durfort, nouvel ambassadeur de France à Vienne, et Starhemberg, ministre de Marie-Thérèse, étaient souvent convoqués par l'impératrice et l'archiduc Joseph.

A la mort de l'empereur François Ier, l'impératrice eut une grande peine, qui lui fit entrevoir pendant quelque temps de se retirer au couvent. Mais cette décision fut de courte durée, Marie-Thérèse jugeant que son fils Joseph, à vingt-quatre ans, serait parfait sous ses ordres comme co-empereur. Cette situation n'allait pas sans heurts, et le chancelier Kaunitz servit longtemps d'arbitre entre ces deux personnalités. Je ne vais pas entrer dans les complications de la politique autrichienne. Je reviens donc à la petite Toinette de douze ans et aux tractations des deux cours au sujet de son mariage. Marie-Thérèse fut prise d'inquiétude lorsqu'elle se rendit compte que sa fille, qu'elle espérait bien voir future Dauphine, était ignorante comme une carpe. Elle chantait bien, dansait bien, mais parlait à peine le français. C'était vraiment peu. Pendant ce temps, l'ambassadeur

d'Autriche à Paris, Mercy-Argenteau, s'entretenait régulièrement, avec Choiseul, du grand projet.

En 1768, l'impératrice prit les grands moyens pour par-
faire l'éducation de sa fille. Gluck fut chargé des leçons de
musique au clavecin. Noverre eut la mission d'apprendre
la danse à la petite archiduchesse. La musique et la danse,
ce genre de leçons ne pouvaient que plaire à notre Toinette, qui toute sa vie fut une passionnée de ces deux arts et
garda toujours une grande admiration pour Gluck. L'impératrice eut de plus une idée assez stupéfiante : une troupe de
comédiens français se trouvant à Vienne, Marie-Thérèse
demanda aux acteurs Aufresme et Sainville de donner des
leçons de diction et de chant à sa fille.

Lorsque l'on apprit cela en France, Choiseul fut horrifié et
demanda à Mercy-Argenteau de prévenir l'impératrice qu'il
vaudrait mieux ne pas faire fréquenter à la future Dauphine
des comédiens à la morale peu recommandable. Marie-
Thérèse ne fut point offensée par cette démarche, mais dans
le fond ravie de constater que c'était une preuve que l'on
s'intéressait à sa fille à la cour de France. Profitant de cet
épisode, elle demanda à Mercy-Argenteau de trouver un
précepteur idéal pour sa fille. L'évêque d'Orléans, monseigneur de Jarente, recommanda l'abbé Vermond, grand
vicaire de Loménie de Brienne, docteur en Sorbonne,
bibliothécaire au collège des Quatre-Nations. Et voilà comment ce brave abbé entra dans la vie de Marie-Antoinette et
lui dévoua vingt ans de sa vie. Il n'était ni beau ni laid, ni
vieux ni jeune, un agréable saint homme. Et il réussit immédiatement à intéresser cette enfant paresseuse par des
méthodes où le récit et les explications de texte surent capti-
ver son élève. Je pense que cet homme psychologue parvint
à éveiller l'intelligence et la curiosité de cet esprit dont on ne
s'était jamais vraiment occupé, et à développer sa mémoire
qui était déjà assez remarquable.

En 1770, ce fut le dernier printemps que la gentille Toinette passa en famille. Malgré ses sévérités, Marie-Thérèse
avait une tendresse toute spéciale pour sa petite dernière.

Lorsqu'on lit ses lettres, ses recommandations, cette mère absolue et sûre d'elle avait toujours des arrière-pensées inquiètes au sujet de sa Toinette. L'impératrice voulut que le carnaval fût brillant et gai. C'était le dernier auquel sa petite Toinon assisterait à Vienne. Elle voulait que sa fille fût la plus belle et la plus fêtée.

Ensuite il y eut le carême. Trois jours avant Pâques, l'abbé Vermond fit faire une retraite à Marie-Antoinette. Il était inquiet, le cher homme, une lettre à Mercy le prouve : « Les méditations ne pourront être fort longues ; j'ai grand peur que les lectures spirituelles et les exhortations que je dois faire ne puissent l'être beaucoup davantage. Cependant, il faudra remplir ces trois jours, où Son Altesse royale ne verra personne. » Comment être calme, recueillie et sereine lorsque l'on est fiancée au Dauphin de France, lorsque l'on sait que l'on va quitter sa famille pour toujours, et lorsque l'on a quinze ans ?

Le 15 avril 1770, le marquis de Durfort fait une entrée solennelle dans Vienne, pour demander la main de l'archiduchesse au nom du roi de France. Tout Vienne est ébahi par la somptuosité du cortège et des quarante-huit carrosses. Durfort y laissa pas mal d'argent. Marie-Antoinette, fillette curieuse, regarde tout ce faste par les fenêtres du palais de la comtesse Trautmansdorf. La demande se passe le lendemain. En une audience pompeuse et après que l'impératrice et son fils Joseph ont donné leur accord, on fait venir Marie-Antoinette. Elle entre, gracieuse, grande et mince, mais pas assez étoffée, comme l'on disait à l'époque, avec une quantité de magnifiques cheveux blonds cuivrés. Toute la cour était émerveillée. Elle fait une belle révérence à sa mère, puis la comtesse Trautmansdorf lui accroche au cou une miniature du Dauphin. Marie-Antoinette en a été enchantée et a demandé de pouvoir garder ce petit portrait dans sa chambre. Le soir, chez l'impératrice, il y a eu « appartement » et grand gala. On y a joué *La Mère confidente* de Marivaux, et pour terminer la soirée un ballet composé par Noverre, *Les Bergers de Tempé*.

20

Le 17 avril, Marie-Antoinette renonça publiquement à ses droits à la succession au trône d'Autriche-Hongrie et autres lieux. Son frère, le soir même, donna une somptueuse fête au Belvédère pour sa petite sœur. Il y eut souper et bal masqué. Ensuite, ce fut l'ambassadeur Durfort qui donna une réception pour tout Vienne, mais la jeune fiancée n'y parut point. Durant ce temps de festivités, Marie-Antoinette était éblouie et dans le ravissement. Elle ne réalisait qu'une seule chose, elle allait vivre à Paris. Versailles, dans son esprit, n'était que le nom du palais dans cette ville, comme la Hoffburg représentait Vienne pour elle. Et son imagination galopait déjà sur les routes de France. Quant à l'impératrice, était-ce l'inquiétude, étaient-ce des pressentiments, était-ce tout simplement une mère qui était triste de voir sa petite dernière quitter le nid familial? En tous les cas, Marie-Thérèse fit dormir dans sa chambre la petite fiancée pendant les dernières nuits que celle-ci passa à Vienne. Elles parlèrent beaucoup toutes les deux. Et le dernier jour, l'impératrice remit à sa fille une longue lettre avec mille conseils en lui recommandant de relire souvent ce recueil de pensées à l'usage d'une Dauphine et future reine de France. Les cérémonies ne sont pas terminées pour autant. Le 19 avril, voilà le mariage par procuration. Cela se passa à l'église des Augustins. Et c'était Joseph, son frère chéri, qui représentait le Dauphin.

Le jour du départ, le 21 avril, après de longs adieux à toute la famille, Marie-Antoinette monte dans un magnifique carrosse, très confortable, avec mille commodités, que le roi de France avait fait faire tout spécialement pour sa future petite-fille. Tout un cortège la suit. Il y avait le prince de Paar, la comtesse de Paar, le comte Windeschgraetz, le comte Sternberg, le comte de Staaray, le comte Trautmansdorf, le comte de Schafgotsch et leurs épouses, un chapelain, un médecin, un chirurgien, trois pages avec leur gouverneur, et une soixantaine de gens de service. Et naturellement l'abbé Vermond. Jusqu'à Strasbourg, le voyage a été long, avec des étapes qui ne devaient jamais dépasser huit heures.

Marie-Antoinette eut l'occasion de bien connaître l'Autriche, mieux qu'elle ne connut jamais la France. A la grande joie des populations, le cortège de la Dauphine de France passa le premier soir à l'abbaye de Melk, où Marie-Antoinette eut la grande surprise de voir son frère Joseph : parti à cheval par des raccourcis, il attendait sa sœur. Lorsqu'elle le vit, elle n'en croyait pas ses yeux et se jeta dans ses bras. Les bons bénédictins, tout à l'agitation de recevoir la Dauphine de France, leur petite archiduchesse, imaginèrent de lui donner une représentation théâtrale, jouée par leurs élèves. Ce fut une épreuve, car elle tombait de sommeil. Heureusement que Joseph était à ses côtés, la maintenant éveillée de quelques coups de coude dans les côtes. Le lendemain, au départ, Joseph lui promit d'aller la visiter en France. Elle le revit au bout de sept ans.

Et le cortège continua à se traîner, en passant par Enns, Lambach, Altheim, puis, enfin en Bavière, Alt-Öttinghen, Munich, Augsbourg, Günsbourg, Riedlingen, Stokach, Donnaueschingen, Fribourg, Schuttern, et voilà le Rhin.

Le 7 mai au matin, ce furent les adieux à tous les serviteurs autrichiens. Tout le monde pleurait. A onze heures, près d'un bras du Rhin, le cortège arriva en vue de Strasbourg. Une foule immense était massée sur l'autre rive. Entre les deux, il y avait une petite île, sur laquelle on avait édifié un joli pavillon. Il se composait de deux grands salons, qui communiquaient par une salle plus petite. Du côté autrichien, Marie-Antoinette dut faire ses adieux à toutes les dames qui l'accompagnaient depuis Vienne, puis passa dans le petit salon. Madame la comtesse de Noailles apparut avec les cameristes portant les nouveaux atours. Marie-Antoinette dut se dévêtir devant ces inconnues, quitter son costume de voyage en gros de Tours blanc, et enfiler une tenue de cour avec robe et jupon d'étoffe d'or. Une fois qu'elle fut vêtue, Starhemberg fut le seul Autrichien qui l'accompagna avec la comtesse de Noailles. Raide de timidité, cependant toujours gracieuse, elle pénétra dans le grand salon des Français, où toute une cohorte d'inconnus

22

s'est effondrée en une révérence. Parmi tout ce monde, elle ne distingua plus personne. La voilà donc seule au milieu d'inconnus. Cette coupure avec son passé, sa famille, était vraiment de trop. Un immense chagrin s'empara d'elle et elle se précipita vers l'unique bouée de sauvetage qu'elle aperçut, la comtesse de Noailles, qui lui ouvrit ses bras.

Observez bien cet instant. Regardez l'enfant absolument seule tombée de son nid au milieu d'inconnus. Aimables, oui, mais des inconnus, tellement différents des gens auxquels la petite Toinette était habituée. Il faut avoir une dose bien forte de courage et de bonne discipline pour se dominer comme elle l'a fait. Car aussitôt, après ce petit intermède d'émotion, elle se reprit et écouta sagement le discours de bienvenue du comte de Noailles. Cela fut suivi de la présentation de toute la suite : le comte de Saulx-Tavannes, le marquis des Granges, maître des cérémonies, le comte de Tessé, le chevalier de Saint-Sauveur, le maréchal de Contades, le marquis de Vogüé, et suivaient les dames devant accompagner la Dauphine, la comtesse de Noailles étant la grande maîtresse – Madame l'Étiquette, comme Marie-Antoinette devait la surnommer. Il y avait également les duchesses de Villars et de Picquigny, la marquise de Duras, les comtesses de Mailly et de Saulx-Tavannes. Et l'on s'en fut vers l'autre rive du Rhin. Voilà notre Dauphine en France.

Par ces quelques lignes, j'aurais aimé faire comprendre combien la vie à la cour de Vienne était différente de la vie à la cour de Versailles. Certainement, il y avait une étiquette pour la vie officielle à Vienne, mais la vie familiale était très préservée. La morale au dix-huitième siècle, comme partout ailleurs, était très relâchée, mais à la cour de la Hoffburg, comme à Schönbrunn, Marie-Thérèse veillait activement à ce que les bonnes mœurs fussent respectées. Le langage était sans hypocrisie et sans double sens. Les enfants de cette époque étaient au courant de bien des choses de la vie, et à la cour de Vienne comme partout ailleurs. C'était ce qu'il y avait de plus naturel. Mais les enfants de Marie-Thérèse étaient loin de soupçonner la vie dépravée de Versailles.

23

Marie-Antoinette, en arrivant à quinze ans à la cour du roi Louis XV, se défendit immédiatement et instinctivement contre l'hypocrisie qui faisait fermer les yeux pour ne pas voir les mœurs dépravées et contre cette étiquette française qui se mêlait de sa vie intime et privée.

La vie de cour était tellement engoncée dans l'artifice et le mensonge, que par une étiquette stricte, on tentait de mettre un voile sur ce qu'il y avait de pire. La cour de Versailles ne comprit jamais les goûts d'indépendance de Marie-Antoinette, et prit toujours sa spontanéité et ses phrases directes pour des mensonges, pour des caprices malséants, voulant dissimuler autre chose.

Ce qui va suivre sera bien loin de cette année 1770. Nous ne verrons plus cette petite archiduchesse qui pleure parce qu'elle quitte à jamais sa famille. Nous sommes en 1793, Marie-Antoinette est enfermée dans un cachot à la Conciergerie, elle est de retour de son procès. Elle sait qu'elle va mourir. Elle pense à sa vie. Elle voudrait balayer les souvenirs tragiques et ne se remémorer que les jours heureux, mais tout lui revient par vagues. Elle est épouvantée par tout ce dont on l'a accusée. Elle ne comprend pas que l'on puisse penser qu'elle ait pu commettre de telles horreurs, et de plus qu'elle ait pu trahir la France en demandant à l'Autriche de partir en guerre contre son pays, dont elle se sentait à la fois la mère et l'enfant.

Ne pouvant avoir un prêtre non assermenté, Marie-Antoinette fait un examen de conscience approfondi. Elle considère avec lucidité tout ce qu'elle pense avoir bien fait, sans omettre ce qu'elle considère vraiment comme des fautes, en espérant que Dieu lui pardonnera.

Maintenant, je la revois bien à la Conciergerie. Et elle pense à sa vie. Revoir sa vie, sans faux-fuyants, c'est long, une vie, même pour les trente-sept ans de Marie-Antoinette. Revoir sa vie, discuter avec Dieu, Lui demander de l'indulgence pour certaines fautes; on s'excuse si facilement soi-même. Mais on sait bien que Dieu sonde les cœurs et les âmes. Alors, être juste dans ce travail de recherche de la vérité est difficile en ce qui vous concerne. C'est son seul souci en ces dernières heures. Cela fait mal comme si quelqu'un vous arrachait la peau de l'âme.

Comme vous avez dû souffrir, chère Marie-Antoinette, durant ces dernières heures. Souffrir dans votre âme, non pas dans votre corps. Lorsque l'on parle de vous, tous disent « comme ce cachot est affreux, comme il est froid, humide, comme les hommes qui vous gardaient devaient être féroces »; mais non, rien de tout cela ne vous touche réellement. Les contingences matérielles vous laissent indifférente. Ce dont vous avez le plus souffert, c'étaient l'incompréhension, le mensonge, la calomnie. Les tourments de la pensée, les tourments de votre cœur vous ont fait souffrir plus que tout, à vous faire mal à en pleurer. Vous n'avez jamais eu peur, de cette peur physique qui vous fait trembler. Mais vous étiez loin d'être inconsciente du danger et insensible.

C'est à nous d'avoir de la compassion, de la tendresse, pour cette femme qui a souffert mille fois plus qu'il n'aurait fallu pour les fautes dont on l'a accusée et qu'elle n'a pas commises.

I

CONDAMNÉE

J'entends le mot final de ma condamnation : la mort. A mort, à mort, à mort, hurle le public. Je suis condamnée à mort. Est-ce que je réalise vraiment ce qui m'arrive? Je vais mourir dans quelques heures. Il est rare de connaître le temps qu'il vous reste à vivre, de le connaître si exactement. Qu'est-ce qui me reste à perdre? Juste la vie? J'ai tout perdu, mon mari, mes enfants, mon royaume. La France est toujours là, mais si différente de celle de mes quinze ans. Oui, j'ai tout perdu, mais je vais retrouver une autre vie. Je n'ai vraiment pas peur de mourir. C'est certainement moins atroce que toutes les épreuves que j'ai vécues depuis le jour où la foule hurlante de Paris est venue nous chercher à Versailles, où le premier mort que j'ai vu de cette révolution est tombé massacré à ma porte : un garde qui voulait me défendre en empêchant la foule de pénétrer dans mes appartements. Ses cris m'ont sauvé la vie, alors. Mais quelle vie? Depuis cet instant, je vis une seconde existence, une vie où je me suis dépouillée d'une coquille d'or et de nacre. Je ne suis pas différente, mais mon esprit est plus libre. « Libre », voilà que je pense liberté, serais-je contaminée par cette liberté que tous clament et qui engendre les pires excès? Non, ce n'est pas de cette liberté-là que je veux, mais je pense à celle qui permet de voir plus juste, la liberté qui m'attend dans les heures à venir, celle de l'âme libérée du corps.

27

La mort, oui, la mort, on l'a choisie pour moi. De toute façon, on ne la choisit jamais. Elle est là, mais j'ai quand même la liberté de m'y préparer. Mis à part cette réalité, toute ma vie tourbillonne dans mon esprit : le bien, le mal, mes erreurs, et ce que je pense être bien fait ou bien dit.

Comment le grand archange saint Michel va-t-il peser tout cela ? Et Dieu, oui Dieu ? Ai-je assez tenu compte de Lui dans ma vie ? Ô mon Dieu, comment être jamais prête à comparaître devant Vous ? Cela me paraît impossible, j'aime mieux n'y pas penser, ne m'en veuillez pas. Pourtant, j'aimerais bien me confesser, mais on va sûrement m'envoyer un prêtre assermenté, de ceux qui ont prêté serment à la constitution civile du clergé, contre laquelle mon pauvre Louis s'est tant battu ; comment faire confiance à un prêtre qui placerait la constitution au-dessus de Dieu ? Le roi au moins a pu bénéficier des secours d'un vrai prêtre, un saint homme d'Irlandais, l'abbé Edgeworth de Firmont, qui est venu au Temple et l'a accompagné jusque dans ses derniers instants. L'abbé est-il encore de ce monde ? Si seulement il pouvait être là, m'aider à faire le point sur ma vie en ces derniers moments. Mais non, il est dit que je serai entièrement seule. Je ne me confesserai pas à un prêtre qui ne respectera pas le secret de la confession. Et si je ne me confesse pas à celui que m'enverront mes geôliers, mes accusateurs auront beau jeu de dire que je suis une impie, comme si cela avait encore de l'importance à leurs yeux ! Mais tout ce que je fais, dis ou pense est retourné contre moi, le moindre de mes actes trouve une interprétation monstrueuse à leurs yeux. Comment me tirer de cette situation impossible ? Que leur ai-je donc fait ? J'ai beau chercher dans ma tête, dans mon existence, dans mes souvenirs, je ne parviens pas à discerner pourquoi tant de haine s'est accumulée sur ma personne.

Il faut bien que je pense à ma vie. Il faut, comme disait mon si cher père François de Lorraine, empereur d'Autriche, oui, cher papa, tous les soirs, lorsque vous n'étiez pas en voyage, vous nous disiez : « Enfants, n'oubliez

pas votre examen de conscience avant votre prière du soir. »
Maman me l'avait elle aussi écrit dans la longue lettre
qu'elle m'a donnée lorsque je suis partie pour épouser le
Dauphin. Je l'ai tout de même lue quelques fois, cette lettre
pleine de conseils, mais mon examen de conscience, qu'en
ai-je fait, dans le temps? A l'instant de ma dernière heure, il
est enfin temps de soulever le voile du passé

Depuis le 2 août 1793, je suis emprisonnée à la Conciergerie, dernière étape de cette longue errance qui nous a menés,
d'abord ensemble, en famille, de Versailles aux Tuileries,
puis à la prison du Temple, et enfin, moi seule, ici à la
Conciergerie, comme un prisonnier seul sur son île. Il fallait
que ce fût là, dans l'ancien palais de la Cité, où dans les
temps anciens des enfants ont joué et ri; oui, je termine mes
jours dans une cellule au bord de la Seine, sur une sombre
cour remplie de cris de haine. Mes enfants sont restés au
Temple avec ma sœur Élisabeth, la sœur de mon roi qui
nous a accompagnés depuis notre départ de Versailles.
Depuis un temps que je parviens à peine à retrouver, je suis
seule dans ce cachot. Plût à Dieu que je fusse vraiment
seule, seule avec moi-même, mes souvenirs et l'idée de ma
mort. Mais non, il a fallu que l'on place à mes côtés des gardiens qui ne me quittent ni de jour ni de nuit. Je ne suis
séparée d'eux, pour préserver un semblant d'intimité, que
par un mince paravent. Ils sont là sans cesse à me regarder,
comme si j'allais partir en fumée. Que craignent-ils au
juste? Que je m'enfuie? Mais tout est si irréel, comment
donc pourrais-je m'enfuir? Je suis sans cesse la proie des
regards les plus indiscrets. Et parfois des inconnus viennent
me regarder comme une bête curieuse. Ils paraissent fort
déçus par mon aspect et le dépit se mêle à la haine dans
leurs commentaires. S'imaginaient-ils que j'avais encore
une couronne sur la tête? Pauvre de moi, je n'ai pas de
miroir, mais dans la vitre de ma petite fenêtre obscurcie de
barreaux, je me suis entrevue. Je suis à faire peur. J'étais si
fière de ma chevelure! A l'époque de mes seize ans, lorsque
je suis arrivée à Versailles, Madame du Barry, la dernière

favorite du roi Louis XV, qui ne m'aimait pas, disait en parlant de moi « cette petite rousse ». Je ne pense pas avoir jamais été rousse, j'étais blonde, d'un blond cuivré, certes, bien différent du blond cendré des Parisiennes, mais blonde. A présent, je suis toute blanche et grise, et mes cheveux sont mal soignés. Je suis devenue maigre et décharnée. Je n'ai plus aucun éclat. Mes yeux bleus sont délavés. Qu'ai-je gardé de ma légèreté? Mon pauvre corps n'est plus que raideur, mais c'est ce maintien inaltérable, enseigné par ma mère, qui m'a permis de traverser la tête haute ces dernières épreuves. Ils ne m'ôteront pas cela, c'est à moi.

Mon Dieu, si Axel de Fersen me voyait en cet état! Axel! Je n'aimerais pas me montrer à lui ainsi. L'homme qui me tient pour la dame de son cœur depuis plus de vingt ans laisserait-il voir sa désillusion? Mais c'est mal le juger que de penser ainsi, car il serait encore plus malheureux de mon état qu'il l'a été depuis notre fuite avortée de Varennes et notre séparation. Axel! Comme les derniers jours que nous avons passés ensemble aux Tuileries me paraissent loin, si loin. Jusqu'à cette minute, je chassais constamment l'image de celui que je garde au fond du cœur. Je ne veux pas m'attendrir sur moi-même, j'ai peur de fondre en larmes devant les gardiens. Peut-être quand même que de penser aux jours heureux où il était là me donnera du courage...

Tant pis, laissons tout aller. Laissons revenir, jour après jour, les instants si courts pendant les presque vingt ans où je ne l'ai pas assez vu, souvent entrevu et aimé par-dessus tout. Par-dessus tout? Pas plus que mes enfants et le roi? Les enfants, si la vie de mes enfants dépendait de sa vie à lui, je n'aurais pas hésité à ce qu'il disparaisse pour donner la vie à mes enfants. Et le roi? Le roi, je ne lui ai jamais rien repris. Maintenant que je sais, je puis dire que j'ai toujours aimé le roi comme aux premiers jours, ni plus ni moins. Si Axel n'était pas apparu dans ma vie, je n'aurais jamais su ce que peut être la passion, et j'aurais probablement eu avec le roi une vie de famille tranquille et sereine.

Mais là, j'en arrive au cas de conscience. Quand est-on infidèle à son mari?

Oui, je l'ai aimé, mon mari, mon époux, mon roi, du premier jour jusqu'à maintenant, je l'ai aimé comme quelque chose d'absolu, une idée chère à mon cœur, celle d'un mariage et d'une famille unie. C'était un honnête homme, le seul honnête dans ce monde où nous avons vécu, un brave homme qui m'a tellement gâtée par amour. Et je me suis laissé gâter.

Oui, un mari c'est une partie de soi, une partie que l'on soigne avec tendresse et attention. Lorsque je pense à sa mort, c'est atroce, je porte les mains à mon cœur et j'ai envie de crier, mon brave homme de Louis, vous êtes vraiment un saint au paradis, je suis dans l'angoisse, je vous en supplie, venez à mon secours comme vous l'avez toujours fait. Mon mari! J'ai toujours aimé mon mari, un mari, c'est un mari, du jour où je lui ai donné ma parole jusqu'à sa mort.

Vous savez maintenant quels ont été mes rapports avec Fersen, vous savez aussi que je l'ai aimé follement, mais je ne vous ai jamais retiré ce que je vous avais donné, c'était peut-être plus. Pardonnez-moi, mon tendre mari. Sage mari, vous devez savoir maintenant qu'un cœur humain est si vaste que l'on peut aimer de différentes manières parents, frères, sœurs, et puis un mari, et un autre homme. Mais voilà, tout au fond de moi, je crois quand même qu'il vaut mieux ne pas aimer un autre homme; c'est certainement ce que m'aurait dit ma très chère maman. Mais que peut-on faire lorsque sans l'avoir cherché il vous arrive des messages comme on n'en a jamais reçu? On les reçoit, on les aime, et voilà la passion foudroyante qui vous envahit. Lorsque je pense à ces messages, ce ne sont même pas des paroles, ni des lettres, mais, sans phrases, des regards et le cœur qui nous lient à en mourir. J'aurais peut-être dû ne plus le voir, m'enfermer, mais j'aurais commencé à rêver et cela n'aurait pas été mieux, le mal était fait. Lorsque l'on est ébloui par quelque chose de si imprévu, comment dire non? Fersen!

Il y a bien des années, lorsque je savais déjà que j'aimais Axel autrement que le roi, j'en ai parlé avec le bon abbé Vermond, qui, en principe, était mon directeur de conscience

31

depuis mes quatorze ans. Il me connaissait bien, mais malgré tout il ne savait jamais sur quel pied danser avec moi. Il m'a carrément demandé si Axel était mon amant. J'étais courroucée qu'il puisse penser une chose pareille. Je lui ai répondu non, mais je lui ai dit que j'en avais bien envie. Il parut choqué. Il m'a dit alors : « Aimer n'est pas un mal, du moment que cela ne devient pas une obsession qui vous amène à tous les excès. » Je n'étais pas satisfaite de cette réponse, et je continue à ne pas l'être.

Depuis le 30 janvier 1774, je ne pense qu'à lui, Axel. A chaque instant, même lorsque je m'occupe sérieusement de ce que l'abbé Vermond appelait mes devoirs d'État : être gentille avec le roi, mes enfants, et par la suite m'occuper de choses sérieuses comme la politique. Même sans y penser précisément, j'ai perpétuellement une petite lumière qui tremble constamment au fond de mon âme. Il suffit que je soulève la trappe où j'ai enfoui cette lumière pour qu'elle éclate comme maintenant, où je suis tout envahie par l'amour et le souvenir. Oui, j'aime infiniment. Ai-je trompé le roi ? Il a très vite su que j'aimais Axel. Est-ce qu'il savait qu'Axel m'aimait ? Il avait une grande estime pour lui, et lui demandait souvent conseil. Conseil qu'il suivait même parfois. Il avait confiance en Axel ; et en moi ? Maintenant, mon si bon mari, vous savez, là où vous êtes, et vous devez tout comprendre. C'est curieux, mais cela me donne une grande paix. Je suis prête à affronter l'éternité.

Le temps qui m'entoure est vide de sens depuis la mort du roi, depuis l'heure où l'on m'a enlevé mon fils, mon petit roi de sept ans. Je ne sentais déjà plus rien lorsque je suis arrivée, comme dans un rêve plein de brume, dans cette prison où l'on n'enferme que les criminels les plus endurcis. Comment, autrement, aurais-je supporté d'être fouillée par des hommes aux mains répugnantes et indécentes ? Comment ne me serais-je pas effondrée en pénétrant dans cette pièce où étaient posés, pour tout mobilier, un lit de camp, une chaise percée, une table et deux chaises de paille apportées là à la hâte. Pendant longtemps mon âme est restée insensible à tout ce qui se passait au-dehors. Peut-être, mon Dieu, ai-je perdu là un temps précieux que j'aurais pu Vous consacrer. Je me sentais tellement vide que je me suis mise à lire, moi qui ne lisais jamais. Comme si d'un seul coup je voulais dévorer la littérature de mon temps, m'évader complètement. Quel besoin aurais-je eu naguère de m'évader, puisque je trouvais dans la réalité tant de doux moments. J'avais Fersen, il y a encore peu de temps. Je pouvais, lorsque je m'ennuyais à Versailles, courir vers le hameau de Trianon, jouer avec mes enfants ou bavarder à perte de temps avec ma chère amie Polignac. Oui, les temps étaient alors si doux, ma tête si paresseuse que je n'éprouvais pas le besoin de lire. Est-ce paresse pour la prière, est-ce fuite du temps épouvantable que je vis, toujours est-il que je n'ai ici trouvé refuge que dans la lecture, puisque les travaux d'aiguille qui occupent si bien l'esprit et le corps me sont devenus impossibles. Je me suis enfuie dans des mots que je vois à peine. Maintenant, je sais que mon époux bien-aimé aurait eu plaisir à me voir lire les *Voyages du Capitaine Cook*, lui qui ne rêvait que de partir pour de lointains espaces inconnus, des terres vierges à défricher, qui soupirait après l'aventure qui se refusait à son état. Mon cher mari, du haut du ciel, êtes-vous sensible à l'hommage que je vous fais en lisant tous ces livres que je dédaignais jadis ? La lecture m'a aidée à ne pas sombrer dans la folie, à ne pas céder à un désespoir pire que tout le reste. Et le fait est que maintenant encore, l'espoir ne m'a pas complètement abandonnée. Il s'est transformé en celui de revoir dans le ciel ceux qui me sont chers, mon mari d'abord, mais aussi mon cher papa et ma chère maman, qui enfin pourront ouvrir leurs bras pour me consoler de ce que je suis en train de vivre.

J'ai l'étrange et funeste sensation que tout est fini, mais je n'ai pas peur. Je me sens extraordinairement légère, détachée de tout. Les heures douces, les heures gaies, les heures tristes et les heures atroces s'entrechoquent dans ma tête. Comment vais-je arriver à trier calmement tout ce qui m'est arrivé dans mon existence? Peut-être est-il plus facile de se souvenir des heures les plus proches, pour commencer. Il est curieux de noter combien tout peut sembler facile vu de l'extérieur. Et c'est presque ce qui m'arrive. Je fais mon examen de conscience, mais c'est comme si je me racontais la vie d'une autre que moi, une sœur jumelle qui s'est un temps confondue avec moi, mais qui n'est plus moi. Je me sens vidée corps et âme. J'ai perdu tellement de sang ces derniers temps que je suis hâve et décharnée, et que mes geôliers ont dû me transférer dans l'infirmerie de la prison, qu'ils ont aménagée pour m'y tenir éloignée de tout. Je ne suis plus que l'ombre de moi-même, mais une ombre qui se souvient.

Est-ce que je me souviens vraiment de mon enfance heureuse, comme dans un nuage? Les vrais événements ont commencé lorsque je suis arrivée en France pour épouser l'héritier du trône, le Dauphin Louis, petit-fils du roi Louis XV. Ma mère était si fière de ce mariage! C'était pour elle une grande œuvre politique, et le souci légitime d'établir le mieux possible chacune de ses filles. J'avais le même âge que le Dauphin, que rêver de mieux? Les heures si douces de mon enfance autrichienne sont enfouies dans la brume du souvenir, peut-être est-ce à dessein que Dieu me les cache, peut-être n'ont-elles pas d'importance à Ses yeux. La seule chose qui a compté au yeux de mes juges du tribunal révolutionnaire, c'est que j'étais née là-bas, en Autriche, et pour tous, j'étais la louve autrichienne, l'ennemie irréductible.

Peut-on réduire un être vivant à une chimère? C'est ce qu'ils ont voulu faire de moi, mais la chimère se défend avec des armes qu'on ne peut lui ôter. La chimère se souvient de temps proches encore. Il y a un an à peine, nous étions tous ensemble, prisonniers, certes, mais en famille. Avant cela, tout est confus. Dans mon esprit, tout ce qui précède le choc terrible de la révolution semble former un tout indistinct, une période de bienveillance heureuse, de liberté inconsciente et délicieusement savourée. Rien n'a jamais été facile, mais j'ai pris garde de chasser de mon esprit ce qui pouvait l'attrister, et dans mon souvenir cette vie semble celle d'un autre monde, légère et insouciante. Ensuite, tout est allé de mal en pis. Les images de Versailles dévasté par des foules en fureur, les Tuileries un soir d'automne, désertes, froides et inhospitalières, quelques moments de sérénité se bousculent dans mon souvenir. Mon Dieu, il faut que je parvienne à faire la part des choses, à me présenter devant Vous libre de ce qui peut encore m'entraver. Cette vie a-t-elle bien été la mienne? Si je ferme les yeux, je vois encore la foule se presser le long des grilles des Tuileries, prête à massacrer ma famille, et moi tenir tête aux gardes pour qu'ils nous protègent. Mais est-ce moi ou une étrangère? Non, mon Dieu, c'est bien moi.

II

INSOUCIANTE

Aurais-je été parfaite si j'avais suivi à la lettre tous les conseils que maman me donnait? Elle a toujours eu raison, elle était toujours si sûre, si vraie. J'aurais peut-être été une sainte, si j'avais écouté et fait tout ce qu'elle me conseillait. Je dois donner raison à maman, lorsqu'elle critiquait l'esprit du temps, antireligieux, amoral, sans foi. C'étaient des écrits prophétiques, lorsque l'on voit ce qui se passe maintenant. Elle était la raison même. Nous étions si différentes. J'aimais charmer, plaire, voir les gens me sourire. J'aimais que le monde soit heureux autour de moi. Maman trouvait cela futile. Maman disait devoir, moi je disais plaisir. J'aurais peut-être pu tout concilier.

Lorsque je suis arrivée en France, j'étais encore bien docile. Et le soir, avant de m'endormir, je relisais avec attention la longue lettre que ma mère m'avait remise le dernier soir où nous étions seules au lit toutes les deux :

Je vous recommande, ma chère fille, tous les 21 – oui, quelle coïncidence – *de relire mon papier. Je vous prie, soyez fidèle sur ce point. Je ne crains chez vous que la négligence dans vos prières et vos lectures, et la tiédeur et la paresse suivront. Luttez encore... N'oubliez pas une mère qui, quoique éloignée, ne cessera d'être occupée de vous jusqu'à son dernier soupir.*

37

Mes premiers instants en France ont été une petite catastrophe. Toutes mes résolutions de paraître digne ont cédé. Je n'avais même pas de mouchoir. Heureusement que la bonne duchesse de Noailles en avait un. L'ordre prévu par cette terrible étiquette se remit quand même en marche. Je me suis rendu compte que j'avais perturbé le protocole, avec mes sanglots. Et Madame de Noailles a tout repris en main, en bannissant à jamais mon enfance, l'Autriche et mon passé. Et me voilà Française, en France, jusqu'à la mort.

Mais grâce à Dieu, je n'avais pas le don de prescience de ma mère. Plutôt que de penser aux choses tristes, je préférais le spectacle de ce pays nouveau, et cela m'a ravi le cœur. Tout ce que je voyais m'enchantait : le Rhin sillonné de mille embarcations fleuries, les maisons de Strasbourg pavoisées et illuminées, et des centaines de personnes m'acclamant. Les populations étaient en liesse sur les routes, dans les champs, dans les villes. C'était le mois de mai 1770. J'étais joyeuse, heureuse de voir tant de personnes gaies et souriantes.

La cérémonie à la cathédrale de Strasbourg m'a impressionnée. Elle est aussi belle que Saint-Étienne à Vienne. J'étais toute disposée à bien prier, lorsqu'un grand prélat s'est avancé vers moi. Et j'ai eu, sans m'en rendre compte, une prémonition à cet instant. Le coadjuteur de l'évêque, le prince de Rohan, n'avait rien de la bonhomie de nos évêques autrichiens. Je l'ai mal ressenti. Sa courtoisie affectée me gênait. Son discours, la cérémonie, la réception, m'ont donné une impression de froid. Le passé est le passé. Cet homme, au fond sans le vouloir, m'a fait assez de mal. Et Louis en a souffert, ce qui m'a encore fait plus de mal. Je ne veux plus y penser, que Dieu lui pardonne.

Mais je reviens à mon voyage. J'étais joyeuse et heureuse. Dans mon carrosse tout en vitres, j'avais comme compagnie l'abbé Vermond et Madame de Noailles, que j'ai tout de suite baptisée Madame l'Étiquette. Elle disait sans cesse : « Madame, ceci ne se fait pas, vous êtes la Dauphine ; ne courez pas, marchez dignement », et encore mille choses. Quant à l'abbé, il reprenait presque toutes mes phrases en me les faisant répéter pour que je perde mon accent autrichien. Il disait « allemand », ce qui m'agaçait.

A la fin du voyage, mes compagnons s'endormirent. Lorsque soudain, un cahot réveilla mes mentors en sursaut. Ils s'écrièrent en chœur « Mon Dieu, déjà la forêt de Compiègne, déjà Sa Majesté, il faut nous préparer ». J'étais au comble de l'agitation. J'allais enfin voir le roi de France et mon mari le Dauphin.

Pendant le trajet, j'ai plusieurs fois demandé à Madame de Noailles « comment est le Dauphin? ». Elle me répondait tout juste « c'est un très bon prince » ou « il est fort sage ». Et je disais « est-il beau? ». Elle répondait « il est très robuste ». Cela ne m'avançait guère. Enfin, je vais les voir, lui et le roi. Le roi! Je ne pense pas qu'il va me plaire. Un roi avec tant de maîtresses, cela ne me paraît pas plaisant.

Et les voilà. Par la portière du carrosse, je jette un coup d'œil. Dans une clairière, une foule somptueuse entoure Sa Majesté. Les carrosses merveilleux sont tous à l'ombre sous les arbres. Tout cela brille. Je n'y tiens plus, et malgré les objurgations de Madame l'Étiquette, je m'élance vers le roi sans attendre une seconde. Je suis surprise dans mon élan par la fanfare du régiment royal. La forêt résonne. La foule se fige. Et je me souviens des conseils de ma mère, alors j'avance dignement, pour me prosterner dans une profonde révérence devant le roi, qui me tend les mains que je baise. Il me relève et m'embrasse. Tout cela me paraît irréel. Toute cette cour bruissante, entourée d'arbres tout aussi bruissants. Mais où donc est mon mari le Dauphin? Le roi l'appelle. Et je vois arriver un très grand garçon, plutôt timide. Le roi lui dit « mais embrassez donc votre future épouse ». Il s'approche et enfin me sourit. J'ai su plus tard qu'il était myope comme une taupe. Il me donne deux gros baisers rassurants. Un mari! Je ne pensais pas le trouver ainsi. Je ne suis pas déçue, mais étonnée. Il a l'âge de mes plus jeunes frères. Je pensais trouver un homme, mais je me

39

rassure et je pense tout de suite à un compagnon de jeu. Là aussi je me trompais.

La suite du voyage a été charmante. J'étais assise dans le carrosse entre le roi et le Dauphin. Celui-ci n'a pas dit un mot. Quant au roi, que puis-je en penser? Je le trouvais très vieux mais agréable, et j'étais prête à l'aimer. Lui aussi, je pense. Dans le fond de ma pensée, j'hésitais quand même à me laisser aller à mes sentiments de sympathie. Car j'étais choquée à l'idée de ses maîtresses. Cependant, maman m'a recommandé d'être aimable, obéissante et pleine d'égards envers ce monarque sur lequel elle comptait pour la soutenir dans sa politique. Il n'était absolument pas intimidant. Et il me disait « charmante enfant » en me parlant. Je n'étais quand même plus tout à fait une enfant. Mais j'étais bien ignorante. Pour cet instant, je trouvais la situation où j'étais extrêmement agréable.

Sans en avoir l'air, j'entendais et j'écoutais tous les compliments qui voletaient autour de moi. « Gracieuse, bien faite, beaux yeux, joli teint, ravissant sourire, cheveux magnifiques », je n'en avais jamais tant entendu. La vie était vraiment belle et amusante.

Le trajet en carrosse me parut très court jusqu'à Versailles. Le roi parlait beaucoup, et le Dauphin ne disait rien.

Versailles! Quel nom magnifique! Me voilà enfin arrivée au but de ma vie. Petite personne importante de quinze ans, il me semblait être le centre du centre du monde. D'un monde merveilleux, où le plaisir primait tout. Je me revois éblouie, courant d'un immense salon à un autre, malgré les remontrances de Madame de Noailles qui ne me quittait pas. Que de courtisans partout, qui s'écartaient en révérence devant moi, comme les flots de la mer Rouge devant Moïse.

Le 16 mai 1770, mon vrai mariage eut lieu dans la chapelle du roi au palais. Cette fois-ci, ce fut l'archevêque de Reims qui officia. Il bénit les treize louis d'or et nos anneaux. On m'a dit plus tard – heureusement – que les louis étaient là en souvenir d'une coutume remontant aux Juifs : le mari achète sa femme. Louis me passa l'anneau et me tendit les pièces d'or. Je ne savais quoi en faire ni où les mettre. Un seigneur les a déposées sur un plateau. J'aurais bien aimé en garder au moins une en souvenir de mon mariage. Me voilà mariée pour de bon. Le Dauphin m'accompagne sagement. Nous sommes vraiment somptueusement vêtus. Le Dauphin est couvert de diamants qui sont brodés sur son habit.

Pendant la messe, que le roi trouve bien longue, car rester agenouillé le fatigue, je me rends compte qu'il est vraiment bien vieux. Ensuite, nous devons signer l'acte de mariage. Je me sens si petite au milieu de tous ceux qui m'observent à l'instant où je dois signer mes prénoms « Marie Antoinette Josepha Jeanne ». C'est long, ma main tremble, la plume s'accroche et je fais un gros pâté d'encre, « mauvais présage », murmure quelqu'un. Me voilà mariée pour de bon. Que va-t-il se passer à présent? L'étiquette française est si compliquée que je fais docilement tout ce que l'on m'indique. Madame de Noailles me presse, un seigneur dont je ne connais pas encore le nom me guide, même le roi s'en mêle et me dit où aller. Nous partons en procession au travers des innombrables salons. Le Dauphin bien sagement, l'air distrait, m'accompagne. Versailles est envahi d'une immense foule, brillante, chatoyante de seigneurs, de dames nobles. Un millier de personnes du peuple venues de Paris se trouvent dans les jardins, attendant le feu d'artifice. Moi-même et le Dauphin sommes impatients de le voir. D'un balcon, le roi nous présente au peuple en disant « mes enfants, voici votre future reine ». Et toute la foule joyeuse nous acclame. Cela fait un bruit de tempête. Et celle-ci arrive en effet. Un grand orage, et tout le monde fuit. Adieu, feu d'artifice! J'en suis aussi navrée que la foule.

Après, dans le palais, tout a été vraiment très gai. Il y avait une musique qui m'a enchantée, et tout le monde venait nous saluer aimablement. Mais comment cela allait-il finir? Au bras du Dauphin, suivant le roi après un grand dîner, on nous conduisit dans notre chambre, où un énorme lit à rideaux nous attendait.

Le bon abbé Vermond m'a tapoté sur l'épaule d'un air de dire « allez, allez ». Aller vers quoi ? L'archevêque nous a bénis. Le roi a fait mettre tout le monde dehors. Mon souvenir me laisse une impression d'irréel. Les dames me déshabillèrent et m'enfilèrent une immense chemise. Le Dauphin apparut lui aussi en chemise. Il avait l'air d'un meunier. Je faillis éclater de rire. Le roi revint, nous mit au lit et poussa dehors tous les courtisans qui voulaient nous regarder, puis en tirant les rideaux du baldaquin, il déclara : « Que Dieu vous bénisse, qu'Il vous donne une union féconde. » Me voilà seule avec ce grand garçon silencieux. Avant de nous quitter, le roi reprit la parole et nous dit encore : « Vous devez être bons l'un pour l'autre, bons et compréhensifs. Quant à vous, Louis, vous devez être plein de douceur et fidèle jusqu'à votre mort. » J'écoutais très étonnée, car je savais qu'il disait des choses vraies, qu'il n'avait pas mises en pratique quant à la fidélité. J'y ai surtout pensé plus tard, car, dans l'obscurité de notre lit, je pensais à maman. Elle m'avait dit que je devais toujours plaire à mon mari, et lui obéir en tout, quelque épreuve que cela puisse être... Pour l'instant, je ne voyais aucune épreuve, sauf de l'ennui. Louis n'avait pas l'air de s'amuser beaucoup plus que moi. Le silence après les rumeurs des courtisans était oppressant. Je voulais parler, mais quoi dire ? Je me suis soudain souvenue de la tache d'encre sur le contrat. « Louis, vous dormez ? » – « Non. » – « Vous n'êtes pas fâché à cause de la tache d'encre que j'ai faite sur l'acte de mariage ? » – « Non, mais c'est un mauvais présage, ce que quelqu'un a fait remarquer. » – « Je trouve stupide de croire aux mauvais présages », ai-je répondu. « Moi, j'en ai plusieurs dans ma vie. » – « Vraiment, lesquels ? » – « Lorsque je suis né, me répondit Louis, le courrier qui vint annoncer la nouvelle au roi tomba de cheval et se tua ; et puis, le jour où vous êtes née, il y eut une tragédie. »

J'étais étonnée et ne pensais pas qu'il connût la date de ma naissance. Je lui posai la question « quand était-ce ? ». « Le 2 novembre 1755, cette nuit-là, un terrible tremblement de terre détruisit tout Lisbonne au Portugal. Vous m'avez demandé tout à l'heure si j'étais fâché contre vous à cause de la tache d'encre. Non, pas du tout, cela m'a fait plaisir au contraire de voir que je ne suis pas le seul mala-droit. » Sur le moment, j'étais vexée que mon mari me trouve maladroite, mais maintenant cela me touche, car j'ai appris plus tard que bien des courtisans le trouvaient gauche. Cela lui a donné confiance, qu'il ne fût pas le seul à paraître maladroit. Je sais qu'il ne l'était pas, mais il était si timide et manquant de confiance en lui, jusqu'à la naissance de notre premier enfant.

Pour en revenir à notre première nuit, ce que tout le monde appelle nuit de noces, il ne s'est rien passé. Mais nous avons pris conscience de plusieurs choses. Nous avons acquis une mutuelle confiance. Nous nous sommes rendu compte que nous étions d'une grande ignorance en ce qui concerne les rapports des hommes et des femmes, chose étonnante à une époque où l'on parlait de tout devant tout le monde, surtout en France et à la cour en particulier. Pen-dant sept ans, nous avons vécu presque comme frère et sœur. Petit à petit, j'ai compris que Louis avait une malfor-mation que l'on aurait dû opérer lorsqu'il était enfant.

Les premières nuits, Louis dormait si bien près de moi, comme un enfant. Le premier matin en m'éveillant, il n'était pas là. J'étais vexée. C'est ainsi que mon mari s'occupe de moi? J'ai appelé une servante ou une dame, je ne sais plus. Mais elles se sont précipitées après avoir frappé à la porte, et j'ai demandé « où est le Dauphin? » – « à la chasse, me répondit-on ». A la chasse! Il aurait pu m'emme-ner! Madame de Noailles est apparue à cet instant, et m'a expliqué qu'une jeune mariée ne quittait pas ses apparte-ments ainsi dès potron-minet. « Mais... » J'allais demander pourquoi. Je me suis tue, craignant des explications gênantes au sujet de ma nuit de noces, que tout le monde avait l'air de considérer comme quelque chose d'unique et d'important.

Moi, je l'avais trouvée bien banale, sauf que je dormais

avec un homme près de moi. Mais je sentais confusément qu'il manquait quelque chose.

Qu'est-ce que maman m'a donc dit? Que la première fois, cela peut être désagréable. Mais il ne s'est rien passé de désagréable, ni d'extrêmement plaisant, d'ailleurs. Cela a duré sept ans. Maintenant, je dois penser sérieusement. Est-ce une véritable excuse à toutes mes erreurs et maladresses? Louis devenait de plus en plus tendre avec moi, attentionné, amoureux. Moi, je l'aimais bien, comme un très bon mari. Il me parlait de beaucoup de choses que je trouvais très ennuyeuses. De politique, de science, de mécanique. Il m'a amenée parfois dans son atelier d'horlogerie, où il était d'une très grande habileté. A part cela, j'étais très déçue de ma vie à Versailles, que j'avais imaginé l'endroit le plus amusant du monde. A cette époque, il me paraissait mortel d'ennui. Que l'on considère la vie d'une jeune personne de quinze ans. Voici ce que j'ai écrit à ma chère mère :

Je me lève à dix heures ou à neuf heures et demie et m'ayant habillée, je dis mes prières du matin, ensuite je déjeune et de là je vais chez mes tantes où je trouve habituellement le roi. Cela dure jusqu'à dix heures et demie, ensuite à onze heures je vais me coiffer. A midi on appelle la chambre et là tout le monde peut entrer, ce qui n'est point des communes gens. Je mets mon rouge et lave mes mains devant tout le monde, ensuite les hommes sortent et les dames restent et je m'habille devant elles. A midi est la messe. Si le roi est à Versailles, je vais avec lui et mon mari et mes tantes à la messe. S'il n'y est pas, je vais seule avec Monsieur le Dauphin, mais toujours à la même heure. Après la messe, nous dînons à deux devant tout le monde, mais cela est fini à une heure et demie, car nous mangeons fort vite tous les deux. De là, je vais chez Monsieur le Dauphin, et s'il a affaires, je reviens chez moi, je lis, j'écris ou je travaille, je fais une veste pour le roi, qui n'avance guère, mais j'espère qu'avec la grâce de Dieu elle sera finie dans quelques années. A trois heures, je vais encore chez mes tantes où le roi vient à

44

cette heure-là. A quatre heures vient l'abbé chez moi, à cinq heures tous les jours le maître de clavecin ou à chanter jusqu'à six heures. A six heures et demie je vais presque toujours chez mes tantes, quand je ne vais point me promener. Il faut savoir que mon mari va presque toujours avec moi chez mes tantes. A sept heures on joue jusqu'à neuf heures, mais quand il fait beau, je m'en vais me promener et alors il n'y a point de jeu chez moi, mais chez mes tantes. A neuf heures nous soupons et quand le roi n'y est point, mes tantes viennent souper chez nous, mais quand le roi y est, nous allons après souper chez elles, nous attendons le roi qui vient ordinairement à dix heures trois quarts, mais moi en attendant je me place sur un grand canapé et dors jusqu'à l'arrivée du roi, mais quand il n'y est pas, nous allons nous coucher à onze heures. Voilà toute notre journée.

Et le temps passait. Ma vie me paraissait creuse. Des bruits couraient la ville, que Louis était impuissant, que j'étais stérile, qu'il faudrait peut-être me renvoyer. C'était ma panique, car j'aimais bien Louis. Il faisait des efforts horriblement pénibles pour moi et douloureux pour lui. Alors, petit à petit, je me couchais de plus en plus tard, et Louis allait toujours dormir de très bonne heure. Le matin, je dormais encore lorsqu'il partait à la chasse. Dans ces conditions, l'enfant tant attendu tardait à venir. Il y eut lettre sur lettre de maman. Pendant longtemps, je me suis demandé comment elle était tellement au courant de mes faits et gestes. Évidemment, les seuls en qui j'avais une entière confiance étaient l'abbé Vermond et l'ambassadeur Mercy, à qui je racontais pas mal de choses. L'abbé, lui, faisait pratiquement tout ce que je voulais, mais petit à petit, je me suis rendu compte qu'il racontait tout à Mercy qui écrivait à maman. Et bien sûr, je recevais en retour des mercuriales qui étaient toutes à propos. Elle écrivait vraiment beaucoup. Et j'avoue que quelques-unes de ces missives étaient tellement longues que cela me décourageait et que je les rangeais dans un tiroir sans les lire.

Les frères de Louis, le comte de Provence et le comte d'Artois, n'étaient pas encore mariés; ils étaient plus jeunes que Louis. Pendant une époque, ils ont été de bons compagnons de jeu. Mais le temps venant, Provence surtout a été très méchant pour moi, par jalousie et envie. Il aurait aimé être l'aîné. Il avait une intelligence plus vive que celle de Louis, et il le taquinait tout le temps. Mercy était toujours là, bien dévoué et paternel avec moi. Ce qui m'agaçait chez lui, c'est qu'il avait toujours raison.

Malgré mes caprices, mes fureurs, ces premières années à Versailles ont été très heureuses. Mais en y pensant bien, mes tantes m'ont plutôt mal orientée durant ma prime jeunesse. Mesdames Adélaïde, Victoire et Sophie; heureusement, il n'y en avait que trois, car la quatrième, Louise, s'est faite carmélite à Saint-Denis. J'étouffais vraiment au milieu de ces dames bien âgées, avec la comtesse de Noailles en plus. Heureusement, il y avait ma petite belle-sœur Élisabeth, douce et charmante. Elle était plus jeune que moi, mais je m'entendais bien avec elle. Malgré tout, Élisabeth disait amen à tout ce que disaient ses tantes. Toutes ces dames ne se sont jamais habituées à mon indépendance, à mon manque de discipline, à mes révoltes.

Chère maman, si elle savait! Elle doit savoir à présent, je lui en demande pardon. Une fois, sans prévenir personne, je suis partie à cheval avec Louis. C'était merveilleux. Louis est très beau à cheval. Il m'a fait monter une magnifique jument, que j'avais gagnée en faisant un pari avec ma tante Adélaïde. Cette escapade a fait un beau tapage, avec l'aide de maman à l'appui, disant qu'une jeune femme ne devait pas monter à cheval, car cela pouvait nuire à l'attente d'un enfant. J'étais exaspérée, cet enfant était loin d'être en vue. Elle me disait en plus qu'à la rigueur, je pouvais bien monter sur un âne pour des excursions. Un âne! J'étais furieuse. De toute façon, je prenais des libertés, allant, venant, chez les uns, chez les autres, au mécontentement de Madame de Noailles.

Mes initiatives n'ont jamais été inscrites au protocole. Et

j'avais l'impression de commettre un péché mortel chaque fois que j'agissais en dehors de toute prévision. Ce fut un beau scandale, le jour où, par un été étouffant, j'ai refusé de porter un corset. J'ai eu en plus l'impertinence de dire : « Mais regardez-moi donc, je suis mince, je n'ai pas besoin de dissimuler des tailles de tonneau comme la plupart de vous autres ! » Heureusement, Louis m'approuvait toujours, mais il n'était pas toujours là.

Les heures passées chez mes tantes s'écoulaient en bavardages. Nous écoutions parfois de la musique, et les mains étaient occupées à broder. Les premiers temps, j'étais très docile pour faire attention à ce que racontaient mesdames mes tantes. Le grand sujet roulait sur la du Barry. Il n'y avait pas assez de mots pour la critiquer. Ensuite, elles faisaient et défaisaient les ministères. Elles aimaient les uns, détestaient les autres, et elles essayaient de me mettre dans leur jeu, surtout lorsque Louis est devenu roi. Là, j'ai eu bien tort de les écouter. Mais n'y pensons pas tout de suite, car c'est un sujet pénible où j'ai souvent mal conseillé Louis. J'en suis épouvantée à présent. Mais c'était très difficile, car les conseils que je recevais étaient souvent contradictoires.

A mes débuts à Versailles, maman m'écrivait en me disant « surtout, ne vous mêlez pas de politique, vous n'y connaissez rien ». Et quelques années après, elle me disait « soutenez votre mari dans sa politique, et conseillez-lui ceci et cela ». J'avoue que cela m'ennuyait mortellement, et ce n'est que beaucoup plus tard, beaucoup trop tard, quand tout est allé de mal en pis, que je m'en suis mêlée, car je sentais que Louis n'y arrivait plus.

Lorsque je suis arrivée à Versailles, j'avais décidé dans ma petite tête de quinze ans que je ne parlerais jamais à la du Barry. Je trouvais inadmissible, selon les principes religieux dans lesquels j'avais été élevée, et l'exemple que mes parents m'avaient donné, je trouvais donc intolérable de parler à une personne dont la présence près du roi était choquante. Lorsqu'elle apparaissait dans les salons ou dans les cérémonies, je ne la voyais pas. Mes tantes étaient ravies, ce qui me confortait. Mais ne voilà-t-il pas que cette personne s'est sentie vexée par mon indifférence. Mercy m'en a touché quelques mots, ma mère m'a écrit plusieurs lettres en me disant que j'étais une orgueilleuse entêtée, que de plus il était de mon devoir de plaire au roi. Le roi lui-même est venu me parler à ce sujet. Lui toujours si aimable avait l'air vraiment fâché contre moi. Cela ne m'a pas rassurée. Louis ne disait rien. Mais je devinais qu'il aurait aimé que je fasse plaisir à son grand-père, pour lequel il avait un grand attachement. A la fin, j'ai dit « bon, je lui parlerai ». Mercy, de la part du roi, a demandé quand. Là, j'ai répondu que je ne préviendrais pas du jour ni de l'heure, car je ne tenais pas à ce que ladite personne se vante à l'avance et que toute la cour se rue pour voir le spectacle.

Oui, tout le monde s'en mêlait, et comme je m'en souviens. Je voyais la favorite à des bals, au jeu, à la table du roi même. Je passais devant elle sans la voir. Je sais par mes tantes qu'elle tremblait d'émotion à chaque fois que je passais devant elle. Enfin, j'ai dit que je la saluerais en lui disant un mot.

Il y avait ce soir-là un gala avec toute la cour. Je suppose que tout le monde était au courant, car entrant dans les salons j'ai senti une tension. Je salue les dames à la ronde et en passant devant Madame du Barry je lui dis tout juste « il y a bien du monde aujourd'hui à Versailles ». Enfin, j'ai parlé à la favorite. Tout le monde est content, et moi ? Eh bien oui, je suis une orgueilleuse et furieuse d'avoir cédé. Le roi m'embrasse tout heureux. Mercy me remercie tout ému. La du Barry couverte de diamants se pavane dans les salons et mes tantes sont furieuses. Et moi je me sens humiliée. J'ai dit à Mercy en pleurant que j'avais parlé une fois et que cette femme n'entendrait plus jamais le son de ma voix. Et j'ai écrit à ma mère que j'avais cédé une fois mais que plus jamais, même si on me suppliait, je ne ferais quelque chose que je considérais contre mon honneur.

Pauvre maman, elle a été horrifiée de mes sentiments tellement absolus, que je tenais d'elle, mais elle les appliquait autrement.

Et voilà bientôt trois ans d'écoulés dans ma prison dorée et je ne connais pas Paris. Il semble que tout le monde se ligue pour m'empêcher de connaître la plus grande ville du monde. Mes vieilles tantes bigotes ont peur que je m'y dévergonde. Mes beaux-frères Provence et Artois ont peur que je me rende trop populaire. La du Barry s'en mêle par jalousie. Cette joyeuse entrée à Paris est tout le temps remise aux calendes grecques. Un beau jour la moutarde me monte au nez, et sans crier gare je vais voir le roi et je lui fais une requête. Lui, bonhomme, trouve ma requête tout à fait normale et semble même étonné par toutes ces tergiversations; nous fixons la date au 8 juin 1773.

Je suis tellement agacée par Madame l'Étiquette qui organise cette joyeuse entrée avec tant de règles, que Louis et moi décidons de jouer une bonne farce au protocole. Très tard un soir, bien avant le 8 juin, nous faisons atteler un carrosse et nous voilà partis à l'aventure avec Artois. En à peine deux heures nous entrons dans la ville de mes rêves. Je regarde de tous mes yeux et travestis et masqués nous allons au bal de l'Opéra. Je n'en crois pas mes yeux. Le lendemain matin nous assistons bien sagement à la messe. Pour une fois, personne n'a eu connaissance de cette aventure ou du moins on n'en a pas parlé.

Le 8 juin 1773 fut un des plus beaux jours de ma vie, le jour où j'ai cru que je serais aimée jusqu'à ma mort! Aux portes de Paris, le maréchal de Brissac, le gouverneur, attend le carrosse pour présenter les clés de la ville sur un plateau d'argent. A ce moment, les canons de l'Hôtel de Ville et de la Bastille tirent leur salve en notre honneur. Nous visitons tout Paris de Notre-Dame à tous les couvents, et j'écoute bien les discours. Le 8 juin, en plein été, c'était une journée radieuse. De Versailles à Paris il y avait une foule joyeuse qui nous acclamait. J'étais si émerveillée que je me souviens presque mot pour mot de ce que j'ai écrit à ma chère maman dans mon enthousiasme.

J'ai eu mardi dernier une fête que je n'oublierai de ma vie. Nous avons fait notre entrée à Paris. Pour les honneurs nous avons reçu tous ceux qu'on a pu imaginer, mais tout cela, quoique fort bien, n'est pas ce qui m'a touchée le plus, mais c'est la tendresse et l'empressement de ce pauvre peuple, qui, malgré les impôts dont il est accablé, était transporté de joie de nous voir. Lorsque nous avons été nous promener aux Tuileries, il y avait une si grande foule que nous avons été trois quarts d'heure sans pouvoir avancer ni reculer. Au retour de la promenade, nous sommes montés sur une terrasse découverte et y sommes restés une demi-heure. Je ne puis vous dire, ma chère maman, les transports de joie, d'affection, qu'on nous a témoignés dans ce moment. Avant de nous retirer, nous avons salué avec la main le peuple, ce qui a fait grand plaisir. Qu'on est heureux dans notre état de gagner l'amitié de tout un peuple! Il n'y a pourtant rien de si précieux. Je l'ai bien senti et ne l'oublierai jamais.

Oui, si facilement nous recevons l'hommage et des dons, et que faisons-nous en échange? Comment rendons-nous tant de dévouement? Là, je rejoins Louis dans ses dissertations sur l'égalité des hommes devant Dieu. Et la recherche d'une possible égalité devant la vie. Mais même maintenant cela me paraît impossible. Pour l'instant la balance est simplement renversée et le peuple est-il plus heureux? En attendant, dans ce cachot, je souris en pensant aux acclamations dont nous étions l'objet, c'est une émotion indescriptible et l'on se sent vraiment débiteur. Nous rentrons heureux à Versailles nous reposer de ce merveilleux peuple de Paris qui s'en va vers son travail.

Voilà le contraste que Louis espérait pouvoir effacer. Cette joyeuse entrée m'a fait réfléchir, pour une fois. Je n'ai pas réfléchi longtemps, j'en étais incapable, j'avais besoin d'agir, de bouger, de faire quelque chose. La broderie chez mes tantes et regarder dormir mon mari ne me suffisaient plus.

Mon pauvre Louis, comme il a dû souffrir des quolibets de son entourage, qui en privé le traitait de puceau, et plus tard d'impuissant. J'ai appris tout cela plusieurs années après, par Madame de Polignac qui fut à une époque de ma vie une amie si amusante, si bavarde, tellement impertinente. Elle ne se gênait pas de parler franchement de tout. Cela me changeait de toutes les personnes âgées et gourmées qui m'entouraient.

Mes amis, oui, voilà un sujet qui mérite réflexion. J'avais comme un besoin de pouvoir parler à cœur ouvert et à bâtons rompus toute la journée. Louis était peu auprès de moi. Mes tantes, filles du roi Louis XV, étaient âgées, autoritaires et grondantes. Petit à petit, parmi les jeunes femmes qui vivaient à Versailles, quelques-unes m'ont très vite paru charmantes, entre autres la princesse de Lamballe et la comtesse Jules de Polignac.

Ma grande amie d'alors me flattait si bien et trouvait des excuses pour tout ce que je faisais. Je me laissais aller sans scrupules à ma paresse, à mes plaisirs. La comtesse Jules de Polignac était entrée dans ma vie d'alors sans en avoir l'air. Jolie, spirituelle, modeste et pauvre, ce qui me touchait et m'attendrissait. J'étais vraiment inconsciente. Elle s'est installé un charmant petit appartement à Versailles. J'ai fait payer les dettes de sa fille et de son gendre. Et plus tard, sans me rendre compte du scandale que cela fit, je l'ai nommée gouvernante de mes enfants. Et son mari fut fait duc à cette occasion. J'étais impardonnable de légèreté. Enfin, toute la famille de Polignac vécut bien grâce à ma stupidité. Et le temps passa.

Rapidement, nous avons eu un cercle très gai. Nous nous rendions les unes chez les autres, et de jeunes messieurs se joignaient à nous. Nous nous sommes mis à jouer jusque très tard. Au début, c'étaient des jeux de société. Ensuite, ce furent des jeux avec de l'argent. Je dois dire que les amitiés féminines sont très compliquées. L'on se laisse influencer, si l'on n'influence pas soi-même. Mais dans ce milieu léger, je croyais à l'amitié, et je ne pensais à rien d'autre qu'au plaisir d'être à l'aise.

Petit à petit, je me suis rendu compte que Madame de

Polignac devenait de plus en plus autoritaire. J'avais aussi une grande amie, la princesse de Lamballe, Louise. Elle était sage et de bon conseil mais je ne l'écoutais pas beaucoup. Elle était même gênée de mes soirées chez Madame de Polignac où il n'y avait que de jeunes fous au langage libre et gai qui avaient tous des maîtresses. La princesse de Lamballe devenait jalouse. La pauvre chère amie, si fidèle, elle avait de quoi se plaindre, car elle a eu tous les malheurs possibles. Et de penser à sa fin me rend le cœur malade. Et lorsque je dis jalouse, c'était plutôt de la prudence, car elle ne supportait pas toutes les personnes qui nous retrouvaient chez la comtesse de Polignac. Elle était choquée de les trouver si familières avec moi. Quant au reste de mes amies, les unes étaient bavardes, les autres parfois vraiment sottes. N'avoir que des messieurs dans mon entourage, ce n'était pas possible. Pour couper la poire en deux, mon beau-frère Artois, lorsqu'il n'était pas encore marié, est devenu mon amuseur. Il avait des chevaux qu'il faisait courir, nous allions en bonne compagnie parier sur ses chevaux à Longchamp. Nous partions également à la belle saison à cheval ou en voiture légère pour des pique-niques. Quoi que je fasse, maman n'était pas contente de moi. Et l'idée que je puisse parier aux courses comme un palefrenier lui faisait horreur. Peut-être, en effet, aurais-je mieux fait de passer toutes mes journées et mes nuits entières auprès de mon mari.

J'ai appris un jour que Gluck, mon cher professeur de musique à Vienne, avait terminé son *Iphigénie*, et que lui et la cour de Vienne seraient très satisfaits que cette œuvre du grand maître soit jouée à Paris. Je prends donc cela en main. La cour paraît étonnée de mon ardeur. Enfin, la première représentation est prévue pour le 13 avril 1774. Ce n'est pas sans peine, je dois souvent calmer Gluck qui fréquemment se met dans des colères terribles car tout ne va pas comme il le désire. Et toute la cour s'agite, les dames commandent des toilettes, les carrosses et les chevaux sont briqués.

Cette première d'*Iphigénie* à Paris est un triomphe, je ne sais lequel est le plus heureux, Gluck ou moi. Il ne fallait pas

52

lire la presse de Paris qui était plutôt plate quant aux compliments. Évidemment, cette œuvre a étonné par son innovation et le public n'a pas très bien compris, mais la cour a applaudi et je crois de bonne foi. A moins qu'elle n'ait fait comme moi, qui de ma loge applaudissais à tout rompre. Après le rapport de Mercy, maman a pu être contente de sa fille qui a réussi ce qu'elle avait entrepris.

Une autre phase de ma vie va commencer. Jusqu'à présent, ma vie était sans nuages, seul mon caractère impérieux et exigeant était la cause de mes ennuis. Louis et moi étions heureux mais pas complètement, ni lui ni moi. Ce qui allait survenir dépassait de beaucoup nos secrets nocturnes. Le 27 avril 1774, le roi s'est trouvé mal à la chasse. On le ramena dans son cher Trianon. Il allait de plus en plus mal. Dans la nuit les médecins le font transporter à Versailles. Cher bon papa, voilà son long règne qui se termine. Il a la petite vérole. Lorsque l'on nous annonce que le roi est atteint par cette horrible maladie, je dis bêtement « mais on en guérit ». Le médecin hoche la tête, il en doute. Louis et moi avons l'interdiction de nous approcher de l'appartement du roi. Mes tantes et Madame du Barry ne quittent pas le roi, un mouchoir plein de parfum sur le nez à cause de la contagion, mais surtout à cause de l'odeur. Mes tantes, leur père les quitte, il était leur seule raison d'être, les pauvres, que vont-elles devenir?

Vont-elles continuer à me morigéner? J'ai eu cette vilaine pensée en me disant que j'allais bientôt être reine et que je pourrais faire ce que je voudrais.

L'aumônier n'a pas voulu s'approcher du lit du roi tant que la du Barry était à son chevet. Le pauvre roi, d'une petite voix, a dû prendre congé d'elle. Malgré mon intransigeance j'ai eu pitié de ces deux êtres qui tenaient tant l'un à l'autre. On la conduisit à Rueil. Le roi s'est confessé, malgré tout il était très croyant, il avait peur de l'au-delà. Sa confession n'a pas été longue. Au fond, il n'avait qu'une seule chose à dire, mais la plus pénible. Les courtisans attendent derrière la porte close. Combien de temps prendra le roi

53

pour confesser sa longue vie? Eh bien, ils sont déçus. Au bout de seize minutes montre en main le confesseur apparaît.

Comme roi et très grand roi ayant donné le mauvais exemple non seulement à ses enfants mais à son peuple, l'Église exige une contrition officielle.

Le lendemain matin une cérémonie émouvante a lieu. On ouvre les portes toutes grandes, l'archevêque apporte le saint sacrement, le roi communie, ensuite l'archevêque se retourne vers la foule qui se trouve dans le salon et dit : « Monsieur le roi me charge de vous dire qu'il demande pardon à Dieu de L'avoir offensé et du scandale qu'il a donné à son peuple. Et si Dieu lui rend la santé il s'occupera de faire pénitence et du soutien de la religion et du soulagement de son peuple. » Mesdames l'ont entendu dire : « J'aurais voulu avoir la force de le dire moi-même. »

Le 10 mai 1774, Louis et moi sommes assis bien silencieusement dans un petit salon. Pour une fois Louis ne me fait pas un cours de science politique. Il est anxieux et triste. J'aurais dû être plus tendre avec lui en ces instants où notre vie future allait se jouer, mais tout en me tenant très raide je luttais moi aussi contre l'angoisse.

Soudain la porte s'ouvre toute grande avec fracas et Madame de Noailles se précipite dans une révérence et la première présente ses hommages à la reine. Les courtisans entrent par vagues. Les tambours battent, les officiers saluent avec leur épée et tout le palais retentit d'un cri sinistre : « Le roi est mort, vive le roi! » Nous sommes tombés à genoux l'un près de l'autre en pleurant. Ai-je prié? Avons-nous prié? Louis a simplement dit « mon Dieu, aidez-nous ». Moi, je ne pensais à rien, je me répétais simplement « reine, reine, je suis reine, la petite est reine ».

Le pauvre vieux roi est mort. On entend la cloche du glas dans toute la France. Il me semble l'entendre, et cependant le peuple est joyeux et moi aussi. Je me sens libre enfin. Mon roi à moi sera un bon roi. Il est jeune, simple, économe, modeste même, amoureux de moi. Il a changé. Il

54

n'est plus le jeune garçon que j'ai rencontré dans la forêt de Compiègne. J'aime son regard de myope. Quant à moi je suis heureuse, tout le monde me dit que je suis ravissante et gaie. On me dit gracieuse et d'une démarche inimitable de légèreté. Je suis parfois un peu hautaine et lorsque les choses ne vont pas à mon goût je fais la lippe des Habsbourg. Enfin, c'est un détail, mais dans ces quelques années j'ai grandi. Je suis grande et cela me plaît. Maman, chère maman, m'écrit des lettres un peu rabat-joie, dont les mots restent gravés dans ma mémoire :

Je ne vous fais point de compliment de votre dignité, qui est achetée bien chèrement, mais qui le deviendra encore plus si vous ne pouvez mener la même vie tranquille et innocente que vous avez menée pendant ces trois années par les bontés et complaisances de ce bon père, et qui vous a attiré l'approbation et l'amour de vos peuples : grand avantage pour votre situation présente, mais il faut la savoir conserver et l'employer au bien du roi et de l'État. Vous êtes tous deux bien jeunes, le fardeau est grand. J'en suis en peine et vraiment en peine. Tout ce que je puis dire et souhaiter, c'est que tous deux vous ne précipitiez rien : voyez par vos propres yeux, ne changez rien, laissez tout continuer de même. Le chaos et les intrigues deviendraient insupportables et vous seriez, mes chers enfants, si troublés que vous ne pourriez vous en tirer.

Elle a même écrit à l'ambassadeur Mercy qu'elle comptait mes beaux jours finis.

Si elle me voyait à présent, dans un vêtement de deuil que l'on m'a donné lorsque j'étais encore au Temple, mes beaux cheveux sont devenus ternes et secs, j'ai un bonnet de veuve tout défraîchi, je suis tellement maigre et pâle que l'on pourrait me casser. Mes gardiens me regardent avec étonnement, même mon sourire n'arrive pas à dérider leur air maussade. Pourtant j'ai encore toutes mes dents. Je suis vraiment irrémédiablement coquette, je n'y peux rien, comme un oiseau

55

chante, comme une fleur embaume, c'est plus fort que moi, charmer et plaire font partie de ma nature même. Mais n'y pensons pas.

Louis, je pense à vous mon bon mari, vous étiez consciencieux dans votre devoir de roi et vos jugements étaient judicieux et droits. Vous étiez le plus honnête homme de toute la cour.

Et moi, comment étais-je ? Comme quelqu'un à qui soudain l'on a ouvert la porte d'un jardin défendu. Oui, je pouvais aller et venir où je voulais, j'étais grisée et j'écoutais tous les discours de flatterie mondaine. Je me suis laissée aller à toutes les facilités et à toutes les coquetteries. Je trouvais si amusant d'écouter la comtesse de Polignac qui avait son franc-parler, et que je croyais être la sincérité même. Mal m'en a pris.

Paris m'attirait. Je n'avais fait que l'entrevoir et l'enthousiasme des populations me paraissait de bon augure. Je me sentais aimée. Mais quelque chose clochait en moi. Je ne savais pas au juste pourquoi j'avais un tel besoin de m'échapper, et m'échapper de quoi ?

Mes rapports avec Louis changeaient petit à petit. Il était toujours aussi amoureux de moi mais nos rapports physiques étaient chaque fois plus pénibles, c'était une souffrance pour Louis et moi-même je finissais par en être dégoûtée et révoltée. Par mes amies j'ai compris que Louis devait subir une intervention chirurgicale mais il en avait une grande crainte, ce qui m'exaspérait. Pour échapper à cette corvée nocturne, je me couchais de plus en plus tard. Louis par contre allait dormir de bonne heure et se levait pour aller à la chasse. Cela le défoulait et ensuite il travaillait avec ses ministres. Quant à moi je m'évadais. Je rentrais de plus en plus tard. Je sortais avec mes beaux-frères aux bals ou j'allais chez la comtesse de Polignac. Son installation à Versailles était vraiment charmante. Louis et moi ne nous retrouvions vraiment qu'aux heures des repas.

Mes chers beaux-frères Provence et Artois étaient ravis de me dévergonder. Ils me conduisaient au bal de l'Opéra et

Artois aux courses de chevaux, ce qui me valait un blâme de maman qui était contre les jeux de hasard et ces courses en plein champ, car je me mêlais à une foule assez vulgaire. Maman trouvait que c'était inadmissible pour une reine.

Chez Madame de Polignac je jouais à toutes espèces de jeux où je gagnais parfois mais étant très distraite je perdais beaucoup. Le roi me laissait faire et payait mes dettes. Le pauvre homme avait honte et faisait tout pour se faire pardonner. J'en ai profité sans vergogne et maintenant c'est moi qui ai honte. Écervelée que j'étais, j'attendais qu'il se décide à cette intervention. Et le temps s'écoulait joyeusement pour moi. Madame de Polignac me trouvait vraiment trop prude. Elle trouvait ridicule que je ne prenne point d'amant, étant donné que mon bon roi ne faisait pas son devoir avec moi.

Et pendant sept années ce qui m'a manqué c'était une vraie vie de famille. Pendant sept ans, ma vie a été vide, il lui manquait ce qui donne un équilibre à une personne : une famille, retrouver le soir un mari amoureux. Certes mon roi l'était mais ses caresses ne me donnaient que de l'énervement et durant le jour avoir des enfants me manquait affreusement. Qui n'aime pas les enfants? Une fois, j'ai causé encore une agitation démesurée, ayant fait venir dans mes appartements de jeunes enfants d'une suivante. Madame de Noailles, horrifiée, m'a trouvée sur le parquet jouant avec ces deux petits. Cela ne se faisait pas! J'en ai pleuré, pensant à notre vie de famille nombreuse et si unie à Vienne. « Je ne dois pas rêver au passé, j'ai tout l'avenir devant moi, il faut que je me reprenne en main », me disais-je.

J'étais une reine admirée, aimée, et seule, entourée d'intrigues politiques auxquelles je ne prêtais qu'une oreille distraite. Les uns et les autres voulaient me mêler à toutes ces combinaisons. Les uns par un intérêt réel pour le bien de la France, d'autres comme le cher Mercy pour obéir à l'impératrice et d'autres encore pour me perdre. Tous savaient ou croyaient savoir que le roi m'écoutait, et l'on voulait qu'il approuve tel ou tel projet, fasse telle ou telle nomination ou destitution de ministre. Et venant brouiller le tout, mon cher beau-frère. Je me souviens de toutes les intrigues si astucieuses de Provence, dont je n'arrivais pas à me défendre. Il va avoir enfin ce qu'il voulait le plus au monde, les destinées de la royauté. Pense-t-il à la pauvre petite Marie, comme il m'appelait ? Provence, que Dieu lui pardonne.

Oui, j'étais reine, je pouvais faire ce que je voulais, mais voilà, je me suis trompée. Ne lisant vraiment pas, n'étudiant absolument rien, ne m'occupant de bonnes œuvres que par personne interposée ; de guerre lasse, je me suis jetée à corps perdu dans les plaisirs.

Et mes tantes, après la mort du roi leur père, ont essayé de continuer à vouloir me diriger à leur manière, comme du temps où j'étais petite Dauphine docile. Elles avaient leurs fidèles, et elles m'ont beaucoup influencée à mes débuts à Versailles, pour que je mette mon poids auprès du roi en faveur de leurs favoris et elles ont voulu continuer ce manège.

Ma tante Adélaïde est devenue de plus en plus acerbe envers moi. Je sais qu'elle m'appelle « l'Autrichienne » avec mépris. Que lui ai-je fait ? Oui, je sais que depuis un certain temps je suis arrivée à soustraire Louis à son influence. Elle aurait aimé jouer le rôle d'un Premier ministre en cachette, et je suis arrivée d'Autriche, j'ai tout embrouillé. Son influence m'a été néfaste. Elle ne me donnait que de mauvais conseils. J'aurais mieux fait de ne pas l'écouter. Plus tard, elle a même aidé à divulguer un pamphlet qu'elle a inspiré. La pauvre femme, avant d'émigrer elle est venue me demander pardon. Mais ces trois tantes, au début, étaient si cajoleuses avec la petite fille que j'étais ! C'étaient les seules femmes de ma famille, avec lesquelles je pensais pouvoir être à l'aise. Assez rapidement, je me suis rendu compte qu'elles essayaient de m'engluer comme des araignées essaient d'engluer une pauvre petite mouche sans défense dans leur toile. J'ai su bien vite me défaire de ce piège. A cette époque de ma prime jeunesse, en dehors de leurs appartements, il n'y avait à la cour que des hommes et beaucoup de femmes belles et légères qui au début m'ont effrayée. Par la suite, malheureusement, je me suis laissé prendre à leurs jeux.

Peu après la mort de son grand-père le roi, Louis m'a fait un cadeau magnifique : c'est le petit palais de Trianon, qui jadis avait appartenu à Louis XV pour y rencontrer des personnes auxquelles je ne veux pas penser. Mais comme j'étais heureuse de posséder une maison à moi, avec des terres autour, où j'étais maîtresse de céans. Ce n'était pas loin de Versailles, et par le parc, à peine était-ce une jolie promenade. Je pouvais enfin être seule et libre. Le roi comprenait ce sentiment, et ne m'a jamais reproché de m'isoler à Trianon. Parfois, il y venait également, bien satisfait par le manque d'étiquette, en cet endroit où l'on pouvait parler librement sans crainte d'être écouté par mille oreilles curieuses. Tout y était meublé et décoré à mon goût. J'avais des objets de ma préférence, et des œuvres du peintre Watteau et du sculpteur Claudion. Ma livrée était rouge et argent, et je donnais mes ordres « par ordre de la reine ». Le roi lui-même était mon sujet lorsqu'il venait à Trianon.

Le jardin et le parc aux alentours étaient devenus ma passion, grâce au comte de Caraman qui est devenu directeur de mes jardins. J'en ai fini avec les symétries glaciales de Le Nôtre, et les botanistes ont déménagé au Jardin des Plantes. A la place, j'ai pu établir un parc à l'anglaise, avec des perspectives, de belles vues que je pouvais contempler de mes fenêtres. Comme c'était délassant! Mais ce calme m'incitait à la rêverie et je pleurais souvent. Au début de tous ces travaux, je n'avais toujours pas d'enfant. Le roi n'était toujours pas mon vrai mari. Ma situation était étrange, et personne ne me comprenait. Ni Mercy ni ma mère. Et le chaste abbé Vermond comprenait encore moins que mon état puisse me troubler. J'avais besoin de bouger, de me distraire; pour ne pas créer de scandale, je me réfugiais auprès de mes amies avec lesquelles je pouvais parler de tout et de rien : la princesse de Lamballe, la comtesse Jules de Polignac et d'autres. Mal m'en a pris : car des pamphlets sont apparus, m'accusant de trop aimer les femmes. Dans le groupe de la comtesse de Polignac, je rencontrais des messieurs, qui évidemment me faisaient la cour : Lauzun, Besenval, Esterhazy, Coigny. On les accusait bien sûr d'être mes amants.

Ma chère maman me disait : « Votre seul ami doit être le roi. » Le roi, le roi ! Il partait à la chasse dès le matin, se dépensait furieusement comme un enragé, la chasse était évidemment sa seule passion. Il revenait fourbu, et après un court repos dans le carrosse qui le ramenait, il prenait un repas d'ogre, et ensuite s'enfermait avec ses ministres. Lui avait au moins un ami avec qui parler : le seul, c'était son mentor et Premier ministre, le comte de Maurepas. Il l'avait même logé dans les appartements de Madame du Barry. Avec lui, il causait sans fin. Les jours de mauvais temps, où il ne chassait pas, il était plongé dans ses lectures ou il travaillait comme un forçat à son atelier. J'allais parfois le voir à sa forge ; mais il y faisait un tel tintamarre qu'il n'y avait aucun moyen de parler. Les jours sans chasse, il se couchait tard, mais ce temps, il le passait à discuter encore et encore avec Maurepas. J'aurais pourtant aimé avoir des heures douces avec lui, en dehors du lit. Les causeries eurent lieu à Trianon, puisque le roi n'y a jamais dormi.

Pour remédier à ce manque de réunion intime, j'ai institué les repas de famille, au grand scandale de mes tantes. Car à ces dîners, j'invitais quelques messieurs en plus de mes beaux-frères. Le roi était satisfait : il pouvait ainsi parler avec d'autres amis que ses frères. Avant cette innovation, les messieurs avaient leur repas de la soirée entre eux, après la chasse. Et nous étions seules, mes belles-sœurs, mesdames mes tantes et moi-même. Cette intimité avec quelques amis était bien plus agréable que les grands dîners d'apparat, où nous autres les princesses étions quand même isolées des seigneurs.

Le carnaval de 1777 a été vraiment frénétique. Je ne dormais que le jour, je passais mes nuits au jeu, au bal, aux réunions chez mes amis; que je pensais être mes amis. Le pauvre Mercy écrivait rapports consternés sur rapports pleins de blâmes à mon égard. Je m'en moquais. Il est vrai que pendant cet hiver, je n'ai jamais été aussi agitée, turbulente; il suffisait que l'on veuille me parler de choses sérieuses pour que je m'échappe. J'avais vingt-deux ans, et je savais à présent ce qui me manquait, ce qui me manquait réellement : c'était la possibilité d'avoir un enfant. Et le roi, quoique toujours avec moi la nuit, quand je n'étais pas ailleurs, ne savait pas ce qu'il fallait faire. Est-ce une excuse, mon Dieu, à ma dissipation, à ma nervosité? Le roi était plus à plaindre que moi. Si jamais il me fit des reproches, c'est que le pauvre homme était honteux de lui-même. Oui, mon Dieu, je dois me faire des reproches de cette frénésie de plaisir. J'aurais dû plus m'occuper d'autrui, et surtout de mon pauvre mari qui avait des soucis plus que personne. Sans m'en rendre vraiment compte, je sais qu'à cette époque je jouais avec le feu. Plusieurs me font une cour qui m'amuse et m'excite : Lauzun, Dillon, Esterhazy. Je joue avec leurs sentiments à mon égard. Ils ont plus d'honneur que moi et quittent la cour pour un temps. L'amitié de mes dames ne me suffit plus. Je suis affolée car je me rends compte que je me dévergonde. Mon Dieu, si j'avais pu avoir des enfants plus tôt!

D'autres diront que je le paie bien maintenant. Mais on ne peut jamais payer pour le bien qui n'a pas été fait. Tant que l'on vit, on peut faire du bien. Que puis-je faire à présent? Bien mourir la tête haute, et Dieu pourvoira au reste.

Cette fin d'année 1777 et l'année suivante ont été un palier dans ma vie. Mon frère Joseph II m'a aidée à monter ce degré vers une vie un peu meilleure. J'ai eu, au premier abord, très peur de l'arrivée si soudaine de ce frère que j'ai toujours respecté mais que je craignais un peu. Je savais qu'il venait pour me morigéner. Mais quelle n'a pas été ma surprise, les premiers jours il a été si aimable avec moi que j'en ai été tout heureuse. Mais il m'a quand même étonnée : premièrement, par sa tenue. Il était vêtu comme un bourgeois. Et de plus, il n'a jamais voulu loger à Versailles, il s'était loué une petite chambre dans un hôtel de la ville. Ces façons de fausse modestie et ses idées démocratiques m'ont choquée. Qui pensait-il flatter? Ou vraiment était-il en avance sur ce que j'ai vu et entendu depuis la révolution? Je pense qu'il prenait le contre-pied de ma mère, impératrice absolue. Il voulait jouer au père du peuple. Pour passer incognito, il se faisait appeler le comte de Falkenstein, mais tout le monde savait qui il était. Enfin, mon frère était près de moi; j'avais malgré tout des nouvelles de ma famille autrement que par les lettres de ma mère, et cela me faisait plaisir.

Assis les deux seuls sur un banc du parc, nous avons pu parler longuement, aimablement, c'était bien doux. Il avait de longs entretiens avec le roi, et j'en étais contente. Je me suis rendu compte que mon bon mari l'a impressionné par son bon sens et sa gentillesse. Joseph a fini par modifier son attitude à mon égard; est-ce ses conversations avec le roi qui le firent changer à mon sujet? Petit à petit, Joseph a quitté son ton de maître d'école. N'empêche qu'il m'a traitée quand même de tête à vent. Il est reparti malgré tout satisfait sur mon honneur de femme. Il s'est bien rendu compte que je n'avais pas fait de faux pas malgré ma dissipation. Chère maman, vous avez dû être rassurée sur ma vertu. Je ne me rendais pas compte combien cela inquiétait tout le monde. Oui, la reine de France, c'est vrai, ne peut donner le risque d'avoir un enfant illégitime. Et pourtant, on ne s'est pas gêné par la suite de le dire, dans tous les affreux pamphlets qui ont circulé contre moi.

Mon Dieu, qu'ai-je donc fait pour mériter tant de haine et d'incompréhension? Conscience, ma conscience, que penses-tu? Oui, j'ai été écervelée. Joseph même, devant témoins, m'a reproché d'être « bonne à rien », bonne à rien pour mon mari. Et il a appelé le salon de jeu de la duchesse de Guéméné « un vrai tripot ». Sur le moment, j'étais folle de rage de cette accusation en public. Mais seule, je me rendais compte qu'il avait raison. Oui, Joseph avait raison. Après son départ, il m'a fait remettre une longue lettre où il me donnait, en plusieurs pages très justes, des conseils sur mon comportement. C'est extraordinaire combien on aimait écrire dans ma famille. Je me souviens très bien de cette longue missive. Et j'ai essayé d'en tenir compte. Il termine sans le vouloir par une prophétie terrible; il m'écrit : « Je tremble actuellement du bonheur de votre vie, car ainsi à la longue cela ne pourra aller et la révolution sera cruelle si vous ne la préparez pas. »

Il avait parfaitement raison, ce cher frère, et j'ai pleuré en lisant sa lettre. J'ai essayé de m'amender. Mais, ce qui a tout changé, c'est l'intervention que Louis a enfin décidé de subir. Ce nouvel état, je le dois aux insistances de Joseph auprès de lui. Personne ne saura jamais combien cette affaire a changé notre vie. Louis s'est épanoui, il a pris de l'assurance, il riait de bon cœur, et racontait à qui voulait l'entendre, surtout à tante Adélaïde, quel plaisir il avait de son nouvel état, et qu'il avait été bien sot d'attendre sept ans pour en arriver à ce bonheur. Pour moi aussi, cela a été une révélation. Je me sentais plus calme, mais anxieuse d'attendre un enfant. J'étais dans le bonheur le plus essentiel de ma vie, comme je me suis empressée de l'écrire à ma mère. J'aurais voulu être grosse tout de suite. Ma chère maman me conseillait d'adapter mes heures de sommeil à celles du roi, car nous n'avions pas changé grand-chose à nos horaires. Et Louis voulut même coucher à part car en rentrant tard je le dérangeais dans son sommeil. De toute façon, nous étions dans un bonheur si nouveau que je ne voulais pas importuner Louis. Et à cette époque je me suis rendue bien docile. Mais nous n'avions toujours pas d'enfant.

Le bruit a commencé à courir à la cour que j'étais stérile. J'en étais folle. En avril 1778, je suis sûre de mon fait. Le médecin prétend que c'est trop tôt pour l'annoncer. Lorsque enfin, le 25 juillet, vers le soir, je sens l'enfant bouger en

63

moi, j'ai pensé m'évanouir de bonheur. Le 4 août, je puis écrire mon grand bonheur à ma chère mère. Et je vais trouver mon mari en lui disant : « Sire, je viens me plaindre auprès de Votre Majesté car un de vos sujets a eu l'audace de me donner des coups de pied dans le ventre. » Mon bon roi ne comprend pas tout de suite. Mais en riant de bon cœur, il m'embrasse passionnément. C'était un bon temps que celui-là.

Le 18 décembre 1778, ce premier accouchement a été un cauchemar, le protocole exigeant qu'une reine accouche en public. Le résultat a été que j'ai failli étouffer. Les fenêtres étaient bien closes, mais toutes les portes étaient ouvertes, et des centaines de personnes se bousculaient jusqu'au pied de mon lit. Les docteurs me demandaient de me laisser aller. Mais je n'ai pas crié une seule fois. Je ne voulais pas donner ce plaisir à ce public inconnu. L'enfant est né et il paraît que j'ai eu une syncope. Le roi a fait sortir tout le monde. Lorsque je suis revenue à moi, le roi s'est avancé vers moi tout heureux avec ma mignonne Marie-Thérèse dans les bras. Là aussi, c'était un beau jour. Tout le monde me félicitait.

Pour mes relevailles, je suis allée à Notre-Dame. Le roi a fait distribuer des trousseaux à cent jeunes couples et doter des mariées. Il y avait des feux de joie partout. De ma vie je n'ai été autant acclamée. Si j'avais su, j'aurais encore été plus contente de mon bonheur. Je suis si heureuse de ma mignonne fille! J'allais la voir souvent dans ses appartements, où Madame de Guéméné, avant Madame de Polignac, veillait et donnait des ordres, ce qui commençait à m'agacer, car j'aurais voulu moi-même être responsable de cette enfant.

Dans mon bonheur, j'oubliais que tout le monde attendait un Dauphin. Au bout de quelques mois, ma chère mère s'impatiente. Elle me gronde car j'ai repris ma vie d'agrément à Trianon et que je vais souvent à Paris la nuit. Pauvre chère maman, elle est morte le 29 novembre 1780. Elle n'aura pas eu la joie de savoir que j'avais enfin donné un Dauphin à la France le 22 octobre 1781. Ce jour-là, le roi a exigé que seuls les parents proches assistent à la naissance. Quel soulagement pour moi! J'étais quand même bien lasse. Et lorsque l'on emporta le nouveau-né, je n'ai pas eu la force de demander si c'était encore une fille. Et soudain la porte s'ouvre violemment et Louis, le visage couvert de larmes, vient vers moi et d'une voix retentissante annonce : « Monsieur le Dauphin demande à entrer. » Il faut que je revoie vite et bien à fond ces moments merveilleux, car ils ne reviendront plus. Tout Paris vient en cortège et délégation apporter des vœux et des présents selon les métiers. Comme je me souviens de l'intérêt que le roi portait aux présents des serruriers! Un objet ingénieux, et le roi, si habile en la matière, en découvrait tous les secrets au grand plaisir des habiles serruriers. Le roi réussit à sortir de l'une des serrures un petit Dauphin en fer forgé si minutieusement ouvragé que c'en était une merveille. Dire que les dames des Halles sont venues si joliment parées de leurs belles toilettes, et me récitèrent des poèmes de La Harpe. Oui, ces mêmes braves femmes, quelques années plus tard, m'étripèrent presque et toutes m'ont tellement injuriée que j'en ai eu des cauchemars et des sanglots plein le cœur.

Qu'ai-je donc fait ou omis de faire pour en arriver à une telle haine?

Les années qui suivirent la naissance de mes enfants furent une époque bénie. Je les revois, mes amours, autour de moi, lorsque j'allais les retrouver le plus souvent possible dans leur appartement. A Trianon, ils étaient plus libres, et mon premier petit Dauphin avait son potager qu'il soignait avec amour. Maintenant, j'ai un poids de moins sur l'âme, sachant qu'il est dans la vie éternelle. Ma petite mignonne, si petite Sophie, s'en est allée également. Quant à mes deux aimés, mon Dieu, mon Dieu, où sont-ils, en quelles mains sataniques sont-ils? Mon Dieu, sauvez-les de l'abjection, je sens mon cœur glacé, mon esprit en déroute.

Est-ce que mon amour si violent et ma pensée si intense peuvent arriver à les sauver du malheur? Dieu, que cela fait mal de ne rien pouvoir faire pour ceux à qui l'on a donné la vie. Et, dans les dernières semaines, lorsque la nuit approchait, dans ce cachot obscur, j'en arrivais à avoir peur, une peur physique, dans ce cachot où seule une petite chandelle apportée par Rosalie donnait des lueurs effrayantes. Même mon ombre déformée me faisait peur. Les gardiens étaient la seule réalité qui me paraissait vivante, normale, dans ce lieu maléfique. Lorsqu'ils parlaient et ronchonnaient, cela me rassurait presque.

Pensons, réfléchissons à ma vie. Je dois voir le mal que j'ai fait pour en arriver à cet enfer. Mon Dieu, je Vous demande pardon, mais c'est bien maigre, ce que je Vous offre. Ne pouvant faire autrement, prenez-le, s'il Vous plaît. Je ne me plains pas pour moi, mais pour mes enfants.

Lorsque j'étais toute jeune, le roi était pour moi plutôt un bon ami, un bon ami qui comblait tous mes caprices ; après sept années, lorsqu'il est devenu vraiment mon mari, j'étais comblée et heureuse et je l'ai vraiment aimé et respecté, et je pense l'avoir rendu heureux avec la naissance des quatre enfants. La mort de deux d'entre eux nous a rapprochés. Mais je dois avouer avoir pris des habitudes de liberté. Je n'ai jamais pu supporter les entraves et les rites immuables d'une cour figée dans son étiquette, ce qui en a choqué beaucoup.

Mon bon roi, lui, n'a jamais eu la volonté de secouer ces liens de protocole. Sa pensée, par contre, était plus libre. Je me souviens, lorsque nous étions bien jeunes, avant la naissance des enfants, il s'enfermait souvent chez lui pour travailler à sa forge, mais aussi pour écrire une longue étude et des projets « pour rendre son peuple plus heureux ». Il m'en a parlé, et ses idées m'ont inquiétée. Lorsqu'il termina son ouvrage, il le présenta au roi son grand-père ; celui-ci entra en colère, en déclarant que les idées d'avant-garde de mon mari étaient malsaines et révolutionnaires, et il lui donna l'ordre de brûler ses écrits. J'étais à la fois navrée de ce qui lui arrivait et bien persuadée qu'il ne pouvait en être autrement. Mon pauvre mari plus jamais n'essaya de se lancer dans de nouvelles idées, qui cependant étaient dans l'air. Leurs applications nous ont été très néfastes.

Louis... je reviens sans cesse au passé, à notre passé déjà tellement lointain. Je ne puis arracher de moi-même cette autre partie qu'était mon mari. C'était un si bon mari. Nous n'étions pas des amants, mais de bons amis, ayant pleine confiance l'un en l'autre. Je me suis rendu compte trop tard combien il était indulgent avec moi, surtout lorsque j'étais encore tellement jeune et insouciante. Il me laissait la bride sur le cou, et jusqu'à la naissance des enfants j'en ai vraiment trop profité. Il souriait lorsque je lui racontais mes escapades. Il paraissait si fier d'avoir une épouse jolie, élégante et courtisée. Ses seules sévérités venaient de son esprit très économe. Et les seules fois où il était vraiment sévère avec moi et qu'il me fit d'amers reproches, c'était lorsqu'il dut payer mes dettes de jeu. En ce temps, j'ai abusé avec frénésie du jeu chez Madame de Polignac. Il avait tellement raison! Il était juste, connaissait exactement mon caractère, mes défauts et mes qualités. Et je sais qu'il avait confiance en moi. La seule fois où son esprit a trébuché, c'était dans l'affaire Rohan et le collier. Pendant quelques jours, il a pensé que j'étais au courant de toute cette affreuse intrigue.

Je suis étonnée de me distraire de mes angoisses en me souvenant de ces petits détails sans grande importance de ma vie heureuse. Malgré mes larmes et mes impatiences, j'étais une femme heureuse.

III

CALOMNIÉE

Lorsque je repense à Versailles, je voudrais biffer de ma mémoire un épisode affreusement pénible et douloureux, où tout est allé de mal en pis, où mon bon mari a failli perdre sa confiance en moi. Voyons. Par où commencer clairement, pour bien me juger dans ce drame ? Qu'est-ce qui est en jeu ? Ma réputation. Qui sont les personnages ? Le cardinal de Rohan, des bijoutiers, une aventurière et des comparses. Et quel est l'enjeu ? Un collier.

Voilà campés, une bonne fois pour toutes, tous les ingrédients de ce que l'on a appelé « l'affaire du Collier ». On croirait une comédie montée par Beaumarchais, tant toute cette histoire n'est faite que de hasards posés sur la route d'un destin absurde. Je m'occupais alors justement des répétitions du *Barbier de Séville* à Trianon, et la concordance des événements me semble, après bien des années, frappante. Car tout paraît invraisemblable, et pourtant tout s'enchaîne logiquement. Au point que j'hésite entre le drame et la comédie. Comment se fait-il qu'une affaire de bijoux, légère comme une comédie, soit devenue un scandale ? Par quel maléfique subterfuge la plus belle parure du monde a-t-elle provoqué la chute d'un royaume ? Car lorsque je pense aux conséquences qui me frappèrent de plein fouet, je ne peux m'empêcher de croire que cette affaire a mis le feu aux poudres et presque sublimé la haine des Français contre moi, et je continue de me demander pourquoi.

Tout a commencé, au fond, il y a fort longtemps, par une animosité de ma part envers un personnage d'importance, Louis de Rohan, alors coadjuteur de son oncle Rohan à la cathédrale de Strasbourg. Lorsque je le rencontrai pour la première fois, ce fut à mon arrivée en France, quand il me reçut en grande pompe à la cathédrale de Strasbourg. J'avais quinze ans. Il m'arrive souvent d'avoir des sympathies, des engouements ou des antipathies instinctives; est-ce un bien, est-ce un mal? C'est absolument irréfléchi, mais je m'entête sur cette première impression. En ce qui concerne le cardinal de Rohan, celle-ci fut désagréable, et plus tard elle fut confortée par ma mère à qui Louis de Rohan fit une exécrable impression lors de son ambassade à Vienne.

Il faut dire que le matin de mai 1770 où je vis pour la première fois celui qui allait devenir « le Cardinal » que j'ai exécré, le sort m'était défavorable. J'avais quitté l'Autriche, traversé le Rhin, abandonné tous mes proches, quitté mes vêtements dans une tente, et l'on m'avait accueillie presque nue de l'autre côté d'une barrière. Est-ce le souvenir de ce passage humiliant qui troubla mon humeur pour le reste de la journée? Ce prélat séduisant n'avait rien d'un homme d'Église. Il paraissait charmant mais son sourire me rendait méfiante, je le soupçonnais de vouloir me flatter, avertie par ma mère de me méfier de tous ceux qui me sembleraient trop aimables en dehors de Choiseul, du roi et du Dauphin. Oui, cette première rencontre me laissa une impression désagréable, plus de vingt ans après.

Enfin, je ne devais pas revoir Louis de Rohan avant longtemps. Je savais que sa famille était importante, et que j'allais en retrouver des membres à la cour. Mais ce souvenir fut si durablement imprégné dans ma mémoire que tous les événements qui se rapportèrent à ce prince par la suite ne firent que conforter ma première impression.

Car à peu de temps de là, alors que j'étais depuis un an à la cour, j'eus l'occasion de m'occuper une nouvelle fois du coadjuteur de Strasbourg. On devait nommer un nouvel ambassadeur à Vienne, et il me tenait à cœur que soit auprès de ma chère maman un homme de talent, prompt à me défendre et à me donner des nouvelles de ma famille. Mais au lieu de Breteuil, ami de Choiseul qui avait été l'artisan de mon mariage, ce fut le prince de Rohan, sur ordre du duc d'Aiguillon qui avait remplacé le duc de Choiseul aux Affaires étrangères. Je m'empressai d'écrire à ma mère ce que je savais de lui, qu'il était certes d'une très grande maison qui tenait un rang très élevé à la cour, à l'égal des princes de Lorraine, comme mon père l'empereur, mais que sa tenue avait toujours été celle d'un soldat plus que d'un coadjuteur soucieux de son diocèse. L'impératrice en conçut un certain dépit, mais ne voulut rien faire contre par crainte de me nuire à la cour de France. Elle était cependant avertie contre Rohan et recommanda qu'il adopte à la cour d'Autriche une conduite conforme à son état. Mais autant demander à un âne bâté de devenir un cheval de race. Le cardinal avait une notion très personnelle de ce qui était conforme à son état, fort éloignée de celle de ma mère. Son entrée à Vienne dépassait déjà l'imaginable et déplut fort à l'impératrice. Une suite si nombreuse, dans une livrée éclatante, des quantités incroyables de carrosses et de piétons, ne pouvaient qu'offenser l'austérité de ma chère maman, parfois si sévère mais si juste dans ses appréciations. Et si le prince de Rohan sut entrer dans les bonnes grâces de mon frère l'empereur Joseph II, et dans celles du chancelier Kaunitz, ce ne fut certes pas le cas de ma mère. D'ailleurs, il plaisait à mon frère car il lui parlait avec légèreté et faisait montre de beaucoup d'esprit, ce que je ne lui dénierai certes pas. Il plaisait à Kaunitz car il semblait si peu s'intéresser aux affaires de l'Empire que tout devenait possible. Les négociations qui se tramaient avec le roi de Prusse et le tsar à propos de la Pologne lui passèrent totalement inaperçues, et le partage de la Pologne par les puissances voisines en 1772 le surprit peut-être plus que le reste du monde.

La vie mondaine du prince de Rohan plaisait à certains,

en choquait d'autres. Il avait imaginé de réunir ses invités lors de grands dîners, mais non plus tous ensemble autour d'une grande table, comme il était d'usage ; au contraire, il trouvait plus intime de regrouper de petites tables de quatre convives. Cela lui valut une réputation de libertin très osé, ce qui le rendait encore plus séduisant aux yeux des dames de Vienne, mais ne cessait d'importuner ma très chère mère. Je dois dire que sur ce sujet je ne suis pas loin de partager l'avis du cardinal, et préfère moi aussi les dîners plus intimes. Mais le prince multipliait les occasions de se rendre désagréable par des inconvenances bien plus graves, et je partageais l'indignation de l'impératrice contre ce prince qui n'avait d'Église que le nom. Ma chère maman ne rêvait que de le voir rappelé à Paris, même si ce devait être par la mort d'un haut dignitaire dont on lui avait promis la charge. Je n'osais m'opposer ouvertement à cette idée, mais il me déplaisait presque autant de le voir revenir que de le savoir à Vienne auprès des miens alors que j'étais clouée là avec mon pauvre mari, mes tantes acerbes, cette « créature » de du Barry et le roi Louis XV qui allait de plus en plus mal.

A la mort du roi Louis XV en 1774, quatre ans presque jour pour jour après mon arrivée dans le royaume de France, le prince de Rohan fut enfin rappelé, mais il y fallut une intervention de Mercy, car mon bon mari lui avait envoyé de nouvelles lettres de créance, signifiant par là qu'il devait rester ambassadeur à Vienne.

Ainsi Rohan revint à Versailles. Après bien des intrigues, il fut enfin nommé grand aumônier de la cour, à son immense soulagement. Le roi mon époux ne tenait pas particulièrement à ce que Rohan devînt grand aumônier, car c'était désormais de cet impie qu'il faudrait recevoir la communion, à lui qu'il faudrait confier le culte à la cour, et la mauvaise réputation du prince le précédait désormais partout. Il apparaissait donc souvent aux réceptions et aux bals. Il était vain, je ne le trouvais pas très intelligent, bien que Voltaire et d'Alembert le tinssent en grande estime, et qu'il eût sa place à l'Académie, mais il avait du charme et de la conversation.

Cependant, je me suis organisée pour ne jamais lui adresser la parole. Ce fut là mon tort. Car ce seigneur anxieux de tout honneur était crédule; il écoutait tous ceux qui lui faisaient miroiter quelque avantage, entre autres mes faveurs. Il s'entourait de charlatans et de faiseurs de miracles, comme le fameux Cagliostro, coqueluche de bien des salons. C'est Rohan qui mit ce mage à la mode, en son palais de Saverne. Là-bas, par divers procédés, ce magicien prétendait faire de l'or avec Dieu seul sait quoi. Et Rohan, pour ce faire, l'a choyé, logé, argenté et ramené à Paris, dans son hôtel du Marais. Cagliostro continua à exercer son influence et à régner en maître sur une véritable cour des miracles, où malades et désargentés venaient demander son secours.

Et moi je me maintenais dans mon obstination contre le prince, qui était devenu cardinal au moyen de quelques intrigues de plus, grâce à l'amitié du roi de Pologne, et parce qu'il était devenu évêque de Strasbourg à la mort de son oncle. Donc je ne lui adressais pas la parole, je faisais tout pour ne pas le voir dans mon paysage. Je faisais en sorte qu'il ne vînt pas aux fêtes auxquelles il n'était pas invité, allant jusqu'à lui fermer les portes des jardins. Et ce crédule croyait que je le mettais à l'épreuve, alors que c'était pure aversion. Un printemps de 1782, il alla jusqu'à forcer les grilles des jardins de Versailles, soudoyant le concierge par flatterie, autorité, promesses et menaces, et je le vis devant mes yeux au cœur de la fête, ce que je ne pus supporter et qui fit scandale. Le cardinal fut tout simplement reconduit aux grilles du château, et je m'apprêtais, furieuse, à chasser le concierge quand des amies vinrent plaider la cause de ces pauvres gens déjà chargés d'enfants.

Rien dans mon attitude ne pouvait donc laisser espérer la moindre altération de mes sentiments à l'égard du cardinal, mais celui-ci ne cessait d'espérer, pensant, par mon intermédiaire, gagner les bonnes grâces du roi, devenir Premier ministre, s'accaparer le pouvoir et devenir un nouveau Richelieu ou un nouveau Mazarin.

C'est là qu'apparut une personne dont la destinée néfaste

a été la cause de mon malheur, Jeanne Valois de La Motte. Elle était la fille de Jacques de Saint-Rémy, un réel descendant des Valois par la bâtardise, qui ne faisait guère honneur à son sang, tant et si bien que sa fille, avec sa petite sœur, mendiait pour pouvoir vivre. Les deux enfants furent remarquées par une dame de Boulainvilliers. Celle-ci prit pitié de ces fillettes et leur fit donner de l'instruction chez des religieuses. Après un certain temps, au lieu de rester sagement au couvent de Longchamp, ces demoiselles s'échappèrent et arrivèrent à Bar-sur-Aube. Là, un nommé Nicolas de La Motte s'éprit de Jeanne et l'épousa. Ce couple, bourré d'ambition, décida d'aller à Paris, portant leur nom de Valois comme un étendard. Jeanne de Valois avait déjà rencontré Cagliostro à Saverne, et par son intermédiaire le couple réussit à évoluer dans le cercle du cardinal. Elle eut tôt fait de saisir que ses intérêts pouvaient rencontrer ceux de Rohan, et s'attacha dès lors à se faire connaître à la cour, tout en réussissant à se rendre indispensable auprès du prince. Elle ne cessait de hanter Versailles, chantant partout pour se faire entendre qu'elle me connaissait personnellement, et avait mes faveurs. Comme rien n'arrivait de ces prétendues faveurs, elle dut un jour jouer la comédie à ma sœur Élisabeth. Elle tomba fort opportunément évanouie lors de son passage, et ayant appris que ma sœur l'avait remarquée, prolongea son évanouissement en laissant entendre qu'il s'agissait d'une fausse couche. Madame Élisabeth en fut tout émue et intervint auprès de mon cher Louis pour qu'il doublât la pension du mari de la belle évanouie, qui se faisait appeler « comte de La Motte ». Tout cela sans que je visse une seule fois cette dame de La Motte. Et d'ailleurs, elle parvint à importuner à ce point le contrôleur des Finances, s'asseyant dans son antichambre et prétendant ne pas en partir tant qu'on ne lui aurait pas fait droit, que le roi finit par lui donner une belle somme d'argent pour qu'elle s'en aille. Cela ne l'empêcha nullement de proclamer encore plus fort, s'il était possible, qu'elle était ma confidente.

Elle s'est bien vite rendu compte que le cardinal était très dépité par mon manque d'attention à son égard. Elle comprit le double parti qu'elle pouvait tirer de prétendre me connaître : elle pensait obtenir directement du roi une pension plus abondante, et du cardinal bien plus encore. Elle imagina alors de monter une intrigue dépassant tout entendement.

La crédulité du cardinal était inconcevable ; La Motte fut rusée, mais n'eut aucun mal à abuser Rohan. Par toute une série de lettres écrites par son amant, Rétaux de Villette, qui avait des talents de faussaire, elle imagina plusieurs petits mots et missives que j'aurais écrits au cardinal ! Celui-ci s'y est laissé prendre. A chaque lettre, elle réussissait à extorquer d'énormes sommes à Rohan, prétextant qu'il lui était nécessaire de bien se parer pour se présenter à la cour, car j'étais son amie et j'allais la recevoir. Ce petit jeu dura quelque temps. Elle parlait de mes sentiments à l'égard de ce pauvre cardinal, qui croyait tout ce qu'elle lui racontait. Pour bien appâter le prince et lui prouver qu'il m'inspirait toute confiance, la Valois organisa une soi-disant entrevue entre lui et moi-même.

Le comte de La Motte embaucha une actrice qui rôdait au Palais-Royal, il lui apprit un rôle dont elle ne comprenait pas le but, et les deux complices la baptisèrent pour l'occasion « baronne d'Oliva ». Ils lui firent confectionner une robe semblable aux miennes et l'entraînèrent à marcher et à prendre des airs de grande dame de la cour, avec quelques phrases à réciter. Si je me souviens bien, à peu près ceci : « Vous pouvez espérer que le passé sera oublié. » Tout cela la nuit, à Versailles, et dans le jardin de Vénus, en plus ! Les La Motte menèrent cette jeune personne dans le bosquet et la laissèrent là toute tremblante de peur, ne comprenant rien à cette mascarade. Le cardinal se promenait précisément dans les jardins, conduit là par les La Motte. A cet endroit se trouvait déjà la jeune actrice, Nicole Leguay dite d'Oliva, serrant une lettre contre son sein, lorsque soudain un homme se trouva auprès d'elle : c'était le cardinal, tout ému et confus. Il raconta avoir entendu de la bouche de la jeune personne : « Ne pensez plus au passé, tout est pardonné », tandis que celle-ci rapporte avoir bafouillé d'émotion : « Vous savez ce que cela veut dire », comme on le lui avait enseigné. Puis elle s'enfuit pour être rattrapée par le sieur de La Motte qui l'emmena rapidement hors de Versailles, le cardinal berné et moi-même bafouée. Je continue à ne pas en revenir. Si au moins tout cela en était resté là ! Mais le pire vint par la suite.

Car c'est après ce simulacre de pardon que j'aurais donné au cardinal que La Motte imagina sa grande escroquerie, dont tous les détails me furent connus par la suite, au moment du procès retentissant qui me fit tant de tort. Dans cette affaire, Rohan ne vit jamais les bijoutiers et je ne vis jamais la Valois. Cette femme astucieuse s'occupa de tout et elle seule et son mari virent la couleur de l'argent. Cette intrigue tellement bien montée, je vais tout de même essayer de la démêler.

La Motte-Valois avait un don pour être au courant de mille choses et faits divers qu'elle avait l'habileté d'ajuster bout à bout pour arriver à ses fins, d'une ambition sans pareille. Elle était aidée par son benêt de mari, qu'elle réussit à faire nommer capitaine de la garde à Versailles, et par son amant Rétaux de Villette, un filou faussaire. Et tout ce joli monde évoluait autour du cardinal.

Au cours d'un dîner, elle fit la connaissance d'un avocat, Laporte, qui fut impressionné par l'intimité que La Motte prétendait avoir avec moi. Il décida aussitôt de plaider la cause de deux de ses amis, les bijoutiers Bœhmer et Bassenge. Ces bijoutiers avaient confectionné la plus belle parure de diamants du monde, qu'ils avaient eu l'intention de faire offrir par le roi Louis XV à la du Barry. Le roi étant mort et la du Barry s'étant retirée, les bijoutiers restaient sans acheteur avec ce bijou colossal, d'une valeur de plus d'un million de livres. J'étais au courant de l'existence de ce collier, car peu de temps après la mort du roi Louis XV, le bijoutier Bœhmer avait voulu me le présenter et avait pressé le roi de me l'offrir. Cette année-là, j'avais déjà acheté une paire de boucles d'oreilles en diamants et un bracelet magnifique. On était en pleine guerre d'Amérique, et le prix demandé par les bijoutiers était si énorme (j'appris plus tard que c'était celui d'un vaisseau de guerre) que je renonçai sans difficulté à cette idée. D'ailleurs, le collier n'avait pas été fait pour moi, et il me déplaisait d'obtenir toute chose qui de près ou de loin touchât à la du Barry. Je me souviens encore que Bœhmer, fort dépité, tenta de vendre le collier au roi d'Espagne, qui bien entendu refusa. Sur quoi Bœhmer revint par deux fois à la charge à la cour, s'adressant une fois à mon bon Louis, une autre fois à moi-même. Nous fûmes tour à tour très fermes, signifiant nettement que je ne voulais pas du collier. J'étais d'autant plus décidée que les lettres de ma chère maman m'incitaient à éviter toute extravagance, et que celle-ci aurait été de taille en regard des incartades qu'elle me reprochait.

Ici commence l'affreux drame. Après avoir rencontré les bijoutiers et vu le collier, la Valois imagina de dire au cardinal que j'aimerais le posséder, mais que je n'osais pas demander cette somme d'argent au roi. Il serait donc très habile à Rohan de se faire l'intermédiaire et de s'occuper de la transaction en mon nom. Il entrerait ainsi dans mes bonnes grâces et serait assuré de ma reconnaissance éternelle. A partir du moment où Rohan pensait avoir mon indulgence, il s'est laissé aller à toutes les insinuations de Jeanne de La Motte et a fait ses quatre volontés.

Tous les détails de cette affaire, je ne saurais les connaître. Mais ce que je sais, c'est que le cardinal est entré en rapport avec les bijoutiers, et qu'il s'est porté garant de l'achat du collier payable en trois fois. Les joailliers demandèrent alors que je signe le contrat de vente, ce qui ne gêna absolument pas La Motte qui fit faire un faux de plus par son fidèle Rétaux de Villette. Et là, ils firent une erreur qui me sauva dans l'esprit du roi, mais à laquelle l'opinion publique ne fit jamais attention. Le faussaire eut l'ignorance et la bêtise de contrefaire ma signature sur l'acte de vente en paraphant

« Marie-Antoinette de France ». Quand l'affaire éclata, les papiers du cardinal furent saisis et toutes les lettres et petits mots écrits soi-disant par moi mirent le trouble dans l'esprit du roi, et j'en ai été affreusement triste, qu'il eût pu croire que j'étais mêlée à une telle escroquerie. Oui, car lorsque ce reçu fut signé, les joailliers remirent le bijou au cardinal, qui lui-même remit ce joyau à Jeanne de La Motte, qui remit à un soi-disant « envoyé de par la reine » le bijou qui devait m'être remis. Le soi-disant envoyé était Rétaux de Villette, que le cardinal ne connaissait pas. Et de ce jour, on ne revit plus jamais tous ces diamants.

Il faut quand même que j'essaie de comprendre comment cette horrible affaire parut au grand jour. Je me souviens que le 12 juillet 1785, je reçus une lettre des bijoutiers, à laquelle je ne compris rien. Et selon ma mauvaise habitude, imaginant qu'ils revenaient à la charge pour me vendre le collier, je n'approfondis pas la question et agacée je jetai la lettre au feu. Or, en creusant ma cervelle, j'ai un vague souvenir que dans un style compliqué et ampoulé ils parlaient d'un arrangement dont ils étaient très satisfaits. Je me rends compte que j'aurais dû parler tout de suite de cette lettre au roi, mais pas une seconde il ne me vint à l'esprit qu'il s'agissait d'une affaire d'autant d'importance. Les bijoutiers allèrent trouver ce pauvre cardinal de Rohan qui tomba des nues, car il était persuadé que je possédais le collier et que je ne pouvais me soustraire à son paiement.

Finalement, j'ai su que Breteuil, ministre de la Maison du roi, était au courant bien avant moi de toute cette affaire, car les bijoutiers s'en étaient ouverts à mon confesseur Vermond qui se garda bien de me mettre au courant mais, affolé, alla en parler à Breteuil. De plus Breteuil avait été averti par le banquier Saint-James que le cardinal voulait emprunter sept cent mille livres en mon nom. Les bijoutiers durent faire un rapport écrit qui fut remis à Breteuil.

Lorsque j'ai appris tout cela, j'étais horrifiée, et j'aurais voulu tout raconter tout de suite au roi, mais Breteuil m'en dissuada car, détestant le cardinal, il voulait le perdre définitivement. Là aussi, j'ai eu tort, car sur le moment j'étais dans une colère épouvantable contre le cardinal, que je croyais coupable d'être entré dans cette machination. Si je n'avais pas eu tant de rancune, j'aurais pu modérer par la suite les intentions du roi de faire accuser publiquement Rohan.

Finalement, le roi ne prit connaissance de cette affreuse histoire que le 14 août, veille de ma fête. Le lendemain, avant la messe du 15 août, nous nous sommes tous réunis, le roi et moi, le garde des Sceaux Miromesnil, le ministre de la Maison du roi Breteuil et le ministre des Affaires étrangères Vergennes, en attendant les explications du cardinal. Malgré ce que les bijoutiers lui avaient dit, le cardinal croyait encore que j'avais le collier, que le roi l'ignorait et que je refusais tout simplement de le payer. Devant le roi, le cardinal me dit : « Mais Madame, vous avez signé le reçu. » Je me suis rendu compte à ce moment que le roi, dans son honnêteté foncière, a eu un doute sur ma parole, d'autant plus que le cardinal me regardait avec une insistance qui m'a fait rougir. C'est ce qui m'a fait le plus de peine et un moment je me suis vue perdue. Le roi demanda alors où était ce reçu, et le cardinal répondit qu'il l'avait chez lui. Sur quoi le roi congédia le cardinal. J'étais dans un tel état d'horreur et d'abattement que mes larmes coulaient sans que je m'en rende compte. Breteuil, rempli de haine contre Rohan, proposa alors qu'on l'arrête afin de tirer les choses au clair, ce à quoi le roi donna son accord. Le duc de Villeroi, capitaine des gardes, fut chargé de cette corvée, car c'en était une, il faut le reconnaître, d'arrêter le grand aumônier en public.

Évidemment, tout est allé de travers, car l'arrestation en public, le 15 août, en pleine cour, où le cardinal avait tous ses familiers et tous ses parents dévoués autour de lui, créa à mon sujet une animosité qui n'avait pas besoin d'être aiguillonnée. Les Soubise, les Marsan, les Condé, toutes les plus grandes familles de France, ne pouvaient supporter de voir leur honneur de pair de France bafoué en la personne du cardinal de Rohan.

A partir de ce moment-là, je me suis sentie enfoncée dans un marais gluant de calomnies et d'incompréhension. Dans toute cette affaire, j'étais innocente, peut-être stupide, mais innocente, et c'est moi qui en suis sortie avec tous les torts. Évidemment, j'ai l'impression que l'opinion publique qui déjà était montée contre moi s'est saisie de cette histoire comme une démonstration flagrante non seulement de ma vie légère et souvent futile, mais surtout de ma malignité. Lorsque je pense à cette époque, je me rends compte que toute cette affaire et le procès qui suivit m'ont abattue momentanément, mais je me suis reprise, car j'ai senti que le roi ne m'en tenait plus rigueur. Ce procès peut-être mal venu était pour défendre mon honneur.

Tout cela s'est passé pendant que je mettais au monde mon deuxième fils, mon adorable Louis Charles, mon futur Dauphin, la joie de mon cœur. Mes relevailles faites à Notre-Dame de Paris ne furent pas aussi heureuses que les précédentes. Oui, mes deux premières relevailles avaient été les jours les plus heureux de ma vie. Comme j'étais jeune, alors, comme j'étais insouciante, comme j'étais aimée! Et pas seulement par mon cher mari, qui lui-même était radieux, lors de la naissance de son premier fils. Je n'aurais jamais imaginé combien un homme peut être si fier et comblé d'avoir un fils. Je conçois très bien que l'on désire que sa race se perpétue, comme femme et épouse d'un roi, je le ressens bien. Mais chez un homme, il y a une fierté en plus, qui fait partie de sa chair, plus peut-être que chez la femme qui pourtant met l'enfant au monde. Je me souviens encore de ces premières relevailles, de mes battements de cœur lorsque Paris nous accueillit avec allégresse et enthousiasme. Après la naissance de notre premier Dauphin, c'était tellement merveilleux de se sentir aimés. Mais dans le fond de moi-même, j'avais peur. Recevoir tant d'amour, comment le leur rendre? Voilà encore un pardon que je dois attendre, puisque personne ne peut me le donner, car je sens n'avoir pas assez fait pour tous ceux qui m'ont aimée. Je ne reçois plus que de la haine et des injures. Les ai-je vraiment méritées? Oui, par mon insouciance, mon ignorance. Nous vivions confinés entre Versailles, Saint-Germain et Fontainebleau, et je me suis complètement cloîtrée à Trianon. Je ne connais pas la France, j'ai juste entrevu le mauvais côté de la médaille depuis notre retour de Versailles et le court voyage à Varennes. Mon Dieu, oui, je vais mourir avant de connaître la France. Comment les Français me pardonneront-ils jamais de les avoir si mal aimés? Je les ai aimés lorsqu'ils m'aimaient, lorsque j'étais une jeune femme si adulée, pleine d'un avenir qui aurait pu être merveilleux. Tout était si facile alors.

J'ai bien vu la différence après la naissance de notre petite Sophie, qui mourut après quelques mois. Tout avait changé, c'était après le Collier, et j'ai même entendu des paroles fort désagréables et franchement obscènes. J'ai de très bonnes oreilles, et l'on pense souvent que je ne vois rien ni n'entends rien. Mais malgré mes airs que l'on dit hautains, rien ne m'échappe, et je sais très bien faire croire que je n'ai rien vu ni entendu; c'est préférable, quitte à en reparler lorsque c'est nécessaire. En pensant à mes tout petits enfants, comme je suis loin de la vilaine affaire qui m'a tant tourmentée!

L'affaire aurait pu en rester là, Rohan avouant ses maladresses, le roi comprenant que je n'étais pour rien dans tout cet imbroglio. Mais celui-ci, voyant l'ampleur du scandale, a cru bon de faire un procès pour laver mon honneur. Là aussi, j'ai eu tort, dans ma fureur et mon entêtement contre le cardinal, car j'aurais pu dissuader Louis de faire un procès au Parlement. Le malheur était que le roi était en mauvais termes avec le Parlement, qui n'aspirait qu'à plus d'indépendance, et finalement, par ce simple fait, le cardinal a été très facilement acquitté. Mon frère Joseph II trouvait lui-même que mes accusations contre le cardinal étaient exagérées. Il disait : « J'ai toujours connu le grand aumônier pour l'homme le plus léger et le plus mauvais économe possible, mais j'avoue que je ne l'aurais jamais cru capable d'une friponnerie et d'un trait aussi noir que celui dont on l'accuse. »

81

Je me rends compte à présent que mon grand orgueil a attisé maladroitement toutes les braises qui étaient prêtes à s'enflammer, même à moins. De tous les racontars qui n'ont pas manqué de voir le jour à ce moment-là, les seuls auxquels j'ai prêté attention étaient ceux qui atteignaient le cardinal, et qui me réconfortaient. Oui, je fais vraiment mon examen de conscience, actuellement, et je me rends compte que je m'étais obstinée dans ma vanité offensée. Et j'en demande pardon à la postérité, car j'ai été la cause de la haine qui a rejailli sur le roi et sur l'idée de monarchie. Mais d'un autre côté, c'est à partir de cette époque où je suis devenue plus réfléchie, plus consciente de mon rôle, peut-être moins égoïste, que tout m'est retombé dessus jusqu'à ces instants où je vais perdre ma vie. Il n'y a pas de doute que lorsque le mal a été fait, il est difficile de faire croire au peuple que l'on a changé, surtout quand on ne vous en donne plus du tout les moyens. Un mal semé, même involontairement, germe et s'amplifie jusqu'à étouffer la meilleure volonté du monde.

Après l'arrestation de Rohan, le roi fit saisir ses papiers, mais le cardinal avait eu le temps d'en faire brûler une partie. Avec le recul, je pense que ce geste plaide en sa faveur, car comme il était toujours persuadé que c'était moi qui lui avais écrit, je me dis maintenant qu'il a voulu me protéger aux yeux du roi. Mais grâce à Dieu, le fameux contrat portant ma fausse signature avait échappé au feu, ce qui persuada le roi de ma bonne foi. Heureusement que ce faussaire de Rétaux de Villette n'entendait rien aux usages royaux, et avait contrefait ma signature en écrivant « Marie-Antoinette de France ». Il ne savait pas que seules étaient princesses de France les filles du roi de France, et que la reine était reine de France certes, mais ne signait pas de France, comme ce maladroit le croyait. Ce que je ne comprends pas, c'est que Rohan, ambassadeur de France et grand aumônier, membre de l'Académie française, n'ait pas remarqué cette erreur grossière. C'est dire à quel point les manigances de la dame de La Motte et les habiles persuasions de Cagliostro avaient embrumé son esprit crédule.

Je n'ai jamais vu ce fameux collier, mais j'ai entendu dire qu'il était monstrueux de mauvais goût. Cela ne m'étonne pas car il avait été imaginé pour la du Barry. Mais comment Rohan pouvait-il croire que j'allais porter une telle énormité, quand tout le monde savait que mon goût allait aux ornements légers? Il paraît qu'aussitôt que les La Motte eurent ces diamants en poche, ils dépecèrent le collier, et en vendirent quelques pierres à Paris. Un bijoutier juif vint même se plaindre au préfet de police de Paris que Rétaux de Villette offrait sur le marché des diamants énormes à un prix ridicule. Rétaux de Villette, convoqué, raconta tout bonnement que c'étaient des diamants qui appartenaient à Madame de La Motte-Valois, parente du roi. Comme celle-ci racontait sur tous les toits qu'elle était mon amie, le préfet de police affolé se tut et ne chercha pas à en savoir davantage. Mais, alerté, le comte de La Motte s'en fut à Londres les poches bourrées de diamants pour les vendre à un endroit où on ne lui poserait pas de question. Et pendant plusieurs mois ils menèrent une vie de Grand Turc à Bar-sur-Aube.

Tout ce beau monde se retrouva pourtant à la Bastille. Le cardinal devait être jugé en Parlement. Le roi et moi souhaitions également un procès public. Dans une affaire où mon nom avait été utilisé, le roi voulait faire toute la lumière, et non pas procéder de manière secrète, en utilisant des lettres de cachet qui pouvaient laisser croire à un sombre complot. Nous n'avions rien à cacher, et nous étions tellement certains que le Parlement se rendrait à l'évidence et écouterait la parole du roi! J'étais réellement touchée de la fermeté que le roi mettait dans toute cette affaire. Comme roi et comme mari, il était sûr de moi et j'en avais les larmes aux yeux. Mon bon Louis, combien j'ai ressenti d'affection sincère pour vous en ces temps difficiles!

D'un côté, le Parlement semblait enregistrer sans rien contredire les instructions du roi. Le président d'Aligre, le procureur Joly de Fleury et son substitut du Laurencel, en fin de compte chargé du dossier, convenaient aisément que tout était la faute du cardinal. Mais la grande et nombreuse famille de Rohan, leurs alliés les Soubise, leur innombrable parentèle et tous leurs alliés de près ou de loin faisaient corps. Ils avaient mené leur propre enquête et réclamaient à cor et à cri que l'on arrêtât les complices. Par des moyens divers, ragots de café et petites feuilles de journaux passées sous le manteau, ils laissaient entendre que tout était ma faute à moi, et me montraient sous un jour des plus affreux. Je me rends compte maintenant combien ils ont eu la part facile. Peut-être même sont-ils tous à l'origine de ces innommables pamphlets dont certains amis bien intentionnés me rapportaient des bribes : on tenait le cardinal de Rohan pour mon amant, et la détermination du roi et la mienne pour basse vengeance à son égard. Je suis encore éberluée de tout cela, comment comprendre, mon Dieu, pourquoi toute cette haine ?

Tout était si embrouillé alors, au cours de l'instruction du procès, que je mettais tout mon effort contre le cardinal, négligeant les complices. D'ailleurs, beaucoup de magistrats croyaient que mon honneur et ma dignité exigeaient que le cardinal fût puni. S'ils n'étaient pas tous intimement persuadés que le cardinal fût l'auteur seul et unique de l'outrage, du moins pensaient-ils qu'il y avait efficacement concouru par des liaisons trop peu décentes pour un homme de son rang, de son nom et de son état. L'indécence du cardinal était connue de tous, mais le public ne semblait pas s'en offusquer. Et de n'avoir aucun élément ni aucun fait, voilà qu'on imaginait et colportait sur mon compte des indécences mille fois pires que celles que commettait impunément le cardinal.

Le baron de Breteuil et ce cher abbé Vermond mettaient tous leurs efforts à solliciter hautement en mon nom contre le cardinal, et peut-être à force les juges en furent-ils impressionnés, mais pas dans le sens souhaité. Et Breteuil était trop connu pour son animosité personnelle contre le cardinal, ce qui me desservait passablement.

La prise de corps avait été décidée contre le cardinal, la

dame de La Motte et les Cagliostro : le roi s'assurait de leur personne pour les embastiller tout le temps que nécessaire, coupables qu'ils étaient d'un crime infamant. Le cardinal était enfin suspendu de tous ses droits, fonctions et facultés de faire aucun acte civil jusqu'à son jugement. Cela me semblait une première victoire, mais j'étais fatiguée et j'avais presque la nausée de tous les efforts qu'il avait fallu déployer pour en arriver là, alors que le simple bon sens eût suffi s'il ne s'était agi du cardinal et de moi. Cette nausée était aussi celle de ma dernière grossesse, qui ne parvenait pas à me détacher de l'hostilité que je ressentais autour de moi. Oui, j'étais contrariée, et le roi avait beau être tout de gentillesse, je ne me déridais pas.

Tout allait de mal en pis au fur et à mesure que l'on arrêtait les complices. Cette rouée de La Motte avait juré de perdre le cardinal. Elle niait tout ce qu'il affirmait, et prétendait me porter le plus grand respect. Cela faisait bien mon affaire contre le cardinal, mais de plus en plus les soupçons de préméditation se portaient contre elle, bien que les magistrats manquassent de preuve. Rohan était toujours le principal accusé, mais l'on retrouvait peu à peu les personnes qu'il citait dans ses dépositions : la demoiselle d'Oliva, par exemple, qui avait si bien abusé le cardinal en jouant mon rôle dans le bosquet de Vénus, confirmait tout ce qu'avançait Rohan sur ce point. Les magistrats étaient renforcés dans leur idée qu'il s'agissait d'une escroquerie énorme, ce à quoi je ne pouvais me résigner car c'eût été accepter que je m'obstinais à tort contre Rohan.

Jamais encore je n'avais eu à me préoccuper de si près des sentiments du public à mon égard. Or j'étais infiniment sur le devant de la scène. Je sentais le regard de toutes les cours d'Europe rivé sur moi, alors que je n'aspirais qu'à me cacher à Trianon et à vivre une vie douce et tranquille. Partout, on publiait, comme le voulait l'usage, les consultations et les mémoires des avocats pour la défense de Rohan ou des Cagliostro. Comme il s'agissait de moi, chacun soupçonnait l'autre de ne jamais dire l'exacte vérité, soit qu'il fallût me protéger, soit que j'imposasse ma volonté. Toute cette publicité allait ainsi, par quelque perversité, à l'encontre de ce que le roi avait souhaité en demandant que le cardinal soit jugé en Parlement. On parlait de cachotteries et de secrets inavouables, alors que le roi et moi, persuadés que nous étions de la culpabilité du cardinal, ne voulions que la mettre en lumière publiquement.

A la cour, si le roi, Breteuil et l'abbé Vermond m'étaient tout acquis, j'avais quelques raisons d'en vouloir au garde des Sceaux Miromesnil, qui me semblait épris d'une justice fort différente de la mienne, et par trop partial envers le cardinal. D'ailleurs, les Rohan et les Soubise comptaient beaucoup trop sur Miromesnil pour qu'il fût honnête. Sous couvert de faire respecter toutes les formes de la justice, il faisait parvenir aux membres du Parlement des instructions qui différaient singulièrement de celles que leur faisait parvenir Breteuil. Je ne savais plus à quel saint me vouer, et j'en concevais une franche animosité contre Miromesnil. J'en avais autant à l'égard de Vergennes, qui me semblait bien trop tiède dans sa recherche de la vérité. Il retrouvait des comparses à la demande des Rohan et ne cessait d'intervenir en faveur du cardinal, sous couvert lui aussi de justice et d'impartialité. D'ailleurs, Mercy me mettait en garde contre lui. A ce moment-là, j'étais tout oreilles, tellement il me chantait la chanson que je voulais entendre. Mais aujourd'hui, dans ce sinistre cachot, force m'est bien de reconnaître que je me suis laissé abuser par mon obstination. Vergennes, ministre des Affaires étrangères, avait pour principal défaut aux yeux de Mercy et de l'empereur de n'être pas assez malléable et d'avoir une politique hostile à l'Autriche, ce qui dans tous les cas avait déjà de quoi me contrarier sincèrement. Mais je me rends compte maintenant, avec quelque désespoir, que Mercy se souciait assez peu de moi. Tout au plus ma réputation lui importait-elle. Mais c'était l'homme des doubles jeux, et il m'a fait faire bien des bêtises.

Pourtant, Mercy agissait en ma faveur : il connaissait le

86

président d'Aligre depuis de fort longues années. Afin de
prévenir toute tentative de Miromesnil ou de Vergennes,
Mercy entretenait régulièrement le président du Parlement,
lui expliquant que les deux ministres cherchaient à
embrouiller l'affaire afin de sauver Rohan. Peut-être me
suis-je irritée à tort contre ce brave Mercy, qui avait rédigé
un long mémoire pour le président d'Aligre, afin que
l'affaire soit traitée le plus favorablement possible à mon
égard. J'étais tellement persuadée de mon bon droit, je
tenais tant pour le roi à être lavée de l'outrage qui m'avait
été fait, que la seule solution me semblait une peine véri-
tablement infamante pour le cardinal, et que j'eusse volon-
tiers employé tous les moyens à ma disposition pour y parvenir.

Jusqu'alors, je n'avais guère prêté attention aux complices
de Rohan, les jugeant secondaires et probablement payés
par les familles de Rohan et Soubise pour dire ce qui
conviendrait le mieux à la défense du cardinal. Mais mon
attention a été attirée par l'arrestation du faussaire Rétaux
de Villette, qui avait contrefait mon écriture et si bien à propos signé « Marie-Antoinette de France ». D'un seul coup, il
semblait que toute la défense du cardinal, disant qu'il avait
lui-même était floué, trouvait sa justification. S'il m'avait
fait gravement offense, du moins ne pouvait-on plus
l'accuser de faux ni d'escroquerie, sinon à l'égard de lui-
même.

Mercy continuait de me tenir au courant des moindres
détails, en ces derniers jours de mai 1786. Même le procureur du roi Joly de Fleury ne pouvait plus retenir des
charges aussi lourdes que le faux et le vol. Jusqu'à présent,
je ne pensais qu'à mon honneur. Mais c'est à ce moment-là
que j'aurais dû penser également à l'honneur du cardinal,
car il a été aussi berné que moi-même. Et en ces moments
suprêmes, j'aurais aimé qu'il sache que je ne lui en veux
plus. Mais vraiment, sa vanité et sa crédulité m'ont mise
dans un affreux pétrin !

A la veille du verdict, le procureur maintenait donc seulement que l'on devait punir l'offense qui m'avait été faite, un outrage à ma personne. Ainsi, la peine du cardinal ne serait pas infamante, on ne pourrait pas le bannir à perpétuité, ni même le blâmer. A cette époque, j'étais outrée, mais le substitut du procureur, Pierre du Laurencel, avait imaginé tout de même de demander une peine appropriée au délit, un bannissement du cardinal de la cour et le retrait de la charge de grand aumônier.

Les magistrats du Parlement devaient en décider autrement. C'est Mercy qui m'a raconté par la suite le déroulement de ces tout derniers jours. Et je sais qu'il prit bien des précautions pour ne pas me heurter alors que ma grossesse était déjà très avancée. Maintenant, je peux supporter l'idée que l'avocat général Séguier s'est violemment opposé au réquisitoire de procureur Joly de Fleury. Pour comble, Rohan était malade lorsqu'il comparut devant le Parlement pour la dernière fois, et ne fit que présenter qu'il avait le désir immense de regagner mes bonnes grâces.

Enfin le 31 mai 1786 fut rendu le jugement. J'ai su que lorsque le public apprit que le cardinal était déchargé d'accusation, la foule en délire applaudit, cria « Vive le Parlement, vive le cardinal innocent » et jeta des fleurs aux parlementaires. Est-ce l'angoisse que je ressentis alors qui me faisait pressentir les moments terribles que cette même foule nous infligerait ? Je frissonnais.

J'ai pleuré avec désespoir et Madame Campan eut bien du mal à me consoler. Je me sentais bafouée une seconde fois, victime des pires calomnies. Le roi était lui aussi indigné, et il demanda à Rohan de démissionner de sa charge de grand aumônier, tellement il lui était odieux de revoir le cardinal à la cour après tout cela. Rohan partit se retirer dans son abbaye de La Chaise-Dieu. Comment donc ne comprit-on pas la décision du roi, et l'accusa-t-on de tyrannie, lui, le meilleur et le plus juste des hommes ? Et surtout, comment n'avons-nous pas compris alors que ce verdict, qui allait contre la volonté du roi et me soumettait comme tout un chacun à la justice du Parlement, annonçait bien pire encore. Comment, aujourd'hui que je suis soumise à un procès inique, ne devrais-je pas me rappeler ce qui l'annonça il y a quelques années? Déjà, comme aujourd'hui, j'étais perdue dans l'opinion.

Les peines infligées aux comparses et aux escrocs ne m'ont pas consolée. La dame de La Motte fut marquée au fer rouge, et se débattit tant et tant que le fer l'atteignit juste au-dessus du sein droit, au lieu de l'épaule. Enfermée à la Salpêtrière, elle parvint encore à s'échapper avec je ne sais quelle complicité. Et même la triste fin de cette La Motte-Valois, l'intrigante par qui tout arriva, et qui ne cessa, une fois réfugiée à Londres, de publier des atrocités sur mon compte, ne me console pas. Bien peu de chose me parvient encore dans cette prison atroce. J'ai tout de même su que les révolutionnaires avaient voulu aller chercher La Motte à Londres, et que, soit maladresse de leur part, soit frayeur de la sienne, cette terrible harpie avait eu la fin que l'on pouvait lui prédire : elle s'est jetée d'une fenêtre et est morte comme elle avait vécu, avec bassesse et vilenie. Je ne suis pas vengée pour autant, mais du moins n'a-t-elle pas pu témoigner à ce procès, comme elle l'avait fait il y a quelques années.

IV

TOURMENTÉE

A partir de 1786, notre vie a changé. Je me suis réveillée aux réalités de cette vie et de la vie du royaume. Ce procès m'a ébranlée plus que je n'aurais pu le croire. Mon orgueil a été blessé. Oui, mon orgueil. Mon Dieu, pardonnez-moi. Mais cet acquittement me mettait à nu et laissait libre cours à toutes les interprétations les plus folles. Un sourd mécontentement faisait frissonner le peuple de France. La bourgeoisie avait pris goût aux écrits de Voltaire et de Jean-Jacques Rousseau. Louis m'a même lu des extraits des écrits de ces messieurs, de Monsieur de Voltaire, et surtout *Le Contrat social* de Jean-Jacques Rousseau. Et pour terminer, un passage de Monsieur de Diderot dans l'*Encyclopédie* « que le régime monarchique n'est ni le meilleur ni le seul voulu par Dieu ». Mais à ce moment-là tout cela ne laissait entrevoir qu'un léger bouillonnement qui malgré tout me faisait frémir.

Lorsque le contrôleur général des Finances Calonne, excédé, révéla à cor et à cri l'effroyable déficit de l'État, mes craintes augmentèrent. Aux Finances, Calonne avait depuis plusieurs années remplacé Necker, et avait comme lui voulu faire croire que tout allait bien. En fait, j'ai appris comme tout le monde que le budget de l'État était en déficit de plus de cent millions de livres. Ce trou me semblait énorme, comme à tout un chacun, et je ne parvenais pas à me rendre compte de ce que cela signifiait. Mais j'ai bien senti comment le pays, qui était dans la misère, entra en fureur. Et cette fureur avait besoin d'un responsable. J'étais tout indiquée et me voilà baptisée « Madame Déficit ». J'ai appris bien plus tard que je devais ce sobriquet à un plaisantin. Lors du Salon de 1787, mon amie Madame Vigée-Lebrun devait exposer un portrait de moi, qu'elle n'avait pu terminer à temps. L'emplacement étant prêt, il est demeuré vide et quelqu'un trouva bon d'aller écrire dans le trou laissé vide comme celui du budget, « voilà le déficit ». Depuis lors, les mauvaises langues ont repris ce refrain; un torrent de pamphlets aussi atroces les uns que les autres a déferlé sur moi. Les mots se sont enfuis; seul reste le souvenir de l'horreur.

Personne ne saura jamais combien ces calomnies m'ont blessée. J'en pleurais toute seule la nuit. On prétendait me soustraire à toute cette haine, mais je trouvais de ces écrits dissimulés dans mes appartements, jusque dans mon lit. Sur ces papiers, je lisais de telles horreurs sur moi-même, sur ce que je faisais, que j'en avais des cauchemars la nuit. Le pire est que je soupçonnais des personnes de la cour et même de ma famille, dont mon frère Provence et ma tante Adélaïde, d'en être complices. Celle-ci, lorsque nous étions aux Tuileries, avant de partir pour l'étranger, est venue me demander pardon de certaines paroles qu'elle avait dites contre moi et qui furent interprétées malignement dans les pamphlets.

Comment me suis-je sauvée de cette vague monstrueuse? Mon Dieu, Vous m'avez sauvée en partie, en tiendrez-Vous compte? J'ai repris avec plus de régularité les prières que mes chers parents m'avaient recommandé de ne jamais oublier. On m'en a d'ailleurs voulu et tous les observateurs ont eu tôt fait de railler ce qu'ils prenaient pour une tentative de séduction en règle du clergé. C'était vraiment trop facile de leur part! Comment faire dans la vie quand tous vos gestes sont épiés et critiqués, même lorsqu'ils ne devraient pas prêter à confusion? Grâce à Dieu il y avait le réconfort que je ressentais en sachant qu'un être cher ne m'oubliait pas, et cela, personne ne pouvait me l'ôter. Mais,

92

par-dessus tout, mes enfants ont réussi à me rendre la sérénité dont j'avais besoin. J'allais les voir le plus souvent possible, en restant des heures entières à suivre leurs études et leurs jeux. Madame Campan, ma première femme de chambre, passait beaucoup de temps auprès d'eux. Elle était devenue pour moi une espèce de conscience; elle était équilibrée et juste, et je savais pouvoir lui parler à cœur ouvert de mes enfants et de bien d'autres choses. Plus que tout au monde, ce sont ces petits êtres tellement chers qui me donnaient la force dont j'avais besoin pour les défendre, car je sentais que l'avenir deviendrait de jour en jour plus difficile. Lorsque j'étais avec eux au jardin, ou dans leurs appartements, il y avait là l'insouciance, les rires, la tendresse. Mais dans le fond de moi-même crépitait constamment un tremblement d'angoisse lorsque je pensais au lendemain. Mon Dieu, je Vous remercie de m'avoir donné ces si beaux et si tendres enfants, qui ont été la lumière de ma vie. Le roi avait également besoin d'eux pour retrouver joie et courage. Il s'occupait tellement tendrement de notre premier petit Dauphin, qui allait si mal. Lorsque celui-ci lui disait « mòn papa, maintenant que je suis au lit, qui est-ce qui ira arroser les fleurs de mon petit jardin? », le roi répondait « soyez sans crainte, je m'en occuperai ». Malgré tout, nous étions encore si heureux.

Ce bonheur était pourtant perpétuellement dérangé par les pamphlets qui, tout en me faisant horreur, me faisaient réfléchir et me plongèrent dans un grand étonnement. Dire que l'on pouvait penser de telles choses sur moi! Alors j'essayais de prendre de grandes résolutions. Peut-être qu'en modérant mes dépenses, en ne sortant plus aux bals et aux redoutes, j'apaiserais l'opinion. Je priai Madame Bertin de ne plus s'occuper de mes toilettes, ni même des colifichets. Elle ne vint donc plus à Versailles me tenter avec ses trouvailles et innovations charmantes. Je ne me faisais pas de souci pour elle, car à Paris elle avait sa maison avec une très grande clientèle. C'est curieux, comme subitement je me suis sentie détachée de tant de choses. J'ai réduit mes écuries. Les jeux de hasard, à la grande joie de Louis, furent supprimés, et d'un commun accord nous avons arrêté les nouvelles constructions de Saint-Cloud et nous avons supprimé quelques charges. J'ai vu avec étonnement que certains que je pensais être mes amis se sont sentis offensés quand le roi et moi-même nous leur demandâmes avec égard de renoncer à certaines de leurs charges ou pensions. Je me souviens de la fureur de Coigny lorsque le roi lui demanda avec sa bonté habituelle de renoncer à sa charge de premier écuyer, puisque l'on réunissait la grande et la petite écurie. Toute la cour soutenait Coigny, y compris mon ami Besenval qui finit par me répondre : « Madame, il perd trop pour se contenter de compliments. Il est pourtant affreux de vivre dans un pays où l'on n'est pas sûr de posséder le lendemain ce que l'on avait la veille. Cela ne se voyait qu'en Turquie. » Et pourtant, Coigny et Besenval étaient parmi nos intimes. Ils auraient pu comprendre que le roi était lui-même le plus meurtri par ces décisions qu'il devait prendre. Ce qui me chagrina le plus c'est de constater que leur attachement à nos personnes dépendait non de l'affection qu'on leur donnait mais de la fortune qu'ils en tiraient.

La duchesse de Polignac lança également des flammes quand on demanda à son mari d'abandonner la direction de la poste aux chevaux. J'avais pendant longtemps suivi les conseils de dissipation et de dépenses de cette chère amie. Je m'en suis rendu compte malheureusement bien tard. Cela n'empêche pas qu'elle restera toujours ma meilleure amie. Comment ai-je ainsi pu écouter sans réfléchir tous ceux qui me flattaient? Eh oui, il est plus facile de se laisser aller à la tentation du plaisir qu'à la sagesse. Enfin, toute cette bonne volonté de ma part est venue un peu tard et ne m'a pas rendu tout l'amour ni la popularité que j'avais perdus. J'essayais d'aider le roi, j'essayais de le stimuler par mes conseils, mais je me rendais compte de mon ignorance en ce qui concernait les affaires du royaume. Calonne était devenu la bête noire et l'on croyait que le changement de ministre apporterait une amélioration. Je ne le pensais pas pour ma part, car le système reste toujours le même. Et ce n'est pas cette assemblée de notables indociles, qu'il avait fait convoquer par le roi en 1787, qui pourrait résoudre le moindre problème. Ce n'était qu'une assemblée d'intrigants prompts à se mettre en avant et à chercher le pouvoir. Alors ? qui mettre à la place de Calonne ? Beaucoup chuchotaient le nom de Necker, mais le roi n'en voulait pas. Necker, il y avait bien des années, lui avait manqué de respect en lui donnant, dans un moment d'irritation, sa démission sur un bout de papier. En fait, je me souviens bien que Necker avait eu l'audace de publier un *Compte rendu* qui donnait la liste des grâces et pensions de la cour, et mentait effrontément sur le déficit de l'État. Et c'est à ce malhonnête et content de lui qu'il faudrait de nouveau faire confiance ! Comme je comprenais le roi, et comme je sentais aussi qu'il faudrait céder à la pression de l'opinion et en venir un jour à rappeler cet hérétique.

Entre-temps passa rapidement comme ministre Loménie de Brienne. Celui-ci me fit entrer dans le conseil, je me demande pourquoi, étant donné, je l'ai su plus tard, que tout le monde croyait que j'étais inapte à comprendre quoi que ce soit. Loménie de Brienne, archevêque de Toulouse, mourait d'envie d'obtenir un siège d'archevêque plus près de Paris, voire Paris même. Et à ce propos, le roi, comme toujours, eut une réponse ironique et très juste : « Il faudrait tout de même que l'archevêque de Paris crût en Dieu. » Il n'empêche que ce prélat qui à bien des égards me rappelait l'épouvantable Rohan avait les mêmes ambitions que le cardinal. Il y était simplement parvenu un peu mieux que ce dernier. Comme Rohan, il voulait s'appuyer sur moi pour influencer le roi et faire passer toutes les décisions qu'il estimait importantes. D'ailleurs, c'est à partir de ce moment-là que tout le monde commença à se tourner vers moi pour avoir l'oreille du roi. Mercy en avait l'habitude, mais cette fois il fit tellement pression sur moi à la mort du ministre des Affaires étrangères Vergennes que je finis, excédée, par lui répondre qu'il n'était pas juste que la cour de Vienne nommât les ministres de celle de Versailles.

Mais dans tout cela, où en étaient les pensées de Louis ? Que de fois ne l'a-t-on pas accusé d'indécision ! C'est vrai qu'il était très lent, mais cela ne l'empêchait point de penser. Et à force de peser le pour et le contre, il ne se décidait pas assez vite. Alors je m'impatientais et je lui demandais de donner enfin un ordre. Mais dans sa hâte, où était la bonne décision ? Pour moi, c'était presque comme un jeu de hasard. En ces jours où Loménie de Brienne était devenu impopulaire, malgré ses goûts pour les philosophes, ses appels à l'opinion, il avait imaginé je ne sais trop quelle réforme malvenue, encore et toujours pour combler ce fameux déficit. Le roi l'avait soutenu et était entré dans une véritable guerre avec le Parlement, finalement exilé quelques mois en province. Mon bon Louis avait bien du souci avec la politique et ne savait à quel saint se vouer. Il tenta encore de soutenir la réforme du garde des Sceaux Lamoignon, mais cela souleva une résistance bien plus ardue. Quelques parlements de province s'insurgèrent, dont celui du Dauphiné en 1788, et il fallut bien se décider à convoquer les états généraux dont on parlait tant et tant depuis plusieurs mois. Et surtout, Loménie de Brienne était complètement discrédité, et on dut changer de ministre. De tous côtés, on appelait Necker. Lorsque le roi me demanda mon avis, je lui répondis que je pensais que c'était la seule solution et lui recommandai donc de faire appel au Genevois. Je semblais être l'instigatrice de la nomination de Necker, mais en moi-même, j'étais très inquiète, et pas du tout sûre de mon fait, malgré les acclamations et applaudissements aux cris de « Vive Necker, vive le roi ». L'abbé Vermond a été témoin de ce que je ressentais à cette époque-là. Il m'a même dit être étonné de me voir, pour une fois, si peu sûre de moi-même.

J'ai eu peur de la responsabilité que j'avais prise, mon instinct était plus fort que ma raison. Comme je revois dans mon souvenir ce printemps de 1789 ! A chaque palier de ma vie, je pensais que j'avais atteint enfin une époque stable, où je pourrais mettre de l'ordre dans cette vie, mais le temps

96

allait plus vite que mes désirs, comme un cheval qui s'emballe et que l'on n'arrive plus à prendre en main.

Et Louis? Dans ce temps – déjà si troublé! – Louis s'était résolu à convoquer les états généraux puis, sur les conseils de Necker, à accepter le doublement du nombre de députés du tiers état, pour lui donner un équilibre avec la noblesse et le clergé. Le roi restait l'arbitre, c'était une évolution raisonnable, mais qui dégénéra en tohu-bohu.

Le 5 mai 1789, pour l'ouverture de ces états généraux, Versailles était devenu le cœur de la France. L'on ne savait plus où loger cette foule immense venant de toutes parts, avec des familles entières. C'était comme un avertissement, un présage, car ce rassemblement des états n'avait pas sa place à Versailles, qui était la demeure du roi. Tôt ou tard, il faudrait que cette assemblée s'installe à Paris, la capitale. Alors que se passerait-il?

Dès le 4 mai, une très belle fête commença. Toutes les cloches sonnèrent dès l'aube. J'aime entendre le son des cloches. Ce matin-là, à Versailles, elles étaient si gaies! J'ai eu un instant d'émotion, en pensant à celles de Vienne lorsqu'elles carillonnaient d'allégresse pour les jours de fête. Ce 4 mai à Versailles, malgré ce beau printemps, j'avais le cœur plein d'angoisse. Mon petit Dauphin allait très mal. Il était à Meudon, et il aurait aimé voir par une fenêtre cette magnifique procession. Elle s'ébranla, partant pour la cathédrale Saint-Louis, où nous allions demander à Dieu... Qu'allions-nous demander? Pour moi, je demandai de soulager mon pauvre enfant. Deux mille personnes tenant des flambeaux défilèrent vers la cathédrale. Des tapisseries étaient tendues sur tous les murs, et d'autres tombaient des fenêtres. A ces fenêtres on ne voyait que des têtes. Il y avait même du monde sur les toits. Suivaient le roi et ses frères, dans le premier carrosse. Ils ont été très acclamés. J'étais dans le second avec mes belles-sœurs. A notre passage, il y eut un silence effrayant qui me glaça le cœur. Je ne tiens pas aux acclamations, mais le manque d'amour me donne envie de mourir. J'ai supporté avec sang-froid le prêche de l'évêque de Nancy, qui fustigeait le luxe effréné de la cour, et même la simplicité de Trianon. On l'a applaudi, lui.

Le lendemain, pour l'ouverture des états généraux, nous arrivâmes en cortège. A mon passage, quelqu'un cria « Vive le duc d'Orléans ». Je n'ai pas bronché, mais j'avais l'impression d'être traversée du haut en bas par une épée de glace. Car mon cousin avait des opinions ouvertement réformatrices. L'acclamer, c'était nous critiquer. La séance dura trois heures. J'étais assise en face des représentants du tiers, et comme toujours dans des cérémonies officielles, je me tenais raide et sans bouger, et je me sentais livide. Le roi, après son discours, eut un geste attendrissant vers moi. J'ai senti mon cœur fondre. Et au moment de sortir, lorsque je me suis levée, quelques délégués crièrent « Vive la reine! ». Cette manifestation de sympathie entraîna les autres délégués. Je les saluai pour les remercier, mais j'étais sans illusion, j'avais l'impression que c'était plutôt une espèce de pitié que de l'amour. Plus tard, j'ai entendu dire que pendant cette longue séance, j'avais pleuré et que j'étais raide de crainte. Mais non, pendant ces trois heures, je pensais à mon petit garçon en train de mourir, et il se peut que mes larmes aient coulé sans que je m'en rende compte.

Le pauvre petit! Depuis longtemps nous étions inquiets pour lui et depuis la mort de notre petite Sophie, je tremblais pour cet enfant. Nous allions souvent le voir à Meudon où mes tantes étaient installées et prétendaient que l'air était meilleur pour lui. C'était un enfant qui nous parlait avec tellement de tendresse et d'intelligence sérieuse. Il savait qu'il allait mourir, et en notre présence il essayait de nous montrer qu'il envisageait sa fin sans crainte. Il est mort le 4 juin 1789 et toute la nuit je l'ai veillé avant cet horrible moment. Je pense sans cesse à cette mort. La mort d'un enfant, notre enfant, la joie de son père, comment peut-on supporter une telle chose? Petit Dauphin de mon cœur, ne m'en veuillez pas de ce que tous pensaient être de la froideur de ma part. Mais j'étais glacée, je ne pouvais même pas pleurer, moi qui pleure si facilement. Pendant huit jours, il

98

fut exposé à la foule. Et la nuit j'aurais voulu le veiller, mais cette terrible étiquette qui m'a toujours tant pesé nous retenait loin de lui. L'idée de laisser ce petit corps tout seul m'était insupportable. Les hommes de la famille l'escortèrent à Saint-Denis. Et voilà mon enfant rayé du monde.

C'est à des instants comme celui que je vis en ce moment précis, dans la pénombre et l'humidité, que l'on se souvient de l'âme de ceux qui ne sont plus près de vous. Dans mon cachot, il est ma lumière, ce saint petit enfant. C'est curieux, je me rends compte que je pense plus à lui qu'à mon bon mari. J'ai peur que de là où il se trouve Louis ne soit trop sévère avec moi. Indulgent, compréhensif, mais sévère. Son austérité religieuse m'a toujours un peu gênée. Mon petit Dauphin me voit comme j'ai été pour lui, une mère si aimante, lui donnant tout ce qu'une mère peut donner. Oui, notre premier Dauphin n'est plus, et à cette heure, où se trouve mon deuxième Dauphin? Que son aîné, du haut du ciel, l'aide et le protège comme un ange gardien. Le petit duc de Normandie et sa sœur ont tellement pleuré quand on leur a annoncé la mort de leur aîné! Personne ne s'est rendu compte combien cette lutte pour la vie de mon enfant m'avait brisée en ce temps. Je pensais ne jamais m'en remettre, mais finalement je me suis reprise car il fallait aider le roi et sauver les deux enfants qui nous restaient d'une tourmente que je sentais approcher.

Les nuages que j'avais vus s'amonceler éclatèrent avec la profusion des libelles qui circulaient désormais sans entrave. Il n'y avait pas moyen de les contrôler. Cette liberté permit aux brochures, articles et petits journaux de mettre au grand jour tous les pamphlets que l'on se passait en cachette sous le manteau. Cette presse paraissait dans toutes les villes de France et même à l'étranger. On y clamait des horreurs sur moi, et la nécessité de se révolter contre les impôts et la famine, et de se battre pour la liberté. Nombre d'hommes désœuvrés étaient prêts à écrire sur ces feuilles pour pouvoir publier leurs pensées qu'ils croyaient être d'une grande intelligence politique! Tout le monde donnait son avis, discutait et plaidait. Et le mot liberté revenait sans cesse, avec celui de Constitution. Que devient une vie sans discipline, que devient un pays sans lois? La liberté, moi-même j'y ai aspiré, en supprimant les disciplines contraignantes de l'étiquette, en me réfugiant à Trianon, mais de là à en arriver au désordre! Lorsque l'on me rapportait les propos de Mirabeau et Talleyrand, deux aristocrates dévoyés, je ne comprenais plus tous ces hommes enragés d'une politique que je ne comprenais pas non plus, malgré ma bonne volonté. Et dire que c'était le parti qui allait nous soutenir à peu de temps de là! Et dire encore qu'à ce moment Provence et Artois, chacun à sa manière, montaient des cabales contre le roi ou contre moi! Le pauvre homme en a beaucoup souffert. Mon pauvre roi était tellement bon qu'il n'avait aucune hargne contre personne.

Et voilà que dans mon cachot je suis assaillie par les événements, ils m'obsèdent, ils me gênent, ils troublent mes pensées, tendres ou tristes, sur ma vie passée. Le 11 juillet 1789 Necker s'en est allé. Tous ces hommes passent, reviennent, disparaissent. Ma tête est comme un moulin à vent qui brasse tout ce monde. A Versailles, notre vie quotidienne continuait de même. Le roi a chassé, mais n'a rien pris. Je suis allée chez mes tantes.

Le 14 juillet est survenu à Versailles sournoisement. Nous étions dans notre quiétude encotonnée. Nous sommes allés nous coucher tranquillement. Avant minuit, le duc de Liancourt est arrivé à Versailles au triple galop de Paris et a demandé à voir le roi. Celui-ci dormait déjà, on l'a réveillé. Et Liancourt lui a annoncé que la Bastille était prise, que l'on y avait pillé toutes les armes entreposées, et le pire, que l'on avait massacré le gouverneur, le pauvre Bernard de Launay, sordidement décapité avec un couteau de boucher. Louis, tout étonné et mal réveillé, a parlé d'une révolte et Liancourt lui a répondu : « Non, Sire, c'est une révolution. » Voilà, nous y sommes. Tout était changé. Curieusement, j'ai été comme soulagée : tout ce que j'appréhendais, tout ce malaise que je sentais en moi avait enfin éclaté au grand jour. Dès lors, je savais contre qui et contre quoi il fallait lutter et se défendre. Mais ai-je vraiment bien compris ce qui allait suivre? La royauté absolue, d'ordre divin, était tellement ancrée en moi, le sang de mes veines charrie des siècles de monarchie autocratique, et je ne saisissais pas bien ces événements, les désirs et les discours de Mirabeau, de Bailly, et d'autres. C'étaient des idées qui me venaient d'une autre planète et que je n'assimilais pas. Et le roi? Il lisait depuis toujours énormément de livres d'histoire. Il était très impressionné par les écrits d'un Anglais, David Hume, sur l'histoire d'Angleterre, déjà, lorsqu'il était Dauphin. Depuis lors, il ressassait la fin tragique de Charles d'Angleterre, décapité. Il abominait les violences de ce monarque qui l'avaient mené à cette issue fatale. Et de leur côté tous les ministres, de Turgot à Lamoignon, lui remontraient que c'était la faiblesse de ce roi, en des temps si troublés, qui avait posé sa tête sur le billot. Ainsi mon bon roi était pris entre faiblesse et violence, à l'égal de Charles Ier d'Angleterre. Pendant ces jours graves, à quoi pensait Louis? Est-ce à cause de ses lectures qu'il adopta tant de clémence, par opposition à la fureur de Charles d'Angleterre? Dieu seul le sait. Et moi, où en étais-je à cette époque? Ne comptaient plus pour moi que le roi et mes deux enfants. Pour eux, j'essayais de prévoir, de penser avec logique, toutes choses qui m'étaient bien ennuyeuses. Mais ma conscience me disait qu'il fallait que j'agisse ainsi.

Le roi fit relever ses troupes de Paris. Je sentais qu'il ne se défendrait pas. Qu'allons-nous devenir? Du jour au lendemain, Versailles se vida : ceux que je considérais mes amis quittèrent la cour. Ils partaient tous, les Artois et leurs enfants, le prince de Condé, le prince de Bourbon, mon amie la duchesse Jules de Polignac, les ministres et l'abbé Vermond. Il est vrai que nous avions demandé à certains de quitter Versailles pour qu'ils soient à l'abri de toute éventualité. J'ai juste eu le temps d'écrire un billet de tendresse à la duchesse de Polignac. J'aurais dû avoir le courage de l'accompagner jusqu'au dernier moment, mais déjà j'enten-

101

dais les voitures rouler sur les pavés. Ils emportaient ma jeunesse, mon insouciance. Le silence du palais fut troublé pendant plusieurs jours par le roulement des carrosses ou le trot des chevaux, des cavaliers qui s'en allaient, qui s'en allaient loin de ce lieu qui était, par le fait même de notre présence, le symbole d'un temps qui devait disparaître. Ceux qui restaient parlaient, s'inquiétaient, discutaient. Nous étions comme dans une île, sans défense.

Le roi devait faire venir un régiment de Flandre. C'est triste, comme tout s'enchaîne mal au lieu de bien. Pour remercier ces troupes qui venaient de loin, et pour respecter la tradition d'accueil d'un régiment par celui qu'il remplace, le roi leur offrit un banquet dans la grande salle de l'opéra du château. Comme le voulait l'usage, c'était un banquet énorme, de plusieurs plats, de plusieurs heures, qui se déroulait au milieu de la journée. Par mesure de prudence, pour ne pas envenimer une situation que nous sentions explosive, nous n'assistions pas au banquet. Mais on finit par nous réclamer. Ainsi le roi, ma fille et moi portant le Dauphin, nous allâmes les saluer. Nous passâmes entre les tables. Et soudain, un enthousiasme général les fit se lever, en criant, oui criant : « Vive le roi, vive la reine ». C'était la dernière fois que j'allais être saluée avec tant d'enthousiasme spontané et gracieux. Il y avait longtemps que je n'avais pas senti tant d'amour. J'en ai eu chaud au cœur, bien qu'un peu peur, car des hommes sont venus m'enlever mon petit Dauphin pour lui faire faire le tour des tables. Et lui, brave comme il est, n'a pas été effrayé le moins du monde, ce qui n'était pas tout à fait mon cas, car dans toute cette agitation que n'aurait-il pu lui arriver ! Oui, cela a été la dernière fois que la foule me faisait un présent aussi chaleureux. Et ensuite, que n'a-t-on pas raconté sur ce banquet ! Que j'avais fait boire du vin rouge à tous ces braves hommes jusqu'à l'ivresse, que le roi avait piétiné la cocarde tricolore et Dieu seul sait quoi encore. C'est vrai que ces hommes ont fini par être éméchés, mais a-t-on jamais vu un banquet donné par le roi sans rien à boire ? Et puis je crois tout simplement que les députés qui avaient voulu assister à la fête depuis les tribunes ont été vexés qu'on nous acclame, et pas leur assemblée. Ensuite, ils sont allés colporter les bruits les plus invraisemblables sur ce banquet. Et voilà comment tout ce que l'on fait pour le bien de ceux pour lesquels on a de l'amour et de la reconnaissance tourne mal.

J'ai soudain tellement envie de me rouler en sanglotant par terre sur le sol glacé de cette prison. Mais non, mon Dieu, donnez-moi la force de résister à ces souvenirs, donnez-moi la force d'être digne et de ne pas laisser voir mon désespoir à ces pauvres gardes qui n'en peuvent mais.

Lorsque l'on est dans le drame, on ne pense pas à regarder autour de soi en se disant « voilà, je suis ici pour la dernière fois ». Regardons bien autour de nous pour nous en souvenir. Non, on ne sait pas qu'une page de notre vie n'est pas simplement tournée, mais arrachée. On vit des heures quotidiennes tout machinalement.

Le 5 octobre 1789, je suis allée voir les enfants de très bonne heure. Ils prenaient leur collation matinale bien sagement, pendant que leur gouvernante Madame de Tourzel leur racontait une histoire. Cette chère Tourzel était vraiment merveilleuse et j'avais une très grande confiance en elle. Elle est venue remplacer Madame de Polignac quand celle-ci est partie se mettre en sûreté. J'en étais contente. Ce 5 octobre, le château était presque vide. Je tournais un peu en rond, le roi était parti chasser dans les bois de Meudon. Après avoir vu les enfants, je me suis dirigée vers les appartements de mes tantes, oubliant qu'elles étaient à Meudon. J'étais soulagée de ne pas avoir à écouter leur musique et les commentaires sur leurs broderies, et les ragots interminables. Et soudain, je me suis enfuie. Je traversai le parc presque en courant, j'allai au hameau voir si tout allait bien ; les enfants des braves gens que j'avais installés à la ferme se portaient comme un charme. Ils coururent à moi pour me saluer et m'embrasser. Tout était calme. Je m'en retournai vers mon refuge. Sur mon banc de pierre, à l'abri de quelques rochers, j'étais protégée par la nature. Les arbres avaient déjà les couleurs d'or et de pourpre de l'automne. La prairie, que je voyais au travers des feuillages, était parsemée de colchiques. Un rosier, près de moi, avait encore quelques fleurs, petites fleurs d'automne si tenaces malgré leur fragilité. J'étais chez moi, le seul endroit du monde où je n'avais pas besoin de parler, de paraître, d'être tout le temps sur le qui-vive. Loin des responsabilités que j'assumais auprès des miens et de tous ceux qui me servaient. Versailles était devenu un lieu où le peu de personnes qui restaient attendaient que le roi prenne des décisions. Mais il ne savait vraiment pas lesquelles prendre. Et l'anxiété de tous m'oppressait. Là, chez moi, dans mon asile de paix, je pouvais enfin penser à celui que j'aimais, à mon cher Axel. Oui, je l'aimais déjà plus que tout au monde. Son sourire m'obsédait, son regard faisait battre mon cœur et ses mains me manquaient atrocement. Dans la tourmente qui s'annonçait, son absence était un supplice. Il était si sûr de lui, si tranquille, il parlait peu, mais je me redisais les quelques paroles et idées qu'il exprimait. Elles étaient toujours justes et si sages! Tellement sages et raisonnables! Bien souvent, cette sagesse m'impatientait. Et je pensais que j'étais vraiment sotte de l'aimer autant. Parfois, cette sorte de froideur à mon égard me faisait douter de son amour pour moi et j'en pleurais toute la nuit suivante. Ces hommes du Nord ont des façons parfois si raides. Ils pensent à tout. Et j'ai mis beaucoup de temps à comprendre ce caractère profond qui exprime rarement les pensées du fond du cœur. Mais il suffisait que son regard croise le mien pour que tout l'univers autour de moi change aussitôt. Nous vivions dans une cour où tout était épié, et lorsque je réfléchis je comprends sa discrétion. Mais quand j'étais près de lui, parfois j'avais envie de tout jeter en l'air. Assise sur mon banc, je continuais à rêver.

En quittant le château, j'avais pris un livre. C'était inutile, car mes pensées m'ont emportée bien loin de toutes les réalités. J'en étais là de mes songes lorsque je vis arriver un page à bride abattue.

Étonnée, je vais à sa rencontre. Il m'apporte un mot du ministre Saint-Priest me prévenant qu'une foule immense venant de Paris marche sur Versailles. Je ramasse mon châle et mon chapeau et je cours au château. Je ne devais plus jamais revoir le Trianon de mes rêves et de mes joies. Tout en me hâtant, mille pensées tourbillonnent dans ma tête. Et lorsque j'arrive, je trouve une cour agitée, confuse et désemparée. Les nouvelles de Paris nous parviennent par bribes, grâce à ceux qui ont pu passer au travers d'une foule bruyante, à majorité de femmes, dit-on. Et le roi, où est-il? On l'a trouvé dans la forêt près de Châtillon. On apprend que l'on a oublié de bloquer le pont de Sèvres. On me propose de fuir à Rambouillet avec les enfants. Mais je ne veux pas quitter le roi, et celui-ci hésite comme toujours. J'en suis atterrée, et fâchée contre tous ces hommes qui discutent au lieu de trouver un plan raisonnable. J'ai l'impression de m'enfoncer dans un brouillard, quand, soudain, voici Fersen qui apparaît. Un immense bonheur m'envahit, mais je suis furieuse contre moi-même car je me sens rougir jusqu'à mon décolleté. Il apporte des nouvelles au roi. Elles sont très mauvaises. On devrait réagir. Mais je n'exprime même pas mon avis. Depuis le massacre du gouverneur de la Bastille, j'ai l'impression que tout le monde a peur. Quand on a peur, on ne fait rien de bon. On fait quand même avancer les carrosses. Dans une heure, avec les ministres de l'Assemblée qui veulent bien nous suivre, nous pourrions être à Rambouillet. Saint-Priest insiste mais Necker est contre. Le roi hésite entre les deux. Sur ce, un orage terrible éclate.

J'entends une rumeur venant de l'avenue de Paris : des femmes, des hommes, et des hommes déguisés en femmes, dit-on. Cette foule immense, crottée, trempée, se mêle à l'orage. Ces pauvres femmes ont marché six heures pour nous demander justice et du pain, et aussi déplacé que cela puisse paraître, pour réparer le soi-disant scandale du banquet, elles veulent que l'on renvoie le régiment de Flandre loin de Versailles. Cette foule bigarrée, de tous métiers et de toutes aspirations, réclamant du pain, a quand même de quoi faire peur. A partir de cet instant, plus rien n'est réel. J'ai l'impression que j'agis en automate.

Une délégation de ces femmes, accompagnée par Mounier et quelques députés, demande à voir le roi. Elles sont reçues avec égard, et elles arrivent auprès du roi, demandent simplement du pain et sont tellement intimidées que l'une d'elles s'évanouit. On s'affaire autour d'elle, elle reprend ses sens, le roi l'embrasse et envoie toutes ces pauvres femmes se restaurer aux cuisines en leur faisant remettre quelques louis. Retrouvant leurs compagnons de route, elles se font huer, on les accuse de s'être laissé prendre aux boniments du roi.

Et pendant ce temps, la foule grossit à chaque heure dans la cour du château. Nous apprenons que toute cette cohorte de femmes a envahi l'Assemblée pour y dormir. Et au conseil du roi, personne ne bouge, et je suis là à les regarder. Est-il encore temps de fuir? Il est impossible de traverser cette foule. Les carrosses attelés ont excité la foule qui a protesté véhémentement en criant « le roi s'en va, le roi s'en va ». Alors nous sommes restés. Vers minuit, n'entendons-nous pas des tambours? Et oui, c'est La Fayette qui arrive, le blondinet, comme je l'appelle. Il arrive enfin, derrière les insurgés. C'est un comble, comme s'il les poussait! Sans vergogne, il dit au roi : « Je viens, Sire, vous apporter ma tête pour sauver celle de Votre Majesté. » Sur ce, après tout de même une brève tournée d'inspection, il juge la foule fort calme et il se rend à l'hôtel de Noailles pour se coucher. Nous allons tous dormir. Les députés rentrent chez eux, les insurgés se mettent à l'abri comme ils peuvent, dans les églises, les casernes, sous les porches, à l'abri du froid et de la pluie. Au château, chacun est à sa place dans ses appartements et dans son lit. Une dure journée vient de s'écouler pour toujours. Je m'endors comme une masse. Si j'avais su que c'était ma dernière nuit à Versailles! Qu'aurais-je donc fait si j'avais su? Rien, comme maintenant. Que peut-on faire contre l'inéluctable? Vivre l'instant présent.

Déjà, vers cinq heures du matin, autant que je peux m'en

souvenir, des groupes pénètrent dans le château endormi et petit à petit les insurgés envahissent le palais de toutes parts. Mais surtout, d'une façon étonnante, ils se dirigent presque tous directement vers mes appartements. J'ai peine à penser qu'on ne les a pas guidés dans ces dédales compliqués où moi-même je me perdais dans ma jeunesse. C'est là que j'entends une rumeur qui me tire de mon sommeil, s'amplifie, jusqu'à devenir des cris perçants. Quelques gardes du corps ont essayé de défendre l'accès de la grande entrée, et ils sont tombés sous les piques. Ce sont leurs cris qui ont donné l'éveil. Un des gardes qui a échappé aux assaillants arrive encore à monter l'escalier en criant : « Sauvez la reine. » Ce cri, entendu par ma femme de chambre de garde, m'a sauvée. On heurte violemment à ma porte et on entend à nouveau « sauvez la reine ». C'est un de mes gardes du corps, Miomandre de Sainte-Marie. Il a été massacré. Et Madame Thibaut se précipite auprès de moi, me tire du lit et m'habille vaille que vaille. J'enfile un jupon et elle me jette sur le dos une redingote rayée jaune ; je tiens mes bas à la main. A ce moment-là, un affolement me prend, et je me répète tout le temps : « Mes enfants, mes enfants. » Tous ces instants très rapides me semblent maintenant avoir duré des siècles. Suivie de Madame Thibaut, une course folle commence. Sans réfléchir, nous avons pris le chemin de l'Œil-de-bœuf. Ô horreur, nous tombons sur une porte close, et nous la battons désespérément à nous meurtrir les poings, pendant des instants qui nous paraissent une éternité. Enfin un garçon de la garde-robe, encore loin de la réalité, nous ouvre la porte d'un air ébahi. Nous sommes sauvées. Je me souviens d'une course éperdue, me répétant, encore, sans cesse, « le roi, mes enfants ». J'arrive enfin chez le roi, et je suis prise de terreur car il ne s'y trouve pas. Je le vois enfin arriver à ma rencontre portant le Dauphin enroulé dans une couverture, et une femme de chambre accrochée à ses basques. C'est une vision que je garde au fond du cœur. Le roi, à peine vêtu, tenant son fils serré contre lui. Mais ma fille manque. Je saisis sur une table une bougie allumée, je cours chez Madame Royale et je la retrouve avec Madame de Tourzel qui suivait le roi. Enfin, nous nous retrouvons tous réunis. A ce moment, j'ai senti mes jambes flageoler. Mon Dieu, merci, nous sommes tous réunis et sauvés. Entre-temps, Madame Élisabeth arrive à son tour, ayant suivi les enfants.

Enfin, La Fayette apparaît, la perruque en bataille, pour nous rendre compte qu'il a réussi à mettre un peu d'ordre en chassant la foule du palais. Il parvient à sauver les courageux gardes du corps maintenus prisonniers. Les pauvres morts, on en parle peu. Ils sont les premiers d'une époque de massacres. Mes appartements ont été mis sens dessus dessous. Nous sommes tous réunis chez le roi, avec quelques députés, quelques ministres, et voilà notre frère Provence et notre cousin Orléans qui apparaissent, frais et dispos, bien vêtus, tranchant sur nos accoutrements enfilés à la hâte à cinq heures du matin. Que penser de ces seigneurs?

Les manifestants sont encore tous là, autour du château, plus féroces que jamais. Et soudain, des hurlements, j'entends « le roi à Paris ». Qu'allons-nous faire? Le roi va au balcon. Ô peuple inconscient, il applaudit et acclame le roi. A mon tour, je suis réclamée. Vais-je aller les saluer ou me faire injurier? J'hésite. On me persuade. On me dit que c'est indispensable. Enfin je me décide, avec les enfants je me présente au balcon. Alors il se passe quelque chose d'étrange. Je regarde cette foule sans crainte. Un silence terrible me glace. Un silence infini. Comment va-t-il se rompre? Ai-je eu peur, à ce moment? Non. Je me voyais moi-même, comme sortie de mon corps, sans comprendre ni penser. Pour une fois, La Fayette a un geste à propos. Il s'approche de moi et me baise la main. A ce moment, le silence se brise enfin. Et, chose inouïe à laquelle je ne m'attendais pas, comme une torche qui s'enflamme, en un seul cri j'entends : « Vive la reine! » Je les salue, et rentre tremblante au salon, où je suis frappée par un autre étonnement; tous les ministres viennent me féliciter, et le roi sourit. Pourquoi saluait-on cette personne, qui ne se sentait pas

108

elle-même, c'était étrange. Tout cela était une parenthèse en dehors du temps.

En quelques heures, un homme est tué à ma porte, une course éperdue pieds nus dans les dédales du palais, et cette fin, comme un rideau qui tombe sur un acte d'une pièce inachevée. Oui, la tragédie continue, malgré cet intermède. La foule crie à nouveau : « Le roi à Paris. » C'est affreux, ils vont nous conduire à Paris, escortés par des hommes portant des têtes de massacrés au bout d'une pique.

A deux heures de l'après-midi, nous nous installons dans une grande berline, tirée par six chevaux. Les grilles du château s'ouvrent et nous voilà partis pour l'enfer. Entassés, le roi, les enfants, Madame de Tourzel, Élisabeth et moi-même. Ce 6 octobre 1789 était une splendide journée d'automne. Nous sommes entourés par une foule en délire. Des femmes échevelées me chantent des pamphlets ignobles, que nous essayons de ne pas écouter, grâce au bruit des roues de notre voiture, et des canons qui nous escortent, chevauchés par des femmes. Les princes suivent, la cour, quelques amis fidèles et les députés. Et cela a duré sept heures. Le roi et moi échangeons quelques phrases. Et les enfants s'endorment, Madame de Tourzel et moi-même plongées dans nos pensées. Où sont les filles de la chère Tourzel ? Je m'en inquiète avec elle. Et puis nous nous taisons. Je tiens mon petit Dauphin endormi sur mes genoux. Aux tirs de mousquet, il tressaille, et puis il se réveille. Il a faim, le pauvre amour. Nous n'avons aucune provision. J'essaie de consoler Marie-Thérèse, qui, blottie contre moi, tremble. Entend-elle toutes les ignobles paroles et les chants que l'on nous débite ? Les comprend-elle ? Que pense mon enfant de sa mère accusée si affreusement ? Je suis inquiète : que sera son avenir ? Est-ce que toutes ces horreurs la marqueront pour la vie ? Cette enfant si douce et câline deviendra-t-elle dure pour se défendre des horreurs de ce monde ? Comment peut-on préserver son enfant de tout ce mal qui l'entoure ? Madame de Tourzel parle beaucoup aux enfants de la vie spirituelle et de la croyance en Dieu. Moi-même, je ne le fais peut-être pas assez. Voilà encore ma paresse, moi qui m'en remets aux autres trop facilement pour faire et dire ce que je devrais dire et faire. Et pourtant, à une époque où l'usage veut que les enfants soient élevés par d'autres en dehors de leur famille, j'ai le sentiment d'avoir beaucoup entouré les miens.

Nous continuons à rouler au milieu de cette rumeur qui ressemble plus à un orage qu'à une mer humaine. Je sais que Fersen nous accompagne, à cheval, habillé comme n'importe qui. De penser à lui me transporte si loin de toute cette agonie. Mais les pleurs des enfants me ramènent sur cette triste terre.

Il faisait nuit lorsque nous sommes arrivés à Paris. Il fallut passer à l'Hôtel de Ville pour écouter un long discours de Bailly. Marie-Thérèse titubait de fatigue, et Madame de Tourzel portait Louis Charles endormi. Ce long discours faisait du bruit mais ne pénétrait pas dans ma tête. Vers dix heures du soir, nous arrivâmes enfin aux Tuileries. Qu'était devenu ce grand palais inhabité depuis tant d'années? Tout était poussiéreux, il y avait même des toiles d'araignée. Nous nous installâmes dans cette partie du Louvre dite des Tuileries, du côté des jardins. Le Parlement envoya quelques membres pour nous saluer à l'arrivée. Et le maire s'inclina devant moi, en me disant, ô ironie, « qu'il espérait que nous leur ferions la grâce de bien vouloir faire de ce lieu notre résidence habituelle ». Dans l'affolement et la panique, nous passâmes notre première nuit sur des paillasses de fortune.

V

RÉFLÉCHIE

Après cette première nuit aux Tuileries, nous avons commencé à organiser la distribution des pièces. A l'étage, nous avons installé la chambre à coucher du roi, le salon de réception du roi, une chambre pour Élisabeth, une pour chacun des enfants et un petit salon. Toutes les chambres donnaient sur le jardin. Au rez-de-chaussée se trouvaient ma chambre, un salon et un cabinet de toilette, une salle de billard et une grande salle à manger pour toute la famille. Le roi avait encore trois pièces au rez-de-chaussée, à côté de mes appartements, et un cabinet de géographie à l'entresol. Les deux étages ont été réunis par un grand escalier. Un petit escalier, qui me conduisait directement de ma chambre aux chambres des enfants et à celle du roi, était gardé par une porte dont seules Madame de Tourzel et moi-même avions les clés. Ce petit escalier était la sauvegarde de ma « *desinvoltura* ». Je pouvais recevoir quand je le désirais des visites sans être espionnée et l'on pouvait venir chez moi sans passer par l'escalier principal ni par la grande entrée. Pour parvenir à cet escalier presque secret, depuis l'extérieur, l'on passait par un dédale infini de corridors et de souterrains.

Ainsi, dans cet enfermement, je suis arrivée à défendre malgré tout ma liberté. En ce temps où tous parlent de liberté, où l'on tue pour la liberté, je pensais moi aussi à la liberté. Ce contraste me gênait, mais toute entrave m'a toujours été désagréable. Et depuis le 6 octobre 1789, je luttais pour la liberté des miens. Comme certains sentiments ont différentes façons d'être interprétés, et que ces interprétations peuvent servir le bien comme le mal!

Notre installation, après l'inconfort des premiers jours, a été aménagée d'une manière très agréable, et finalement charmante. Les rideaux étaient de belle matière, le mobilier suffisant, simplement plaisant à regarder. On avait tout de même fait venir quantité de choses de Versailles. Madame de Tourzel logeait avec les enfants. Et bientôt ses filles nous rejoignirent. Pour les enfants, nous avons pu faire installer, sur la terrasse, des volières et des bassins où ils pouvaient jouer. Nous nous sommes beaucoup occupés d'eux, car les grilles des jardins étaient perpétuellement ouvertes. Pour que les enfants n'aient pas peur de tous les inconnus qui ne manquaient pas de venir nous examiner, nous les avons engagés à être très aimables, à sourire aux passants et aux gardes nationaux. Mon petit Dauphin y mettait beaucoup d'application. Parfois, rempli de doutes, il venait me voir après avoir adressé un mot aimable ou un air engageant, en me demandant au creux de l'oreille : « Ma chère maman, est-ce bien comme cela? » Nous passions beaucoup de temps à les regarder jouer, ou bien à les écouter répéter leurs leçons.

Madame Campan resta comme ma première femme de chambre. Mais le soir, comme toutes les autres personnes qui nous servaient, elle couchait loin de nos appartements. Nous étions gardés par les gardes nationaux, qui circulaient jour et nuit dans tous les passages et couloirs de ce vieux bâtiment. Je ne me sentais pas en sécurité, mais mon secrétaire Augeard, un peu vantard, s'ingéniait à me conforter dans cette idée que nous étions prisonniers et que nous ne devions pas sortir des Tuileries, au risque de notre vie. J'avais perpétuellement la crainte de voir surgir un de ces gardes dans mon appartement. Je finis par obtenir une clé pour me permettre de m'enfermer.

A Versailles, je vivais comme une princesse de contes de

fées. Aux Tuileries, comme une bourgeoise, ce qui n'était pas plus désagréable. Après la naissance des enfants, j'avais cessé mes divertissements nocturnes à Paris, et je me couchais de bonne heure. A Versailles, dès huit heures du matin, alors que je restais au lit, il y avait un perpétuel va-et-vient chez moi. Les femmes de chambre apportaient mon linge, d'autres les échantillons des robes que j'allais mettre dans la journée. Presque tous les jours, je prenais un bain chaud, pour ensuite me plonger dans un bain froid. Il y avait deux baignoires dans le cabinet de toilette derrière mon lit d'apparat. Mais je préférais me rendre dans les petits appartements, plus intimes et silencieux. Lorsqu'il y avait le grand lever, après mon bain, revêtue d'un manteau de lit, je me recouchais. C'était l'un des plaisirs innocents de l'ancienne cour. J'aimais ces instants, où l'on me servait une légère collation, où je restais à paresser, mais non pour très longtemps. Venaient d'abord les petites entrées, médecins, premier chirurgien, et d'autres messieurs. J'avais envie de leur rire au nez. Leur mine de sage docteur finit par disparaître, ma bonne santé les décourageait. Venait également mon lecteur, je l'aimais bien, et mon secrétaire de cabinet, Augeard, encore fidèle au poste aux Tuileries. Un peu plus tard, on tirait au milieu de la pièce ma table de toilette, je me couvrais d'un large déshabillé, et Léonard, le bon coiffeur, venait s'occuper de mes cheveux, en inventant des extravagances qui m'ont enchantée, en ce temps-là, au grand désespoir de ma chère maman. Lorsque j'ai fêté mes trente ans, j'ai prié Léonard de me coiffer plus simplement. C'était également à cette époque que je m'étais séparée de la gentille Rose Bertin, qui venait de Paris avec des décors de tête plus jolis les uns que les autres, mais que je trouvais déraisonnables à mon âge. Eh oui, c'était un autre temps.

Aux Tuileries, sous les ordres de la chère Campan, une jeune femme de chambre très habile me coiffait et m'habillait également. J'étais heureuse d'avoir Campan près de moi, mais je surveillais ce que je disais et faisais car j'avais découvert qu'elle était très bavarde et potinière. Notre vie au vieux château des Tuileries s'écoula calmement au début de notre séjour.

Après le petit déjeuner, les enfants venaient chez moi. C'était un instant de joie. Ensuite, nous allions à la messe, tout seuls. Adieu, tous les seigneurs et dames qui nous accompagnaient en grande pompe à Versailles. Le roi ne pouvant plus chasser, le malheureux, marchait beaucoup et pour faire un exercice plus raisonnable, nous jouions au billard. Ensuite, le roi se retirait chez lui pour lire. Et moi, je tenais salon avec mes familiers, la princesse de Lamballe, Fersen et d'autres. Nous discutions et parlions des événements. Après le dîner, toute la famille se réunissait au grand salon, en haut chez le roi. Le frère du roi nous rejoignait. Les Provence logeaient au Palais du Luxembourg, et nous racontaient ce qu'ils avaient vu pendant la traversée de Paris. A onze heures, les lumières s'éteignaient, sauf les quinquets, ces petites lampes à huile accrochées par cinq le long des murs, qui restaient allumés jour et nuit dans tous les dédales de cette vieille bâtisse.

J'étais seule. Et c'est à cette époque que j'ai commencé à réellement réfléchir et penser, à mon passé et à l'avenir, que je concevais encore comme un temps où la vie serait vivable et assez sûre. Je me sentais avoir la force de protéger les miens, de les défendre contre cette révolution qui menaçait de déferler sur nous. Cette vie plaisait au roi, malgré les soucis politiques sans fin et sans solution.

Et d'une certaine manière, cette vie me plaisait aussi, car c'est à ce moment-là que j'ai le plus vu Fersen. C'est aux Tuileries que j'ai enfin compris combien ses sentiments étaient profonds et que de plus il me désirait aussi follement que moi. Notre longue histoire inachevée m'envahit tout entière.

C'est au bal de l'Opéra de l'hiver 1774 que tout a commencé, lorsque j'étais encore Dauphine. J'étais allée à ce bal accompagnée de Provence. Ce cher beau-frère m'a été très néfaste. Il était enchanté que je n'attende toujours pas d'enfant. Et maintenant, je m'en rends compte, à cette époque il faisait tout pour me dissiper en plaisirs. Pour ces bals de l'Opéra, les dames étaient masquées, mais pas forcément les hommes. Ils intriguaient auprès des dames, souvent de façon impertinente, ce qui m'amusait beaucoup, je dois le dire. Ce soir-là, je suis descendue des loges pour me mêler à la foule. La princesse de Lamballe et la comtesse de Polignac m'accompagnaient de très loin. Soudain, j'aperçus au milieu de la foule un homme jeune, mince et très beau. Il dut me voir également. Lequel des deux alla vers l'autre, je ne saurais le dire. Mon masque couvrant tout mon visage, il ne pouvait voir que mes yeux. Les siens transpercèrent les miens jusqu'au cœur et celui-ci se mit à battre comme un fou. Son regard à lui était noir et magnifique. Jamais je n'avais ressenti une telle apesanteur. En quelques secondes, ma vie avait basculé. Je me ressaisis aussitôt. Nous échangeâmes des propos légers. Il était mal vêtu : je le taquinai à ce propos. Il me répondit qu'il venait juste d'arriver à Paris et qu'il n'avait pas eu le temps de se mettre à la mode. Il parlait bien le français, avec un très léger accent. Je lui répondis en allemand ; il me parla également dans cette langue, mais là aussi avec une légère intonation, qui n'était pas de chez moi. Je décidai de le charmer. Je ne pus résister à ce besoin ; il m'est vraiment instinctif. Il s'est pris à ce jeu, était-ce un jeu ? Je le pensais, tout en le craignant. Nous avions dix-huit ans tous les deux. Soudain, il passa de la taquinerie à l'impertinence ; je pris peur, et j'enlevai mon masque. Un instant, il parut étonné ; il ne semblait pas m'avoir reconnue. Puis mes dames firent cercle autour de moi pour m'isoler, ayant remarqué que la situation devenait gênante. Nous remontâmes dans la loge, où Provence, qui avait tout observé, me taquina à son tour au sujet de ce bel inconnu. Et voilà que les ragots arrivèrent jusqu'à Versailles. Et de Versailles à Vienne. L'ambassadeur Mercy avait fait son rapport, et je reçus des reproches véhéments de ma mère, qui me traita de « tête à vent », en me priant d'abandonner ces inconvenantes « dissipations » et de ne plus faire parler de moi à propos de Pierre et Paul à

115

ces maudits bals masqués, pendant que je laissais mon mari seul à Versailles. Louis aimait se coucher de bonne heure pour partir très tôt le matin à la chasse. Moi, je n'avais pas sommeil, et de plus j'avais peur de ses transports nocturnes qui ne menaient à rien. Après cette rencontre, plus de bal à l'Opéra. Du reste, je n'en avais plus envie.

Grâce à l'ambassadeur de Suède, nous avons su que ce beau jeune homme s'appelait Axel de Fersen et que son père avait une situation importante auprès du roi de Suède Gustave III. Axel apparut plusieurs fois au bal de Versailles. Mon Dieu, comme il était beau! Et si bien vêtu cette fois, à la mode de Paris, ce qui me fit sourire en pensant à mon observation à l'Opéra. Nous avons pu échanger quelques propos, mais son regard me suffisait. J'en rêvais la nuit, en me répétant les paroles banales que nous nous étions dites, en y trouvant des doubles sens qui faisaient battre mon cœur. Et la vie de Versailles continua ainsi, jusqu'à la mort du roi Louis XV.

Axel partit pour la Suède. Était-ce prudence parce que j'étais devenue reine, ou était-ce indifférence à mon égard? Je pensais souvent à lui, c'était comme une lumière dans ma vie. Et malgré tout, j'essayais de m'étourdir. Je ne voulais penser à rien de sérieux. J'avais peur de m'ennuyer, la paresse est le pire des défauts.

Les hommes ont vraiment de singulières façons d'agir et réagir avec les femmes, même celles qu'ils aiment. Au début de nos rencontres, je suis partie en flammes, étourdie et ravie par un amour que seule mon imagination me faisait entrevoir. Il était si peu communicatif. Puis Axel partit longtemps pour les Amériques, j'en étais navrée. Mes amies, Polignac, Lamballe et les autres, étaient intriguées par mes rêveries, et le changement qu'elles remarquèrent dans mon comportement. Il est vrai qu'entre-temps, j'avais déjà eu deux beaux enfants, grâce à Dieu et à la petite intervention du chirurgien que Louis avait enfin eu le courage de subir... Mes dames et mes amies avaient bien remarqué que je ne pouvais pas m'empêcher de rougir et de trembler lorsque

Fersen apparaissait à mes soirées de jeu ou au bal de la cour. Pour me mettre à l'épreuve, plusieurs ne se sont pas gênées de me raconter les succès amoureux du bel officier suédois. Et l'on me nommait certaines de ses maîtresses. Je prenais des airs indifférents, et je faisais même semblant d'applaudir à ses bonnes fortunes. Mais je sentais mon cœur se serrer. Au bout de quatre ans, il revint des Amériques, après avoir eu des succès militaires et féminins. Cela me fit plaisir lorsque je l'appris, même les féminins! C'était si loin et je ne les imaginais même pas. Lorsqu'il apparut un beau jour au palais lors d'une réception, j'eus le malheur de dire spontanément : « Oh, mais c'est une ancienne connaissance. » Les commentaires allèrent bon train. On oubliait que j'avais une excellente mémoire et que je me souvenais de toute personne qui m'avait été présentée. Enfin, que chacun le prenne comme il voudra. J'étais heureuse de le retrouver plus beau que jamais. Et les taquineries de mes amies reprirent de plus belle.

Ce petit jeu dura des années. Mais petit à petit, on se lassa et nous eûmes des entretiens plus intimes, surtout lorsque le hameau de Trianon a été terminé. Nous étions souvent presque seuls. Le parc et le hameau, c'était vraiment la liberté et nous pouvions nous parler sans contrainte, sans espion. Les hommes me déconcertent malgré tout, et j'en reviens à ma première idée. Pendant longtemps, ils me firent la cour et devenaient pressants. Cela m'amusait, mais j'en avais une grande crainte. Je ne croyais pas à leurs tendres paroles, et moi-même en un mot, je ne les aimais point. Axel, je savais qu'il m'aimait, et pourtant il a été pendant longtemps si froid, si distant que je me disais : « Ses maîtresses lui suffisent, je ne suis qu'un passe-temps sentimental. » Cependant, je ne désirais qu'une seule chose, être à lui. Comme j'étais injuste envers lui! Malgré mon amour immense, je pense avoir mis trop longtemps à comprendre combien il m'aimait comme femme. Mais le respect qu'il avait pour la reine de France lui donnait une force qu'une femme arrive mal à comprendre. Je ne voyais pas plus loin que mon désir d'être à lui. Étais-je vraiment si peu responsable de ce que je représentais? Voilà, je pense, une de mes fautes, une de mes fautes pour lesquelles je demande à être pardonnée. Dans le fond de moi-même, étais-je plus femme que reine? La femme désire appartenir à l'homme qu'elle aime, moi je n'appartenais à personne et à tout le monde, à la France, à mes sujets, à mes enfants, mais je n'appartenais à personne en propre, même pas à mon cher mari. Et Axel est apparu dans ma vie impersonnelle comme si le ciel me tombait dessus. Mon Dieu, à Vous de juger.

Ce séjour aux Tuileries a été une des périodes de ma vie les plus remplies. Comme le temps est impondérable! Il ne s'étire pas, il ne se coupe pas, il n'est ni long ni court, simplement il peut être trop plein ou complètement vide. Les journées des Tuileries m'ont paru les plus riches de ma courte existence. Riches en vie de famille, riches en amour, riches en événements. Nous fréquentions des personnages qui ne ressemblaient en rien à ceux que j'ai connus à Versailles. Étais-je devenue une autre personne? Peut-être devient-on différent selon l'évolution des pensées que vous n'aviez jamais eues et qui vous donnent une force soudaine pour faire et dire ce que l'on n'avait jamais eu l'idée de dire ou de faire. J'avais plusieurs raisons à ce changement, l'une purement instinctive. Perpétuellement, la populace venait m'injurier sous mes fenêtres. Et il fallait absolument que je sauve mes enfants et le roi de cette boue qui menaçait de nous submerger. Je réfléchissais auprès du roi à notre messe quotidienne, où jadis j'allais en grande pompe, où mes pensées futiles me distrayaient. J'ai enfin vraiment prié pour avoir la force de défendre ma famille. Je sentais le roi si indécis, tellement tourmenté par ses conflits de conscience. Il fallait que j'agisse, il fallait le convaincre. J'écoutais mieux ceux qui nous entouraient. En 1790, le comte de La Marck, Mercy d'Argenteau et Fersen étaient ceux qui venaient nous voir presque journellement. Mercy, comme ambassadeur d'Autriche, avait le plus de liberté d'aller et venir.

118

Dans notre petite vie très bourgeoise, j'étais la seule à saisir la nécessité d'écouter, de comprendre et d'agir. Les conseils ne me manquaient pas. Tous ces messieurs comptaient sur moi pour agir sur le roi. J'avais trouvé le moyen d'écrire en messages codés à plusieurs correspondants, et je recevais journellement des notes des uns et des autres. Ainsi, nous étions, le roi et moi-même, au courant de mille choses. Entre autres, de l'affaire des royalistes en Savoie et à Lyon. Ils étaient très nombreux. Artois, de Turin, les a si maladroitement excités à une vraie guerre! Le roi a finalement essayé de calmer les gens de Lyon. On y parvint bien mal car beaucoup furent exécutés.

A la fin de l'année 1789, le comte d'Artois prenait d'ailleurs bien des initiatives fort déplacées qui ne manquaient pas de nuire à son frère le roi. Je savais que de Turin, conseillé par des personnes qui ne pensaient qu'à leur propre intérêt, il avait écrit à l'empereur, pour lui dire que tous les princes du sang voulaient prendre notre défense, et qu'ils avaient besoin de son appui. J'ai été indignée : une fois de plus, Artois voulait se mettre en avant, ne nous demandait pas notre avis, et pour couronner le tout il s'adressait directement à mon propre frère! L'empereur n'a pas été dupe : j'ai applaudi à la réponse qu'il a faite à cet impudent. Il mettait Artois fermement en garde contre les risques d'une guerre civile et les dangers qu'il nous faisait encourir. Mon frère, au moins, savait ce qui était bon pour nous, et nous pouvions compter sur lui et son bon sens. Malheureusement, il est mort à peu de temps de là, et mon frère Léopold est devenu empereur à son tour, mais je n'avais pas en lui la même confiance qu'en Joseph.

Pendant ce temps, Esterhazy, l'ami fidèle des anciens temps de Versailles, nous attendait à Valenciennes au péril de sa vie, croyant par je ne sais quel miracle que nous réussirions à fausser compagnie à nos geôliers avec l'aide de Fersen. Mais c'était encore trop tôt. Découragé de nos indécisions et ne nous voyant pas venir comme il le désirait, il émigra en Belgique. Pendant plusieurs semaines, il essaya de nous persuader de nous retirer dans le nord de la France pour ne pas être à la merci des exigences de la rue ou de l'Assemblée. Enfin lui aussi s'éloigna. Chaque fois que j'apprenais que l'un de nos amis était à l'abri à l'étranger, j'étais vraiment soulagée car je me sentais responsable de leur vie.

A l'Assemblée, nous suivions les débats. Un personnage nous frappait particulièrement par ses discours violents, intelligents, et troublants par leur sens politique très retors. C'était le comte de Mirabeau. J'avais une grande appréhension envers ce personnage, car j'avais dans l'idée qu'il avait été l'un des instigateurs, avec le duc d'Orléans, des terribles journées d'octobre que nous venions de vivre.

Cet aristocrate dont on me faisait des rapports peu favorables de toutes parts avait fort mauvaise réputation. Renié par son père le marquis de Mirabeau (que l'on appelait l'Ami des hommes), marié mais séparé de sa femme, il avait de nombreuses maîtresses et des bâtards dont on ne connaissait même pas le nombre. Ses dettes étaient incalculables, et son besoin d'argent illimité. Son intelligence et son verbe haut le faisaient respecter malgré tout, et pour ma part, j'en avais une grande crainte a priori. De plus (ce qui me choquait par-dessus tout), c'était un homme qui, à mon avis, trahissait sa caste car rejeté de la noblesse pour sa mauvaise conduite, il s'était fait le tribun du tiers état. Plus tard, en le connaissant mieux, j'ai senti que cet homme menait une politique louvoyante et pensait mieux réussir en flattant ceux qu'ils voulaient dominer.

Madame de Staël, la fille de Necker, disait de lui que malgré sa réputation d'immoralité, on pouvait avoir grande opinion de son esprit. Elle évoquait à propos de sa chevelure le Samson de la Bible, mais moi je pensais plutôt à un lion.

Il était grand ami du comte de La Marck, lui-même intime de Mercy d'Argenteau. Ces deux derniers personnages avaient des affinités car ils étaient tous les deux de familles d'Empire. C'est encore l'une des raisons qui m'ont fait accuser d'être entourée d'Autrichiens, traiter d'Autri-

120

chienne, car c'étaient les deux seuls à être restés dans notre intimité. Mais quoi qu'on dise, j'ai toujours fait grande attention à ne pas me laisser influencer par leurs penchants en faveur de l'Empire, surtout de la part de Mercy. Certes, il m'aurait plu que les intérêts de mes deux familles coïncident, mais j'aimais trop le roi pour lui porter tort.

J'avais d'autres raisons d'être prévenue contre Mirabeau. A l'Assemblée, il y a eu des discussions à propos de la succession au trône de France. Car malgré le traité d'Utrecht de Louis XIV, la question des droits à succession des Bourbons d'Espagne a tout de même été posée. Évidemment, les députés ont été hostiles aux droits au trône de France des princes étrangers. Mais, bien plus, Mirabeau a défendu l'idée que les princes et les princesses étrangers ne pouvaient pas non plus être régents du royaume de France. En toute logique, sur la succession, ils avaient raison, mais plusieurs reines de France d'origine étrangère avaient été régentes, et il me semble que cela n'a pas si mal tourné. Et je me rends compte à présent que si j'en ai tant souffert et tant pleuré, c'est à cause de mon orgueil, et pour cela même j'en ai détesté Mirabeau.

Au printemps 1790, il y eut une grande pression de Mercy qui avait été touché par le comte de La Marck en faveur de Mirabeau. Le comte de La Marck nous faisait dire que Mirabeau était prêt à défendre la cour et qu'il serait bon que le roi prît contact avec lui. La Marck nous faisait savoir également que nous pouvions nous attacher Mirabeau en lui versant une pension, et qu'en échange il pourrait nous faire des rapports sur les travaux de l'Assemblée et sur la situation politique en général. Il semble que cela ne suffisait pas à Mirabeau. Celui-ci, très imbu de son importance, ne voulait pas avoir l'air d'être payé comme secrétaire et insistait beaucoup pour nous voir. La Marck venait me tenir au courant directement des désirs de Mirabeau. C'est ainsi que j'ai compris que celui-ci voulait nous prouver son dévouement et également qu'on reconnaisse son talent politique, qui était indéniable. J'ai su par La Marck que ce n'était pas la première tentative que Mirabeau fit pour nous aider. Finalement, le roi acceptant de payer toutes ses dettes, Mirabeau s'est mis à notre service et a commencé à envoyer des notes d'information. Ce personnage très orgueilleux désirait absolument avoir un contact direct avec nous, afin que l'on reconnaisse sa personnalité. Car il savait que jusqu'à présent je n'avais pas une réelle sympathie pour lui. La Marck disait qu'il en était très affecté. Il voulait également se justifier devant nous des soupçons que l'on avait de ses agissements lors de l'émeute du 6 octobre. Du reste, plus tard, il justifia également le duc d'Orléans contre qui étaient couramment portées des accusations du même ordre.

Malgré les nombreux longs rapports que Mirabeau nous envoyait, malgré les insistances de La Marck et de Mercy, j'hésitais toujours à rencontrer ce personnage. Mais quelque temps après, ma prévention contre ce tribun s'est adoucie, car il est survenu un fait imprévisible. A l'autre bout du monde, dans la baie de Nootka aux Amériques, des bateaux anglais ayant pénétré dans les eaux espagnoles avaient été saisis par des officiers espagnols. Sur ce, l'Angleterre s'apprêtait à riposter en envoyant des navires de guerre. On ressort le pacte de famille de 1761, qui obligeait le roi de France à aider le roi d'Espagne. Mais voilà que l'Assemblée entra en grande confusion. Car personne n'avait encore prévu à qui revenait de déclarer la guerre, du roi ou de l'Assemblée. Il s'ensuivit de nombreux discours. Et Mirabeau emporta la décision finale, qui attribuait l'initiative au roi. A ce moment-là, je compris combien Mirabeau avait joué finement, pour donner l'avantage au roi sans se mettre vraiment l'Assemblée à dos. A cette époque, si le roi avait été plus pugnace, nous aurions pu prendre les choses en main, car l'Assemblée avait tout de même des instants de bonne volonté à notre égard. Dire qu'à cette occasion j'ai entendu pour la première fois parler du député Barnave; j'ai su qu'il était un de nos opposants les plus farouches.

Vint l'été 1790. Nous avions la permission de passer quelque temps à Saint-Cloud, pour changer d'air et pouvoir promener les enfants dans une belle nature. A cette époque, Saint-Cloud nous paraissait un vrai paradis. Le château était resté meublé très joliment, il avait été tenu à l'écart des troubles. Le parc lui-même, avec ses cascades, était un enchantement. Les enfants étaient tellement heureux de pouvoir courir dans des jardins sans limites, après les quelques parterres des Tuileries. Et surtout, la propriété était toute fermée de murs et en dehors de nous autres il n'y avait personne. Plus de badauds curieux, plus de foule hurlante. Comme nous étions heureux de cette diversion!

Au début du mois de juillet surgirent à nouveau La Marck et Mercy, qui nous annoncèrent que Mirabeau était prêt à venir nous saluer à Saint-Cloud dans le plus grand secret. Le jour et l'heure furent décidés, et il apparut le 3 juillet au soir dans une voiture à deux chevaux conduite par son neveu. Il est donc arrivé seul et nous l'avons reçu, Louis et moi, pendant une bonne heure. Je crois que je suis parvenue à rester impassible en le voyant, mais Dieu, qu'il était laid! Comme toujours, malgré mes appréhensions, je n'ai pas résisté au plaisir de le charmer. Je voulais voir comment je réussirais à capter un monstre pareil. Et il me semble que j'ai réussi. Pendant notre conversation, nous avons mis au point différentes tactiques politiques pour l'aider à être président de l'Assemblée, et pour donner au roi plus d'autorité. J'ai compris combien il détestait La Fayette, ce qui ne m'a pas été désagréable. Peut-être même qu'en donnant plus d'influence à Mirabeau, cela pourrait ôter de l'autorité à La Fayette qui, sous prétexte de nous faire garder par sa garde nationale, était devenu vraiment trop tatillon et encore plus vaniteux que jamais.

Quand le roi se leva pour lui signifier que l'entretien était terminé, il me dit, si je me souviens bien de sa phrase, à peu près ceci : « Madame, lorsque votre auguste mère admettait un de ses sujets à l'honneur de sa présence, jamais elle ne le congédiait sans lui donner sa main à baiser. » Je fus bien obligée de lui tendre la mienne. Sur ce, le roi lui promit le plus grand secret sur cette entrevue.

Mais j'ai su que très peu de temps après, la cabale laissa percer ce secret qui fut la cause de quelques pamphlets contre Mirabeau. Depuis lors, il y eut souvent dans mon appréciation à son égard des hauts et des bas. Et maintenant que tout est fini, je sais que dans certaines de ses positions extrêmes qui me choquaient, son intention n'était pas de nous nuire. Son esprit tellement compliqué avait souvent des buts cachés que je ne comprenais pas toujours, mais où j'étais sûre de trouver l'astuce politique qui faisait tant défaut à mon cher mari. Malgré les sentiments très divers qu'il m'a inspirés, je suis heureuse de savoir qu'il est mort dans son lit et non pas sur l'échafaud.

Je crois qu'en fin de compte Mirabeau croyait nous sauver, sauver la monarchie, et se sauver lui-même. C'était compter sans La Fayette. Car à quelques jours de notre rencontre à Saint-Cloud, nous avons dû nous rendre à la fête de la Fédération. C'était un triomphe orchestré par et pour ce cher blondinet. Venus de partout en France, des centaines de gardes nationaux s'étaient rassemblés sur le Champ-de-Mars. La Marck m'a raconté que des centaines de Parisiens avaient travaillé des jours entiers à la préparation de cette fête. Et le 14 juillet 1790 a été un triomphe pour La Fayette, au grand dépit de Mirabeau qui avait préparé un discours tonitruant à son habitude, mais qu'il n'a pu prononcer. Je me souviens encore de sa mine déconfite lorsqu'il a vu La Fayette arriver à cheval, malgré une pluie battante qui n'a pas cessé de toute la cérémonie, et je revois la foule en délire baiser la croupe du cheval de son idole. Quelle farce !

Mais cette farce-là n'était rien à côté de celle qui se déroulait à « l'autel de la patrie », où l'abbé de Périgord, Talleyrand, devait célébrer la messe. Je ne sais combien j'aurai vu dans ma vie de ces prélats grands seigneurs, imbus d'eux-mêmes, vivant fastueusement mais ne se préoccupant de Dieu que de loin. J'étais raide dans ma tribune, à côté du roi et des enfants. J'étais si loin de tout cela ! Je n'ai prêté qu'une attention distraite au serment que le roi a prononcé ce jour-là, mais le chœur de ceux qui le répétaient après lui avec enthousiasme m'a semblé de bon augure. Enfin on acclamait le roi. Après cela, je me suis levée en tenant le Dauphin dans mes bras, et la foule nous a acclamés. Mon petit Dauphin était très courageux et très patient, mais il a essuyé la pluie et je ne voulais pas qu'il prenne froid. Lorsque les acclamations se sont tues, j'ai recouvert son visage de mon châle pour le tenir au chaud. J'étais d'un seul coup pleine d'espoir, je me disais que les tristes sires qui m'entouraient n'auraient pas le dernier mot.

Car malgré les acclamations faites au roi, c'était La Fayette l'idole du jour. Je me rendais bien compte, avec le roi, qu'entre La Fayette et Mirabeau c'était la guerre ouverte. Le premier était notre geôlier mais prétendait nous défendre, le second nous servait mais j'étais souvent choquée de ces notes et des phrases terribles qu'il brandissait pour nous convaincre de nous rendre à ses opinions et de nous prêter à ses desseins. J'avais parfois l'impression que, comme Artois à Turin, il voulait la guerre civile, que le pire arrive, mettre le pays à feu et à sang pour le sauver ensuite. Comment accepter cela ? Je me souviens surtout de cette phrase terrible : « Quatre ennemis arrivent au pas redoublé : l'impôt, la banqueroute, l'armée, l'hiver. » Il voulait que nous prenions l'initiative de la guerre civile !

En fait, il nous fallait nous défendre contre tous ceux qui, pour notre bien, pour le leur ou pour celui de la France, voulaient le pouvoir. Moi qui avais vu partir le ministre Necker, naguère encore l'idole des foules, dans l'indifférence la plus totale, je songeais que La Fayette aurait peut-être le même sort.

Il me faisait surveiller sans cesse. A Saint-Cloud, un de ses aides de camp me suivait tout le jour et dormait dans mon antichambre la nuit. Où que j'aille, mon regard finissait par se poser sur lui. Et malgré tout, j'étais si heureuse ! Fersen s'était installé au village d'Auteuil, et venait me voir le soir par une porte dérobée. Un sergent le croisa une nuit et faillit l'arrêter, mais en dehors de cette alerte nous avons eu tout le temps de nous voir, de tenir nos mains et d'échanger des propos tantôt gais, tantôt fort graves car ils avaient trait à la politique. Je crois que La Fayette était follement jaloux de Fersen, avec qui il partageait des souvenirs d'Amérique. Il aurait voulu avoir cette confiance que le roi et moi accordions tout naturellement à Fersen. Le vaniteux en prenait ombrage et voulait faire sentir son pouvoir. Il me fit dire par l'aimable Saint-Priest, qui était resté parmi nous, que les visites nocturnes de Fersen au château de Saint-Cloud pouvaient représenter pour moi et pour le roi un certain danger. Je m'en moquais éperdument. J'étais si sûre d'Axel que j'ai suggéré à Saint-Priest d'aller s'en ouvrir directement à lui. Pour une fois que je pouvais me permettre de l'ironie!

Nous étions tellement bien à Saint-Cloud que j'aurais aimé y rester tout l'hiver. Le roi avait recommencé à chasser et avait retrouvé son teint d'avant les Tuileries, d'avant les soucis et la révolution. Moi-même, j'ai pu organiser pendant l'été des concerts et des pièces de théâtre, comme jadis à Trianon. Nous avons retrouvé un peu de vie de cour et d'espoir. Puis l'automne est arrivé, et jour après jour nous avons grignoté la permission de rester un peu plus. A la fin, à bout d'arguments, j'ai fini par user d'un expédient bien utile : j'ai prétexté un rhume, qui guérirait bien mieux à l'air de Saint-Cloud qu'à celui de Paris. Il a pourtant fallu retourner aux Tuileries au début du mois de novembre.

La Fayette n'avait pas dit son dernier mot, ni renoncé à ses ambitions personnelles. Après le départ de Necker en juillet, pendant que nous étions à Saint-Cloud, il a réussi à remplir le ministère d'hommes qui lui étaient entièrement dévoués. Une cabale s'est montée contre moi, comme aux tout premiers temps de ma venue en France. La Fayette et une partie des ministres envisageaient froidement, ni plus ni moins, que de me demander de divorcer. Ils savaient bien que le roi m'écoutait, et cela gênait leurs projets. Moi partie, ils auraient fait de mon bon Louis tout ce qu'ils voulaient. J'étais horrifiée lorsque La Fayette m'annonça son intention, dès notre retour aux Tuileries. Il a même évoqué un procès en adultère pour me perdre définitivement aux yeux

126

de tous. Comme à mon habitude, j'ai été très froide et hautaine avec ce freluquet qui voulait le pouvoir à tout prix. Mais à l'intérieur de moi-même, j'étais effondrée. Je ne parvenais pas à croire qu'on me haïssait à ce point.

Mon Dieu, et s'ils avaient eu raison? Si mon départ avait pu sauver le roi? Je n'en dormais plus, et seul Fersen parvenait à me réconforter, en m'assurant que la voie que j'avais choisie était la bonne. Mon Dieu, n'est-il pas étrange que l'homme que l'on a voulu utiliser pour me perdre soit justement celui par qui j'ai conjuré le sort et tenu fermement sur mes positions : à cause de Fersen, on m'accusait, et grâce à lui, je tenais bon. J'en appelle à vous, mon bon Louis, qui n'avez pas voulu entendre parler de cet odieux projet. De là où vous êtes, vous avez certainement de la compassion pour l'angoisse dans laquelle je me débats aujourd'hui. Vous savez que c'est pour vous, et non pas pour moi, que j'ai résisté à ces pressions féroces.

Comme si cela ne suffisait pas, mes pires craintes au sujet de notre retour à Paris se sont trouvées justifiées. J'étais encore étourdie de tant d'intrigues autour de moi, lorsqu'une émeute terrible a eu lieu sous nos yeux, aux Tuileries. Pour expliquer ces nouvelles violences, on n'a pas manqué de m'impliquer, encore et encore. Un duel a eu lieu entre Charles de Lameth, un de mes anciens amoureux transis, devenu un homme influent de l'Assemblée, et le duc de Castries, fils de l'ancien ministre du roi Louis XV, sur un prétexte futile dont je ne me souviens plus. Mais on a eu tôt fait de dire que j'avais chargé le duc de Castries de faire tuer Lameth. La logique de tout cela m'échappe encore, mais l'on prétendait que le duc de Castries était l'amant d'une de mes dames d'honneur, la princesse de Tarente. Tout cela m'a semblé à l'époque assez incompréhensible, mais je ne saisis toujours pas le sens des mouvements de foule et d'opinion. Toujours est-il que le duc de Castries a blessé Charles de Lameth, et que la foule en furie a voulu venger le duelliste perdant. La populace a saccagé l'hôtel de Castries, et comme d'habitude La Fayette avec ses fameux gardes nationaux est arrivé après la bataille, ce qui me semble encore aujourd'hui fort lâche de sa part car il était très lié avec le duc de Castries. La Fayette a tout de même réussi à empêcher les émeutiers de mettre le feu à la maison, ou c'est du moins ce qu'il a prétendu, tant ce vaniteux éprouve toujours le besoin de se prétendre aimé des foules. Mais l'émeute ne s'est pas arrêtée là. Déçue, la foule a cherché un autre lieu de pillage et s'est précipitée sur les Tuileries.

Mon Dieu, comme je déteste les foules en furie! La haine commune me tord le cœur, une main glacée s'empare de mes entrailles et me donne une froide détermination. Aux Tuileries, de jour comme de nuit, été comme hiver, les grilles ont toujours été ouvertes, et on ne les a fermées que pour empêcher la populace de nous massacrer. J'entendais la rumeur grossir, les injures les plus violentes m'atteindre de plein fouet. Mon sang s'est glacé, mais j'ai su quelles mesures prendre. Le roi et les enfants sont allés se mettre à l'abri sous les combles poussiéreux des Tuileries, et je suis restée froide et sûre de moi, prête à tout affronter pour les défendre, puisque c'était à moi qu'on en voulait. J'ai ordonné aux gardes nationaux de fermer les grilles et de se mettre en double haie devant les portes. Est-ce mon sang-froid qui les a poussés à obéir sans poser de question? Ou bien avaient-ils également peur pour leur vie? J'étais livide, je ne pensais plus à rien. Mais ils m'ont écoutée et ont réussi à repousser tous ces hommes et ces femmes qui en voulaient à ma vie, à celle du roi et de mes enfants.

Pourtant, j'ai toujours gardé au cœur l'espoir que le temps ramènerait les esprits, que le bon bourgeois et le bon peuple reprendraient confiance dans la pureté de nos intentions, et comprendraient enfin notre véritable manière de penser. Le peuple de France est sujet aux engouements et a l'esprit vif, mais il est généreux et aimant. J'ai continué de penser que notre volonté nous sauverait. Mais Louis n'a cessé d'hésiter, voulant à toute force prendre tous les avis avant d'arrêter une décision.

Quoi qu'il en soit, après cette chaude alerte, j'ai fait dor-

128

mir les enfants dans mes appartements. Je ne voulais pas qu'ils prennent peur seuls à l'étage, à côté du roi, certes, mais isolés dans une chambre sans personne pour leur tenir compagnie, puisque Madame de Tourzel les quittait pour la nuit.

Je pense que cette émeute, liée à la situation politique de plus en plus difficile pour nous, a décidé bien de nos amis à imaginer des plans d'évasion. En tant de mois d'enfermement, l'imagination de ceux qui nous soutenaient a été débordante. Mais la plupart avaient plus de bonne volonté ou de passion que de bon sens. Il nous était déjà si difficile d'écrire à qui nous voulions! Pour faire parvenir une simple lettre d'amitié à la duchesse de Polignac, il fallait user de mille ruses, être à l'affut des moindres renseignements, s'assurer de fidélités toujours prêtes à chanceler, et s'entourer de maintes précautions. Nous savions fort bien que le moindre courrier serait aussitôt livré en pâture à l'opinion, déformé et servirait à nous nuire. Il fallait être très prudent. Aussi, connaissant les difficultés auxquelles nous nous heurtions, j'avais une grande méfiance pour les projets divers, parfois insensés, que l'on nous soumettait. Mirabeau avait concocté un plan. Mais suivre le plan de Mirabeau, c'était se remettre entre ses mains, et je ne pouvais lui faire entièrement confiance sur un sujet aussi grave alors qu'il semblait toujours louvoyer entre l'Assemblée et nous.

Provence, en des temps plus anciens, avait lui aussi imaginé de nous enlever et de nous mettre à l'abri, mais je l'ai soupçonné de vouloir servir ses propres intérêts contre ceux de son frère. Je crois encore qu'il a été la cause qu'un certain Favras s'est entremis pour nous, a été découvert et a été exécuté. Je vois encore la veuve et le petit orphelin de ce pauvre homme, qui m'ont été présentés après l'exécution. On m'a décriée de les avoir reçus, et je sais bien que Provence voulait nous compromettre en nous les amenant, mais peut-on vraiment laisser dans une telle peine une femme et un enfant? Et je suis sûre que le marquis de Favras n'est pas le seul à avoir encouru ce martyre. Je me souviens encore de tant d'occasions! Un soir, avant de nous en aller pour passer l'été à Saint-Cloud, cette chère Campan nous a fait avertir par son mari qu'une voiture nous attendait pour nous emmener Dieu sait où. Nous étions en train de jouer aux cartes, le roi, les Provence et moi. Le roi n'a pas pipé, est resté impassible tandis que je m'inquiétais de son manque de décision, mais tout cela n'était pas sérieux et nous sommes restés. A Saint-Cloud encore, je ne sais quel complice avait imaginé d'habituer nos gardes à nos retours tardifs dans la soirée, après nos longues promenades à cheval. Nous pouvions en effet nous promener à cheval à Saint-Cloud. Je me trouvais entre les deux hommes de ma vie, le roi à ma droite, Fersen à ma gauche. Parfois, nous étions si près l'un de l'autre que je sentais au travers de ma jupe sa botte qui venait frapper ma jambe. Il nous arrivait de partir en un galop fou, comme si nous voulions atteindre un horizon qui nous donnerait une liberté infinie. La fuite, la liberté. Ce n'était qu'un rêve. Comment être libre sans les enfants? Je reviens sans cesse à ces derniers jours de Saint-Cloud, et ceux qui suivirent aux Tuileries, dès notre retour. Ils représentent mes derniers instants de bonheur, car je croyais encore à la liberté.

En habituant nos geôliers à nos retours tardifs, ce stratagème était censé nous permettre de nous évader sans attirer l'attention, en gardant plusieurs heures d'avance. Mais nous ne sommes jamais partis parce que mes tantes étaient encore dans leur château de Meudon et que nous ne pouvions les laisser derrière nous. Mon Dieu, combien sont-ils, au juste, ceux qui ont essayé de nous sauver et dont nous n'avons jamais rien su?

Non, le seul auquel nous pouvions faire confiance était Fersen. Lui m'aimait, ne voulait que mon salut, et il savait que mon salut allait de pair avec celui du roi. Il a passé la soirée de Noël 1790 avec moi, aux Tuileries. La première depuis longtemps. Il s'est entretenu avec le roi de ce sujet si grave qui le préoccupait et qui a nom la constitution civile du clergé. Pendant toute l'année, l'Assemblée s'est ingéniée contre les prêtres et contre l'Église. Les biens de l'Église ont été confisqués par la nation, et les députés ont imaginé une place nouvelle pour le clergé, c'était la constitution civile. Le roi a longuement hésité avant de donner son accord, et il l'a donné du bout des lèvres, parce que le pape y était fermement opposé. Mais ce n'était pas encore fini. Ce dont nous avons discuté avec Fersen en ce soir de Noël était le serment que devraient désormais prêter les prêtres à cette constitution. Le roi ne pouvait se résoudre à accepter le décret. Mais, par crainte de représailles de la foule contre nous ou contre l'Église, il a fini, la mort dans l'âme, par se rendre à l'évidence. Le lendemain de Noël, il a signé le décret. Mon pauvre mari se croyait déjà un traître et en état de désobéissance envers le pape. A Fersen avec qui il discutait de la façon dont on lui avait forcé la main, il déclara : « Je préférerais être le roi de Metz que de rester roi de France en de telles conditions; mais cela finira bientôt. »

VI

FUGITIVE

Ainsi, dès que nous sommes revenus de Saint-Cloud aux Tuileries, cette idée de fuite commence à germer dans nos esprits. Mais il fallait persuader le roi.

Comme ces derniers temps aux Tuileries ont été merveilleux! Fersen venait presque tous les soirs. Il risquait sa vie dans ces va-et-vient, car il était en principe en Belgique. Je ne comprends pas qu'il n'ait jamais été arrêté. Et pourtant je savais qu'il était recherché. Était-ce providentiel? Je ne pense pas que La Fayette ait fait relâcher la garde pendant la nuit. Le fait est qu'Axel entrait par la petite porte dérobée des sous-sols et montait directement chez le roi, avec lequel il avait de longs entretiens auxquels j'assistais parfois. Ensuite, il passait chez moi où il restait quelques instants. C'est durant ces instants que le caractère d'Axel m'est apparu dans son exacte vérité. Comme les hommes sont étranges! Pendant des années, près de vingt ans, nous nous sommes souvent rencontrés, fréquemment avec des témoins, parfois seuls pour de trop courts moments. Ma passion, mon amour et mes façons d'agir ont toujours été les mêmes. Les hommes ont parfois de si différentes manières, que cela m'a toujours déconcertée. Le seul qui a toujours, toujours été le même avec moi, sans changer, c'est mon mari, mon bon roi. Mais Fersen, selon le lieu, selon l'entourage, était tellement différent de ce que j'attendais. Parfois froid et distant, puis soudain tendre et gai, souvent glacial et sinistre, à tel point qu'il m'arrivait, lorsque j'étais seule, de sombrer en désespoir, étant persuadée que Fersen se jouait de moi et qu'il ne croyait pas en mes sentiments. Cependant, lorsque je redevenais moi-même, je trouvais vraiment admirables les hommes qui se contrôlent si durement, qui savent réprimer tout sourire, tout regard, pour ne pas compromettre la femme qu'ils aiment lorsqu'ils sont en public. Quelle embellie quand, pendant un instant de sombre solitude, vous recevez un merveilleux sourire de tendresse et un regard passionné. Voilà, pendant vingt ans, ce qu'ont été mes espérances quotidiennes.

Ce printemps de 1791 a été, je pense, le temps de ma vie le plus équilibré. Ma vie de famille était calme et réglée. J'avais une activité politique passionnante. Je n'ai jamais tant écrit de ma vie, ni reçu tant de lettres et de messages, une grande partie d'entre eux chiffrés et codés, ce qui me prenait beaucoup de temps. Pendant cette période, les hurlements sous nos fenêtres se sont presque calmés. A l'Assemblée il y a eu discours contre discours entre Mirabeau, Barnave, Lameth, La Fayette et Pétion. Tout ce beau monde s'affrontait pour arriver à une solution définitive des textes de la Constitution.

Pendant les soirées en famille, on discute, on commente, mais personne ne s'éternise aux Tuileries, et tout le monde rentre chez soi. Les gardes se dispersent et somnolent dans les coins, les quinquets tremblotent, c'est l'instant, tel un voleur, où Axel pénètre dans le château et monte directement chez le roi, où tous les deux parlent indéfiniment. Je redescends chez moi et j'attends. Qu'est-ce que j'attends? Les femmes passent leur vie à attendre, l'homme qu'elles aiment, les enfants qu'elles attendent, ensuite elles attendent qu'ils reviennent de la guerre et que le feu prenne dans la cheminée, que la soupe soit chaude pour ceux qui rentrent. Et moi, dans ma chambre, j'attends mon amour, le calme, la sérénité, la sagesse. En ces temps affreux, oui, ils sont affreux, affreux pour tous, même pour ces malheureux qui crient sous mes fenêtres, j'attends Axel de Fersen, celui qui

134

transforme pendant de courts instants ma vie actuelle, cette vie qui est presque un cauchemar. Il la rend heureuse, il calme mon cœur et dirige mon esprit vers des solutions raisonnables. Et puis il repart dans la nuit, invisible aux gardes, vêtu de son costume brun de bourgeois parisien avec son chapeau rond. Il est rapide et silencieux, dans la foule hostile. Il s'en va vers l'hôtel du sieur Crawfurde, rue de Clichy. Là-bas, il retrouve une société très mélangée. Il s'y trouve des Suédois, des Anglais, il y a surtout Eleonor Sullivan, l'épouse de Crawfurde, et je pense la maîtresse d'Axel. Tant de femmes se pâment en sa présence. Quant à savoir laquelle a été ou sera sa maîtresse, je n'en ai cure, car je sais que je suis différente des autres, et je sais qu'Axel a pour moi des sentiments autres que ceux qu'il éprouve pour toutes ces autres femmes. Il ne m'a jamais écrit qu'il m'aimait. Pourquoi donc suis-je si sûre ? Suis-je vraiment si sûre de lui ? De moi, oui, je sais que je l'aime plus que tout au monde, d'une manière différente de ceux que j'ai aimés jusqu'à présent. Mais de lui ? Plus je m'éloigne de la vie, plus je pense à cet amour qui m'étonne. Me serais-je trompée moi-même pendant vingt ans ? Que de lettres ne nous sommes-nous pas écrites ! Les miennes sont sans équivoque, mais les siennes ? J'en relisais souvent, j'essayais d'y découvrir un sens caché, mais les mots chiffrés ne concernent que les hommes qui jouent un rôle dans l'état actuel. Axel ne me donnait que des conseils, sur la politique que je devais avoir envers ces messieurs. Des conseils, des conseils, et même des ordres ! Et je lui obéissais aveuglément. Ai-je eu tort, ou ai-je eu raison ? Parfois, les conseils qu'il m'a donnés me faisaient jouer un rôle tellement en porte-à-faux, que je ne me reconnaissais même pas. Cette période de travail, d'affolement, de fatigue intense, a eu lieu après notre voyage. Je préfère penser aux heures pleines d'espoir qui ont précédé ces derniers jours aux Tuileries.

A force de tourner ces pensées, je suis quand même persuadée qu'il m'aimait, à sa manière. Je sais qu'il m'adorait, plus qu'il ne m'aimait. Quel genre de passion avait-il envers moi? Je ne sais pas. Je sais que j'étais heureuse près de lui, je sais qu'il aurait donné sa vie pour me sauver, et que par amour pour moi il a essayé de sauver toute ma famille, mais de là à comprendre! Sa façon de m'aimer est à lui, mais j'aurais quand même préféré qu'il m'aimât plus simplement, non pas comme une reine que l'on admire et respecte trop, mais comme une simple femme. Je saurai le fin mot de cet amour lorsque je serai morte, dans très peu de temps.

Pourquoi ai-je aimé Axel dès les premiers instants que je l'ai rencontré? A la cour, pourtant, il ne manquait pas d'hommes beaux, brillants, qui avaient certains sentiments pour moi. Je le savais, cela me faisait plaisir, ma vie n'en était pas pour autant changée. Évidemment, je suis sensible à la beauté, et il était très beau. Mais ce n'est pas une raison suffisante. Je ne comprends pas comment soudain, toute votre vie prend un autre aspect pour un simple regard. Et ce regard, vous le cherchez, vous l'attendez constamment.

Je sais que je l'aimais, mais jusqu'à notre dernière rencontre, j'ai parfois douté de son amour pour moi.

Combien d'heures me reste-t-il encore à revivre mon passé? Au lieu de rêver à ces derniers jours d'un certain bonheur, je devrais, mon Dieu, penser à Vous. Mais laissez-moi encore, s'il Vous plaît, me revoir dans mon bonheur. Il y eut les préparatifs de notre départ des Tuileries pendant plusieurs jours. J'écrivais de longues lettres à Mercy, où je lui disais, je m'en souviens comme si c'était hier :

Notre position est affreuse, et telle que ceux qui ne sont pas à portée de la voir ne peuvent pas s'en faire une idée. Il n'y a plus qu'une alternative ici pour nous : ou faire aveuglément tout ce que les factieux exigent, ou périr par le glaive qui est sans cesse suspendu sur nos têtes. Croyez que je n'exagère point les dangers. Vous savez que mon opinion a été autant que je l'ai pu la douceur, le temps et l'opinion publique; mais aujourd'hui, tout est changé. Ou il faut périr, ou il faut prendre un parti qui seul nous reste. Nous sommes bien loin de nous aveugler au point de croire que ce parti même n'a

136

pas ses dangers. Mais s'il faut périr, ce sera au moins avec gloire et en ayant tout fait pour nos devoirs, notre honneur et la religion.

Je crois les provinces moins corrompues que la capitale. Mais c'est toujours Paris qui donne le ton à tout le royaume.

Les clubs, les affiliations mènent la France d'un bout l'autre; les honnêtes gens et les mécontents quoique en grand nombre ont fui leur pays ou se cachent, parce qu'ils ne sont pas les plus forts et qu'ils n'ont pas de point de ralliement. Ce n'est que quand le roi pourra se montrer librement dans une ville forte qu'alors on sera étonné du nombre de mécontents qui paraîtront et qui jusqu'ici gémissent en silence. Mais plus on tardera, moins on aura de soutien. L'esprit républicain gagne chaque jour dans toutes les classes. Les troupes sont plus tourmentées que jamais et il n'y aurait plus aucun moyen de compter sur elles si on tardait encore.

Eh oui, je voyais juste. Et pendant ce temps, à Coblence comme à Turin, tous se croyaient des héros. Aux Tuileries, nous pensions sérieusement à quitter Paris. Nous en parlions en secret. Le roi n'était sûr de rien et ne prenait aucune décision. Il ne voulait pas d'une sortie des Tuileries et de Paris durant la nuit. « Un roi ne s'en va qu'en plein jour, quand c'est pour être roi. » Il avait raison, mon bon Louis, mais était-il encore roi? Finalement, j'ai pris tout en main. Après toutes mes réflexions, comme celle que j'ai écrite à Mercy à Bruxelles. Mercy était un des seuls en qui le roi et moi-même avions confiance, ainsi qu'en Fersen, qui nous a dit maintes fois qu'il ne vivait que pour nous servir. Dès la fin de 1790, les préparatifs prirent un sens plus positif. Et Fersen eut de longs conciliabules avec le roi pour organiser tous les plans.

Après Noël nous sommes arrivés à persuader le roi de l'urgence de mettre les choses clairement au point. J'ai écrit au baron de Breteuil, son ancien ministre, et celui-ci lui fit passer des plans.

Voici que les choses se mirent à bouger. Tous les derniers

137

événements firent réfléchir l'entourage du roi. Monseigneur d'Agout se rendit en mission auprès du marquis de Bouillé, qui avait une bonne renommée dans l'armée pour avoir maté la mutinerie de Metz. Celui-ci envoya son fils Louis qui arriva aux Tuileries plein de zèle. Et l'on commença à mettre au point la stratégie de notre départ. Louis de Bouillé convoqua plusieurs fois Fersen chez lui, non loin de la rue Matignon. Je ne sais point si ces messieurs s'entendirent bien. J'ai eu l'impression que Fersen devenait de plus en plus autoritaire, ce qui ne plaisait pas à notre entourage. A sa défense, je pense qu'il mettait tant d'ardeur à nous sauver qu'il voulait en être seul responsable. Axel faisait de perpétuelles allées et venues pour tout organiser au mieux. Tout le monde s'agitait autour de nous, surtout Esterhazy qui revenait sans cesse à la charge. Déjà à l'été 1790, il conseillait de passer par Chantilly. Il m'en avait parlé mais j'avais été outrée dans ma réponse négative car il voulait me faire fuir sans le roi. Ensuite, on intercepta une lettre qu'Élisabeth écrivit à Artois. Cette lettre fut lue à l'Assemblée. Elle disait que le roi ne faisait rien sans les ministres, vendus à la constitution et qu'il n'y avait donc rien à espérer. Ce fut une catastrophe car on se mit à nous surveiller d'encore plus près.

Pendant ce printemps 1791, Axel logeait chez Esterhazy à Auteuil. Pendant ce séjour, je le vis moins. Il montait à cheval au bois de Boulogne, allait au théâtre et menait une vie fort agréable. J'en ai été quelque peu vexée. J'ai su qu'il retrouvait à cette époque ses chères amies Georgina et Beth. Elles logeaient chez la duchesse de Fitzjames qui avait elle aussi une maison à Auteuil. Dans leur cercle, il y avait également la duchesse de Devonshire. Tout ce monde paraissait bien s'amuser, sans inquiétude. Ces dames continuaient à se couvrir de colifichets et jolies robes achetées chez Rose Bertin. Et moi, pendant ce temps-là, je l'attendais.

Voyons, étais-je jalouse, envieuse? Axel était heureux auprès de ses amies, en liberté. J'étais heureuse pour lui, mais plus le temps coulait, plus je me rendais compte que je n'étais pas sa seule et unique joie. J'avais quand même un petit pincement au cœur. J'essayais de me faire une raison. Je n'avais pas le droit d'exiger quoi que ce soit de lui, il me donnait déjà tant, ce qui était un surplus dans ma vie. Malgré tout, les allées et venues d'Axel continuèrent lorsque nous retournâmes aux Tuileries. A chaque fois, il emportait des effets et des objets que nous voulions prendre avec nous et qu'il expédiait à Bruxelles, entre autres les bijoux d'Élisabeth.

Bouillé demanda à être fixé sur la date du départ. Ce qui était le plus difficile à obtenir du roi. Quoi qu'on ait dit, celui-ci n'a jamais voulu quitter la France. Il désirait s'installer à Metz ou à Valenciennes, des villes fortes. Mais voilà que Mercy s'en mêle. Il ne voulait absolument pas que nous nous réfugiions dans le nord de la France, par crainte des Pays-Bas, avec lesquels il venait de signer un traité de pacification. On se mit d'accord pour Montmédy. Lorsque l'on a prétendu plus tard que le roi et moi-même avions trahi la France, j'ai moi-même entendu le roi dire à Bouillé : « Je préfère Montmédy car c'est une ville fortifiée, et en cas d'attaque de l'ennemi je pourrai m'y défendre. » Bouillé conseillait que nous prenions plusieurs charrettes anglaises légères pour aller plus vite. Mais nous aurions été séparés et pour tout au monde je voulais rester auprès du roi et des enfants. Avais-je peur pour moi d'être séparée du roi ? Non, j'avais peur pour lui et les enfants. Toujours si sûre de moi, je pensais pouvoir les défendre, les sauver à ma place. Mon orgueil et ma vanité ont été funestes. Ou était-ce mon manque de connaissance du changement tellement rapide de la manière de penser de ce nouveau monde ?

Fersen, pour me faire plaisir, commanda une énorme berline capitonnée en velours blanc d'Utrecht, avec toutes les commodités possibles. Une quantité d'affaires personnelles et de costumes d'apparat pour les réceptions à Montmédy devaient suivre dans une autre berline, plus petite, avec les femmes de chambre. Comme j'étais sotte et imprévoyante ! J'avais encore gardé les manières de mon éducation des

139

deux cours où j'avais vécu. Je ne voyais pas encore une autre façon de vivre. Je me suis quand même adaptée à cette nouvelle vie, tellement différente de ce que j'avais vécu depuis mon enfance. Dans ces derniers préparatifs, Madame Campan, plus clairvoyante que moi-même, me dissuadait d'emmener tant de belles robes, en me disant qu'une reine de France trouverait certainement de quoi se vêtir n'importe où. Elle avait raison, la chère Campan, mais ses dires étaient bien optimistes.

Louis de Bouillé alla rejoindre son père avec un accord signé du roi, dont Fersen garda l'original. Le roi y stipulait que parmi les itinéraires proposés, il refusait ceux qui lui auraient fait passer la frontière une partie du trajet.

Le fils Bouillé et Fersen, avant de se quitter, convinrent d'un chiffre que j'ai dû employer moi-même par la suite. Ce chiffre suédois était le plus sûr de l'époque, mais tellement compliqué! J'en ai eu la migraine plusieurs fois.

La question de la berline a été résolue encore une fois par une amie d'Axel, la baronne de Korff, veuve d'un officier russe très riche. Elle commanda elle-même cette grande voiture en expliquant qu'elle désirait retourner en Russie avec sa mère, veuve d'un banquier suédois, Stegelman. Ces deux dames s'occupèrent de tout l'arrangement de ce moyen de transport.

La voiture devait être livrée fin février. J'étais très inquiète, car déjà des bruits couraient sur notre possible départ. On nous fit parvenir le journal de l'affreux Marat, *L'Ami du peuple*, où étaient décrites toutes les possibilités de nos éventuels lieux de refuge. Comme il voyait bien!

On veut à toute force l'entraîner [Louis XVI] *dans les Pays-Bas, sous prétexte que sa cause est celle de tous les rois d'Europe. Vous êtes assez imbéciles pour ne pas prévenir la fuite de la famille royale. Parisiens, insensés Parisiens! Je suis las de vous répéter : gardez avec soin le roi et Dauphin dans vos murs, renfermez l'Autrichienne, son beau-frère, le reste de la famille. La perte d'un seul jour peut être fatale à la nation et creuser le tombeau à trois millions de Français.*

140

J'étais atterrée, surtout que mon bon Louis était tombé assez malade. Il s'est relevé de ce mauvais état plus indécis que jamais. En mars, rien ne se décide. Mes tantes avaient obtenu l'autorisation de partir à Rome pour faire leurs Pâques. Je ne les ai plus jamais revues. A quand notre tour ? La berline est prête, Axel la cache chez lui avenue Matignon. Et tous les soirs, il vient nous voir. Les émigrés d'une part, à force de s'impatienter de ne rien voir de notre côté, écrivaient beaucoup trop et n'importe quoi. A Paris, les bruits les plus fous circulaient. Par exemple, que nous faisions creuser un souterrain des Tuileries à Vincennes. Les braves badauds ne se trompaient qu'à moitié, car en effet j'ai fait faire des portes communicantes entre tous nos appartements pour ne pas avoir à passer par les corridors. Le boulevard Saint-Antoine s'agita, voulant détruire le donjon de Vincennes, pensant que nous allions nous y réfugier. Des jeunes gens un peu fous voulurent nous protéger et accoururent aux Tuileries munis d'épées. Ils furent un peu bousculés par les gardes nationaux. Les émigrés apprenant cela de loin baptisèrent cette petite échauffourée de journée des poignards. Voilà comment, en ces temps troublés, le moindre événement prenait de l'importance tandis que les plus graves étaient passés sous silence.

Axel devenait de plus en plus anxieux, autoritaire et secret. A ses risques et périls, il transportait les dizaines de lettres que j'écrivais, soit à mes amis restés en France, soit à l'étranger. Celles-ci, très difficiles à écrire pour être précises et ne laissant aucune équivoque sur nos projets et les désirs du roi. Je n'ai jamais été aussi épuisée de toute ma vie et je perdais mon calme. Nous manquions d'argent. Axel se démenait pour trouver le nécessaire pour payer la berline et autres frais. Ses amies Stegelman, de Korff et Eleonor Sullivan avaient déjà réglé une partie de la berline et avancèrent encore cent mille livres. Le valet de Fersen, Louvet, le brave homme, ajouta encore trois mille livres de sa poche. Les événements se succèdent avec une telle rapidité que nous avons à peine le temps de les commenter.

141

Le 10 mars, le pape a solennellement condamné la constitution civile du clergé. Cela a conforté Louis dans sa décision de ne pas être d'accord avec l'Assemblée, n'étant pas libre lorsqu'on lui força la main pour signer ce décret. Le 17 avril, fête des Rameaux, nous avons eu la messe aux Tuileries, célébrée par un prêtre réfractaire et cela a causé le soir même aux Club des Cordeliers de vives protestations, accusant le roi d'être un ennemi de la révolution. Le lendemain, nous voulions partir tous pour Saint-Cloud, mais Bailly, le maire, nous le déconseilla. Le roi insista en disant « c'est un comble, j'ai signé pour mon peuple une liberté totale et je suis le seul prisonnier ». Nous sommes quand même montés en voiture, mais encore une fois une foule hostile nous arrêta. La garde nationale s'en mêla, La Fayette accourut, encore une fois il s'agita sans résultat. Toute la famille était prisonnière dans son carrosse. Il y eut deux heures de discussions, de cris, de coups donnés à ceux qui nous protégeaient. Pendant ces deux heures, nous sommes restés tellement calmes que j'ai pensé : « S'habitue-t-on vraiment à être injurié ? » J'avais l'impression que tout coulait sur nous sans nous pénétrer. Nous avions même entre nous une conversation. A la fin, j'en ai eu assez, je suis sortie, et de la part du roi, j'ai dit que nous allions rentrer. Aussitôt la foule se calma et, comble d'incohérence, nous acclama. Au moment où nous entrâmes aux Tuileries dans les acclamations, j'ai pensé en moi-même que nous étions en train de leur obéir. J'ai dit merci à ceux qui nous témoignaient de la sympathie. En même temps, j'enrageais intérieurement, car nous avions dû céder à cette foule hargneuse. Pour me défendre de ce sentiment, j'ai lancé à la cantonade : « Vous avouerez tout de même que nous ne sommes plus libres ! »

Ce perpétuel contrôle de soi mettait mes forces et mes nerfs à bout. Toute cette petite émeute a éclaté lorsque le peuple de Paris venait d'apprendre que nos tantes, filles de feu le roi, venaient d'émigrer. Provence, au palais du Luxembourg, eut à essuyer comme nous des protestations véhémentes. Il se défendit en jurant qu'il ne quitterait jamais le roi. Pendant ce temps, Fersen continuait à s'agiter pour les préparatifs. Et chaque fois qu'il ressortait des Tuileries, il continuait à se charger de mille objets. Entre autres, un uniforme brodé d'or que Louis tenait à revêtir pour une hypothétique parade militaire.

Malgré ma fatigue, mon énervement, je vais vivre les derniers jours heureux de ma vie. A cette époque-là, je trouvais ma vie longue, tellement pleine que tout se bouscule dans ma tête. Les derniers jours avant notre départ ont été bien éprouvants. Le soir, après notre repas en famille, les uns rentraient chez eux, les enfants étaient endormis, et le roi remontait chez lui ainsi qu'Élisabeth, qui retournait près des enfants, et je restais seule chez moi. J'avais l'impression que mes bras tombaient le long de mon corps, après avoir soutenu la famille durant tout le jour. Sans que je m'en rende compte, les larmes coulaient le long de mes joues. Parfois, je restais debout devant mes fenêtres, à regarder le ciel d'été aux dernières lueurs du jour. Mon regard se perdait très loin, au-delà du jardin, jusqu'à la grand-place qui jadis avait été un potager. C'était avant qu'on y dresse les échafauds. J'étais dans une contemplation vague, oubliant même, malgré la fatigue, de m'asseoir. Malgré tout, je me sentais en sécurité, car depuis plusieurs semaines j'avais obtenu la permission de m'enfermer à clé. Un jour, en revenant de la ville illuminée, je dis à Campan « comme c'est triste que quelque chose d'aussi beau ne laisse dans nos cœurs qu'un sentiment de tristesse et d'inquiétude ». Il est vrai que cette inquiétude était perpétuellement dans le fond de mon cœur. Tout était tranquille pour l'instant en ville, mais en apparence seulement. Comme je l'écrivais à Fersen, en ce temps :

Tout est assez tranquille pour le moment, en apparence, mais cette tranquillité ne tient qu'à un fil, et le peuple est toujours comme il était, prêt à faire des horreurs. On nous dit qu'il est pour nous, je n'en crois rien, au moins pour moi. Je sais le prix qu'il faut mettre à tout cela. La plupart du temps, cela est payé, et il ne nous aime qu'autant que nous faisons

143

ce qu'il veut. Il est impossible d'aller longtemps comme cela, il n'y a pas plus de sûreté à Paris qu'auparavant, et peut-être moins encore, car on s'accoutume à nous voir avilis...

Je pensais que je ne savais quelle contenance avoir ni quel ton prendre.

Tout le monde m'accuse de dissimulation, de fausseté, et personne ne peut croire, avec raison, que mon frère s'inté-resse assez peu de l'affreuse position de sa sœur pour l'expo-ser sans cesse sans lui rien dire. Oui, il m'expose, et mille fois plus que s'il agissait. La haine, la méfiance, l'insolence sont les trois mobiles qui font agir dans ce moment ce pays-ci. Ils sont insolents par excès de peur. Et parce que en même temps ils croient qu'on ne fera rien au-dehors... Il n'y a rien de pis que de rester comme nous sommes. Il n'y a plus aucun secours à attendre du temps et de l'intérieur.

Ce qui me fatigue le plus actuellement, ce sont nos réunions de famille qui réjouissent le roi. Mais il ne se rend pas compte que finalement nous parlons souvent de choses bien trop sérieuses, que certaines oreilles ne devraient pas entendre. Élisabeth est perpétuellement en rapport avec Artois. Elle est tellement indiscrète, tellement dominée par ses frères, et par des amis intrigants, qu'il n'y a pas moyen de se parler ou alors il faudrait se quereller tout le jour. C'est pour toutes ces raisons que je suis excédée, et malgré les meilleures intentions de chacun, tout le monde s'énerve, et cela finit par être invivable. J'aimerais tant que Fersen revienne, lui au moins est pondéré, et sait me calmer. J'ai pu lui envoyer des messages, par quelques amis, entre autres Esterhazy. Une lettre tellement passionnée que j'ai eu peur même en la remettant à un ami sûr. A ce moment-là, j'ai eu tort de lui envoyer des lettres pleines d'angoisse où je lui décrivais d'une manière – était-elle exagérée ? – les supplices que j'endurais. Et ces messages l'ont fait revenir. C'était un bonheur, mais en même temps j'avais peur pour lui, car il était loin d'être aimé du peuple.

Ces derniers jours avant notre départ, je les ai vécus comme une somnambule. J'étais d'un calme de morte. Fersen me racontait où en étaient les préparatifs, avec mille détails. Je le regardais sans l'écouter, ce n'était pas de l'indifférence pour notre expédition, mais c'est si merveilleux de pouvoir contempler quelqu'un que l'on aime lorsqu'il parle et n'a pas l'air de penser à vous. On le regarde comme un tableau. J'entendais la musique de ses paroles. Et j'étais vraiment peu encline à écouter des choses ennuyeuses. Lorsque j'arrivais à capter son regard, il se taisait, me souriait. Comment décrire le bonheur, comment décrire l'émotion, comment décrire le corps qui s'abandonne? Et la nuit noire emportait mon amour vers d'autres lieux, et je n'avais même pas eu le temps de lui dire tout ce que j'avais envie qu'il sache ou tout ce que j'avais envie de savoir de lui, une fois qu'il avait passé ma porte.

Axel revint encore le 20 juin, dans l'après-midi, et parla longuement avec le roi. Pendant ce temps, Élisabeth et moi-même nous paraissions bien naturelles dans nos préparatifs de la Fête-Dieu qui devait avoir lieu le 23. Ensuite, je suis sortie comme d'habitude me promener avec les enfants dans les jardins. Ils étaient heureux, riaient, sautaient, couraient, me demandant mille choses. Et cette promenade que je pensais être la dernière à Paris me remplit d'émotion. Axel nous quitta rapidement et Louis lui dit : « Monsieur de Fersen, je n'oublierai jamais ce que vous faites pour nous. » Et il lui remit huit cents livres sur sa liste civile qu'il venait de recevoir, pour payer les frais courants.

Nous aurions dû partir le 19 juin, mais une de mes femmes de chambre étant la maîtresse d'un républicain forcené, j'avais peur de fuites. J'ai donc demandé de remettre le départ au 20. Ce jour-là, cette femme de chambre ne devait pas venir. Tous ces retards étaient une erreur. Et Fersen s'exaspérait, le malheureux; il se donnait tant de peine pour la réussite de ce projet insensé. Mais c'était notre dernière chance. Le 20 dans la journée, simulant toujours l'indifférence, je conduisis les enfants avec Élisabeth au

Tivoli. Ensuite, notre dîner en famille se déroula comme tous les soirs. Les dernières heures avant notre départ s'écoulèrent comme une journée sans lumière, sans bruit. Est-ce que je respirais? Je n'entendais que mon cœur battre comme un tambour lointain. Notre dîner de famille me paraissait morne. Cependant, les conversations étaient bien vivantes entre le roi, Provence et Élisabeth. J'agissais comme d'habitude. La réunion, au grand salon, me paraissait une veillée funèbre. Je me retirai alors sans préambule, pour coucher les enfants. Je congédiai les femmes de chambre. Tout cela sans éveiller aucun étonnement, et je rejoignis la famille au salon.

Je ne tiens pas en place, le roi est quant à lui impassible. Il m'étonne, car je sais qu'il est encore plus anxieux que moi. Je me demande s'il a des nerfs. Moi, j'en ai de trop. La conversation continue paisible. Enfin, vers dix heures, tout le monde se retire. Les Provence regagnent le Luxembourg. Je remonte chez les enfants, en épiant de toutes parts de peur de rencontrer un garde. En pénétrant chez ma fille, ma mignonne Mousseline, celle-ci se réveille effrayée. Je la caresse et je donne l'ordre incongru à Madame Brugnier d'habiller ma fille. La pauvre femme ne dit rien, tant, en ces temps troublés, on s'attend à tout. Je vais réveiller mon chou d'amour en lui murmurant que nous partons pour une place de guerre où il y a beaucoup de soldats. Il est immédiatement enthousiasmé et demande son épée et son habit de soldat. Il est fort déçu lorsque la chère Tourzel l'habille en fille. Mais étant à moitié endormi, il ne proteste pas trop. « Vite, vite », dis-je à Tourzel qui était dans le secret et était restée cachée au lieu de rentrer chez elle. Tourzel descend les enfants chez moi. Lorsqu'ils arrivent, à la surprise de tous, Monsieur de Malden, un ami d'Axel, sort d'un placard où l'incomparable Fersen lui avait dit de se cacher. Accompagnés de Malden, la chère Tourzel tenant les enfants par la main, nous arrivons à la porte de la Poterne qui était ouverte. Avec précaution, je regarde dehors. Il n'y a pas grand-monde, mais la place du Carrousel est très éclairée. Je vois arriver un homme avec perruque et costume de cocher. Je reconnais la démarche de Fersen. Il prend le Dauphin dans ses bras, et suivi de Madame de Tourzel tenant ma petite Madame Royale par la main, il s'éloigne. A ce moment, ils eurent une émotion. Le carrosse de La Fayette vient à passer. Ma petite Mousseline le reconnaît et s'écrie : « Mais, c'est Monsieur de La Fayette. » Tourzel la cache rapidement derrière ses jupes. Il passait en effet, suivi du maire, Bailly. La Fayette allait chez le roi. Je vois les enfants partir sous la protection du seul homme à qui je puisse confier ce que j'ai de plus cher. Ils vont prendre un vieux fiacre où, sous la garde d'Axel, les enfants s'endorment. Fersen fait faire tout un tour au fiacre pour se placer plus loin au deuxième lieu de rendez-vous. Un passage entre le grand et le petit carrousel, que le roi et moi-même devons aller rejoindre à pied.

Les deux femmes de chambre partent en voiture à Clayes pour y attendre le carrosse. Pendant ce temps, je remonte chez moi, et Malden va chez le roi. Élisabeth est déjà chez elle. Je me fais déshabiller par mes femmes, comme toujours, je leur donne les ordres pour le lendemain et en partant elles éteignent les lumières. Alors je m'habille rapidement, avec une robe très simple. Et je me coiffe d'une espèce de stupide chapeau avec voilette.

Pour le roi, c'était beaucoup plus compliqué. Il devait recevoir La Fayette, pour sa visite quotidienne. Louis me raconta par la suite qu'il faillit perdre patience car le blondinet n'en finissait pas de lui faire des rapports sans suite et bien inutiles. Enfin, à onze heures et demie, cet importun partit. Plus tard, enfin dans la berline, le roi me fit en riant le récit de ces derniers instants. En riant comme un enfant qui a fait une bonne farce. Son valet de chambre le déshabilla bien tranquillement, mais conformément à l'usage le valet de chambre dort dans la chambre du roi, un cordon lié à son poignet, dans le cas où le roi aurait besoin de lui.

Le roi se met au lit, fait tirer les rideaux du baldaquin, et il attend que son valet de chambre se retire pour se déshabil-

147

ler à son tour dans un cabinet voisin. Pendant ce temps, le roi saute du lit, ferme bien ses rideaux, laisse pendre le cordon et, pieds nus, en chemise de nuit, se précipite par la porte opposée dans la chambre de son fils où Malden lui a préparé tout son déguisement. Costume vert bouteille, une perruque assez laide et un chapeau rond. Pendant ce temps, le brave valet revient silencieusement, enroule autour de son bras le long cordon de son roi bien-aimé qui pend du baldaquin bien fermé. A cet instant, mon roi descend le petit escalier où l'attend Malden qui le conduit jusqu'au fiacre où Fersen attend en faisant les cent pas en sifflotant autour du fiacre, comme un bon cocher.

Ensuite, ce fut le tour d'Élisabeth qui, myope comme une taupe, ne vit pas tout de suite le fiacre et s'assit sur un banc où Fersen alla la chercher. Nous ne voulions pas partir en groupe pour ne pas nous faire remarquer, la place étant assez fréquentée. Je sortis la dernière comme le chien de berger, pour être sûr qu'il n'y avait aucune brebis qui traînait. Mais je pris peur lorsque je vis un groupe d'hommes venir vers moi. Je me jetai alors dans une impasse et dans mon affolement je me perdis un peu. Madame de Tourzel me dit plus tard que le roi était affreusement inquiet et qu'il voulait retourner me chercher. Mon si bon mari! comme cela m'a touchée! Enfin, nous étions tous réunis dans cette voiture, notre barque de sauvetage conduite par mon nautonier Axel. Et fouette cocher. Mais mon Fersen était habitué à être lui-même conduit. Et je crois qu'il s'est un peu perdu car la traversée de Paris n'est pas une petite affaire. Le roi, pour qui l'heure et le temps comptaient beaucoup, constata que nous passâmes la porte à deux heures du matin au lieu de minuit. Deux heures en retard que nous n'avons jamais pu rattraper sur le temps que le roi et Fersen avaient décidé avec Bouillé.

Et voilà que derrière la barrière, nous ne trouvons pas tout de suite la berline. Quelle angoisse! Enfin la voilà, et Fersen nous conduit alors près de notre énorme berline et nous nous y installons. Mon ami reprend les rênes, le vrai cocher près de lui sur le siège. Celui-ci ne s'inquiète pas du train d'enfer avec lequel Fersen conduit. Les chevaux peuvent bien crever, ce ne sont pas les siens. Sur les quatre qui nous emmènent, trois sont à Fersen. En une demi-heure, nous sommes à Bondy. J'ai un souvenir affreux de ce petit matin qui se lève, les aubes de juin sont les plus belles du monde. Cependant, ces instants à Bondy ont été comme un mauvais rêve, mêlé aux piétinements et odeurs des chevaux que l'on nous a changés. Six, tout frais, au lieu des quatre fourbus.

Axel aurait voulu nous accompagner à cheval. Mais le roi s'y est opposé fermement. Pendant quelques instants, il nous a tout de même escortés en se tenant près de la portière. Je l'ai contemplé les larmes aux yeux, il nous salua d'un bref : « Adieu, Madame de Korff », et il s'est éloigné rapidement. Ce nom de Madame de Korff devait donner le change aux postillons, mais je l'ai ressenti comme une affreuse coupure. Je suis vraiment trop sentimentale. Avec ceux que j'aime, je ne vois toujours que l'instant présent, sans penser au pourquoi et à la raison de certaines paroles ou certains gestes. Je les vois au travers de mon imagination passionnée. Adieu ! Je pensais ne plus jamais le revoir, seulement parfois dans mes rêves. La berline roulait bon train. Nous étions silencieux. L'aurore pourpre et d'or annonçait une journée très chaude. Les enfants, à moitié réveillés, nous regardaient avec étonnement. Oui, j'étais la gouvernante des enfants de Madame de Korff, et la chère Tourzel était elle-même Madame de Korff. Les enfants nous observaient, et nos tenues leur ont fait poser des questions. Le roi n'était plus le roi, mais un majordome. Il paraissait très à l'aise dans son nouveau rôle, la simplicité lui convenait tellement bien ! Le souvenir de ce petit matin de juin me donne encore des émotions. Le bruit des roues sur la route dure, la cadence du trot régulier des chevaux, mes pensées suivaient ce rythme. Mon chou d'amour s'est encore endormi, en petite fille bien sage, entre le roi et la chère Tourzel, et moi en face, avec Élisabeth. Et Mousseline était entre nous deux. Elle ne dormait pas et posait de temps à autre des questions. Elle voulait des explications. Elle ne comprenait pas bien les raisons de ce voyage étrange, tous vêtus de façon si incongrue. Chère enfant, chers enfants, nous étions encore tellement heureux dans cet équipage. Une véritable coque de noix, flottant sur un océan de fureur. Nous nous sentions tous à l'abri, si bien réunis. Que d'illusions! Quand je songe à ces derniers souvenirs de préparatifs, des angoisses, de l'agitation, de nos va-et-vient dans ce grand palais.

Et maintenant nous sommes bien au calme, nous croyant en sûreté dans cette embarcation, traversant une campagne si belle, si calme, qui s'éveille paisiblement au chant des alouettes. Je sens se desserrer mille liens qui m'étouffaient. Je suis la gouvernante, Madame Rocher, et mon cher mari l'intendant, Monsieur Durand. Élisabeth est la femme de chambre. Et soudain nous sommes tous pris d'un fou rire. Malgré tout, je pense que c'était pour nous empêcher de pleurer. Et le roi a eu faim. De tiroirs sous nos sièges, nous sortons les provisions qui sont abondantes, la vaisselle et les couverts. Sans nous arrêter, je passe par la fenêtre un en-cas à Malden et aux autres gardes du corps, Moustiers et Valory. Et petit à petit les enfants s'organisent dans leurs jeux. Nous bavardons tous les quatre avec entrain. Le roi explique aux enfants sur une carte par où nous passons.

Au premier relais, vers six heures du matin, à Meaux, beaucoup dorment encore dans le village. Tout est tranquille, personne ne demande les papiers de Madame la baronne de Korff qui se rend en Russie, dit-elle. Vers sept heures, nous traversons La Ferté-sous-Jouarre. Nous allons bon train, mais sans trop de hâte. Nous étions heureux. Nous fîmes une halte pour nous détendre. Les enfants couraient dans l'herbe si haute qu'ils pouvaient s'y cacher. Nous marchions dans un vallon, à l'ombre fraîche des arbres. Élisabeth confectionna un ravissant petit bouquet. C'était vraiment trop beau pour durer. Cette petite parenthèse dans notre vie me fait l'impression d'un joli tableau accroché dans mon cœur. Je revois le roi si grand parcourant à longues enjambées ce petit chemin de campagne, nous n'arrivions pas à le suivre.

Nous nous sommes réinstallés dans notre berline et nous avons repris la route comme pour une promenade. J'ai appris bien plus tard ce qui se passait à Paris pendant que nous traversions sans encombre La Ferté-sous-Jouarre vers sept heures du matin. La nouvelle de notre départ a éclaté comme une bombe et nous poursuivions notre chemin bien tranquillement. A Châlons-sur-Marne, nous avons été reconnus mais cela ne causa aucun émoi. Les nœuds qui s'étaient desserrés autour de mon cœur commencèrent à se tendre de nouveau à partir du relais de Pont-de-Somme-Vesle. Les détachements de hussards envoyés par Bouillé devaient nous y attendre. Ils n'étaient pas là. Et ensuite, les quarante hussards de Choiseul n'étaient pas non plus au rendez-vous. Il était six heures de l'après-midi et nous avions trois heures de retard. On expliqua à Monsieur de Valory que ne nous voyant pas venir, l'on avait cru notre voyage retardé d'un jour. Étant donné que la population de Courtisols, le village voisin, commençait à s'étonner de ces déplacements militaires, le jeune Bouillé, par prudence, ordonna le repli des troupes dans la campagne, pour qu'elles rejoignent le gros des troupes de Bouillé le père. En entendant cette nouvelle, le roi « crut sentir la terre s'ouvrir sous lui ».

Le relais de nos chevaux a été fait le plus rapidement que l'on put, et nous sommes repartis très angoissés. Nous gardions un silence pesant dans notre voiture. Nous arrivâmes à Sainte-Menehould. La ville était agitée. On venait nous dévisager avec curiosité, mais sans nous reconnaître. Nos trois gardes du corps, Moustiers, Malden et Valory, vêtus de la livrée Condé, attiraient l'attention. Monsieur d'Andoins, qui était au relais, compris très vite que la situation allait devenir grave et enjoignit à Moustiers de nous faire partir au plus vite. Nous voilà repartis le cœur battant. Pendant ce temps, le bruit éclate à Sainte-Menehould que l'on a laissé échapper la famille royale. Le conseil de ville se réunit avec à sa tête deux fanatiques : Drouet et Guillaume, qui partent immédiatement à notre poursuite. Mais grâce à Dieu nous ne savons encore rien de tout cela. Et nous atteignons Varennes-en-Argonne. Il fait nuit. Tout le monde est enfermé chez soi. Nos gardes cherchent en vain le relais. Le roi descend et frappe à une porte, où les réponses sont des grognements de gens endormis et peu aimables. Je descends également et je frappe à une autre porte. Sans nous voir, des cavaliers nous dépassent et s'engouffrent dans la rue principale. Il nous faut quand même trouver ce malheureux relais. Malden persuade le postillon de rentrer dans la ville, par la voûte de Saint-Gengoult. En entrant sous le porche voûté de Saint-Gengoult, nous sommes arrêtés par une bande de paysans et de soldats. On conduit les chevaux et soudain une grande bousculade : des hommes, des femmes sortent des maisons au son du tocsin. Sur une placette, apparaît l'épicier Sauce, procureur de la commune. L'épicier Sauce! Si tout cela n'était pas aussi tragique, on pourrait rire. Nous remettons nos papiers à Sauce, qui les examine et conclut que tout est en règle. Sauce paraît vouloir nous laisser partir. Mais voilà Drouet, le maître de poste de Sainte-Menehould, qui, nous ayant rejoints, veut en avoir pour sa peine et ses doutes. Curieusement, personne ne nous avait vraiment reconnus jusqu'à présent. Après quelques pourparlers, on décide que la nuit étant là, il vaudrait mieux que nous nous installions à l'auberge du Bras d'or, appartenant aux Sauce, pour y dormir quelques heures. Nous passons tous par l'épicerie du brave Sauce, qui est plus affolé que méchant. Il paraît terrorisé par Drouet. Le roi parle avec Sauce et lui demande des explications sur ses marchandises. Une petite foule – encore la foule! – entoure le bâtiment de l'épicerie par où l'on pénètre dans l'auberge. Par un petit escalier, nous voilà à l'étage exigu où nous trouvons la brave Madame Sauce en train de donner comme elle peut bonne apparence à notre nouveau logis. Nous y sommes tous réunis, le roi, moi, ma sœur Élisabeth, Madame de Tourzel, les enfants, les trois gardes du corps, les deux femmes de chambre. Le roi s'était mis dans le coin le plus reculé de la seule pièce où nous nous trouvions. Et ô stupeur, au-dessus de lui, se trouve son portrait accroché au mur. Personne n'y prend garde. Tant et si bien que Sauce essaie en vain de faire avouer à Louis qu'il est le roi. Et pour l'aider dans cette tâche délicate, il fait venir un juge varennois, qui avait été jadis à Versailles. Celui-ci, en entrant dans la pièce, reconnaissant Louis, se jette à genoux en lui disant : « Ah, sire ! » Tout était dit.

Louis donne l'accolade à tous les hommes présents, sauf Drouet qui n'est pas encore là. Tous ces braves gens sont très ennuyés, car au fond, ils aimeraient bien nous laisser partir. Mais ils ont très peur de Drouet et d'autres commissaires qui rôdent par là. Madame Sauce est la plus terrorisée, la pauvre femme. Elle aime quand même plus son mari que nous-mêmes. Et elle donne mille conseils en sourdine à son époux. Quant à Louis, il a encore de l'espoir, car Choiseul ayant envoyé un message à Bouillé pour lui dire de se hâter, mon cher roi croit encore que nous pourrons partir pour Montmédy. J'étais heureuse pour lui, il me paraissait être sans angoisse. Peut-être que je me trompais. Plus notre tragique histoire avançait vers sa fin, plus Louis était calme et plein de bon sens. C'est seulement maintenant que je comprends que mon mari était un homme hors du commun. Ses réactions étaient lentes, mais en général bien pesées. Pendant ce temps, Goguelat, aide de camp de Bouillé, inventa une stratégie pour nous faire échapper en allant à la rencontre de Bouillé.

Le roi à cheval avec le Dauphin, moi sur un autre, et Goguelat se chargeant de ma petite Mousseline. Élisabeth sur un autre cheval. Nous aurions traversé la foule, protégés par les gardes présents qui étaient sous les ordres de Goguelat. Nous aurions laissé Madame de Tourzel et les deux femmes de chambre à la vindicte populaire. J'attendais la décision du roi. Et le roi n'a rien décidé. C'était évidemment un énorme risque à courir. Beaucoup dirent plus tard que nous avions laissé là notre dernière chance. Sait-on jamais ? Après cet intermède d'espoir, ce fut une nuit tranquille. Le roi reçut de nombreuses délégations. Le père Sauce fit fortune car tout le monde buvait et avait faim.

Nous avons passé une nuit étrange, tous dans cette grande pièce, les uns sur des chaises, les autres sur des bancs, et au milieu de nous tous on avait laissé une chandelle sur une petite table. Je revois cette grande chambre à l'étage de la boutique de Sauce. L'odeur m'était inconnue, cela devait provenir des aliments qui étaient vendus dans l'épicerie. Ma chère Tourzel et moi-même nous avions deux chaises, assises près des enfants couchés dans le grand lit des Sauce. Ces deux enfants dormant comme des anges sur un nuage au-dessus d'une tourmente. Mes enfants chéris, pourquoi mes larmes coulaient-elles en vous contemplant ?

Tout cela était tellement anormal ! Je n'avais pas l'impression de le vivre. Étais-je moi-même ? Lorsque je revois le roi, les femmes de chambre, nos trois gardes du corps, tout ce monde mélangé dans une même chambre, Choiseul qui apparaissait de temps à autre, je n'arrive pas à le croire. Et l'odeur ! Et le parquet fort sale ! La chandelle s'est éteinte, et l'aube apparut par les petites fenêtres. Une rumeur s'éleva au-dehors.

Ce sont les envoyés de l'Assemblée qui nous ont retrouvés, Bayon et Romeuf. Je reconnais Romeuf. Longtemps, il a été de garde aux Tuileries, sous les ordres de La Fayette. Nous nous sommes souvent parlé. Le pauvre homme a l'air bien malheureux. Exténué et poussiéreux. J'ai eu une parole maladroite à son égard. J'étais si surprise de le voir que je lui ai dit : « Quoi, Monsieur, c'est vous ? Ah ! Je ne l'aurais jamais cru ! » Il a eu l'air bien malheureux, pensant que je le croyais traître. Le pauvre homme, il ne faisait que d'obéir. Voilà le temps que nous vivions. L'obéissance aux ordres ou mourir. Tremblant et misérable, il me remit le décret de l'Assemblée, que je parcourus sans tout comprendre, tant j'étais en colère. Le roi me le prend des mains. L'Assemblée nous enjoint, ainsi qu'aux « bons citoyens », de retourner à Paris. C'est une arrestation.

154

La ville et ses habitants en liesse font sonner les cloches. Les rues s'agitent. L'arrivée des deux envoyés de l'Assemblée a soulagé les habitants de la ville de leurs responsabilités. Ils sont enfin délivrés de la grave question « que devons-nous faire du roi ? ». Ils nous auraient plutôt massacrés que de nous laisser partir. Enfin, ils n'ont plus rien à décider et nous ne sommes plus rien non plus. Après avoir lu le texte, mon pauvre Louis atterré me murmura : « Il n'y a plus de roi en France. » Cette phrase me fit un mal que je n'avais jamais ressenti avant. Était-ce de voir la face livide du roi, était-ce l'effondrement de tout ce qu'en moi je croyais ? « Il n'y a plus de roi en France. » Oui, en France, mais il est toujours roi. Il sera toujours le roi. Le roi sacré à Reims, c'est indélébile. Son cœur, c'est le roi. On ne lui retirera jamais son union avec la France. Ce que les autres décrètent, ce que l'Assemblée décide, ce que les factieux pensent, cela lui est égal. Ce nouvel ordre de l'Assemblée ne le touche pas. Il sera toujours le roi, même en prison, même sans pouvoir. Mon Dieu, comme il est calme dans cette tourmente où tous s'agitent, où je me sens mal de rage intérieure.

Dans cette chambre de la famille Sauce, il y eut comme un temps mort. Le roi temporisait, il espérait encore voir arriver Bouillé avec son armée. Choiseul avait d'autres projets de salut. Bayon, fanatique, pressait tout le monde pour que l'on parte. Madame Sauce apporta à tous un bon en-cas. Ce qui calma momentanément toute action. Les enfants se réveillèrent, Madame de Tourzel les vêtit. Dans cette grande pièce, chacun agissait, parlait comme isolé des autres. Bayon sortit et excita les badauds attroupés en leur disant que le roi ne partait pas car il attendait Bouillé. Ce fut alors une explosion de cris et de hurlements. Et puis, encore une fois, « le roi à Paris, le roi à Paris ! ». L'espèce de silence dans lequel nous étions était rompu. Je priais et priais pour que Bouillé arrive enfin. Il nous aurait sauvés de ce tragique mauvais pas qui, il me semblait, n'était pas encore fatal. Le roi pensait comme moi. C'est pour cela qu'il trouvait à chaque instant de nouveaux prétextes pour retarder notre départ. Mais en vain.

Depuis six heures du matin, des milliers de paysans venant de tous points encombraient les ruelles et places de Varennes. Le vacarme était à chaque minute plus inquiétant. Nous devions enfin nous rendre, c'est-à-dire reprendre la berline. Sous les cris et les huées, nous nous avançons enfin. Le roi sort le premier, moi au bras de Choiseul, Élisabeth à celui de Dumas et les enfants suivent avec Madame de Tourzel. Au moment où l'attelage s'ébranle, voilà que cette foule nous acclame et pousse des cris de joie. Il paraît que Bouillé est arrivé vingt minutes après notre départ. Et tout recommence comme en octobre 1789. La foule nous suit jusqu'à l'instant où, une fois sur la grand-route, les chevaux prennent le galop. La chaleur est suffocante, et nos pérégrinations continuent.

A Sainte-Menehould, nous sommes bien accueillis par le maire, qui nous reçoit. Nous prenons chez lui un bon repas et un peu de repos. Mais il n'est pas question de passer la nuit chez lui. La foule s'y oppose et massacre le comte de Dampierre qui venait pour saluer le roi. Un si brave homme qui faisait tant de bien dans sa région! Vraiment, c'en est trop. Si j'avais été un homme, je pense que j'aurais perdu tout contrôle de moi-même et que j'aurais massacré tout le monde autour de moi. Et en y pensant, j'aurais tout gâté. Mais tout est arrivé quand même. La fureur ne sert à rien. J'aurais perdu ma dignité. Le roi, grâce à Dieu, restait calme. Et je sais qu'il souffrait encore plus que moi. Et nous voilà à nouveau dans notre nacelle, qui vogue cahotant vers notre destin. Le soir tombe, et voilà Châlons. Mon Dieu, les autorités nous attendent devant l'arc de triomphe en pierre qui a été construit lorsque je suis arrivée d'Autriche comme jeune fiancée, heureuse petite fiancée de quinze ans, ne pensant à rien d'autre qu'au beau présent qui l'entourait. Mais moi, maintenant, je pense et je vois. Le ciel est le même, la ville est la même. Mais jadis, la foule était si gaie, si claire, si brillante, et à présent elle est sombre, muette et grise. Et moi-même je suis sombre, gris et blanc. Et mon cœur, a-t-il changé? Pas tellement, car il espère toujours envers et contre tout.

156

Châlons reste malgré tout un bon souvenir, car on nous a logés à l'hôtel de l'Intendance. J'ai couché là en 1770. Quelle impression incroyable! Je reconnaissais les lieux, je pris espoir tant les entours étaient aimables. Ces petits bonheurs dans une grande misère sont une bénédiction de Dieu, comme nous le fait remarquer Élisabeth. Mais soudain tout se gâte. Des gens de Reims arrivent tout excités, en exigeant notre départ le plus rapidement possible.

En pleine campagne, après Châlons, l'équipage s'arrête soudain. Que se passe-t-il encore? C'étaient les députés désignés par les trois tendances de l'Assemblée, que l'on envoyait à notre rencontre pour nous protéger. J'en ai été bien contente et je les ai tout de suite suppliés que l'on veille avec beaucoup de soin sur nos gardes du corps. J'avais constamment peur qu'ils soient massacrés par les foules qui se succédaient sur notre route. Les envoyés étaient quatre. Latour-Maubourg, un aristocrate, Barnave, de la majorité modérée, Pétion, le républicain, et Mathieu-Dumas, le militaire qui accompagnait les autres. Après les salutations, tous voulaient monter dans la berline. Finalement, Pétion décide et monte d'autorité. Il prend place entre le roi et Élisabeth. Barnave se décide à son tour et se trouve entre Madame de Tourzel et moi-même. Ma petite Mousseline se serre entre Barnave et la chère Tourzel. Le Dauphin passe de genoux en genoux. Latour-Maubourg et Mathieu-Dumas suivent avec les femmes de chambre. Ces deux jours de voiture, malgré la poussière et une chaleur accablante, se déroulent sans accroc, avec un arrêt pour une nuit. Le dernier jour, nous sommes restés douze heures sans arrêt véritable. Les enfants ont été angéliques. Mon chou d'amour avait très soif et nous lui donnions à boire. Il est arrivé ce qui devait arriver. Le roi lui tenait une timbale qu'il vidait ensuite par la fenêtre.

Ma Mousseline chérie jouait à la ficelle croisée; je revois encore ses jolies petites mains tendant au bout de ses doigts, en l'air, la ficelle formant un lacis. Et Élisabeth avec deux doigts de chaque main les croisait en différentes figures.

157

Pendant les premières heures, nos deux soi-disant protecteurs nous observaient sans trop rien dire. Depuis notre naissance, nous sommes habitués à être observés à tous les instants de nos journées, ce qui nous rend parfaitement naturels et absolument sans aucune gêne. Ces messieurs ont-ils été étonnés par notre façon d'être? Ou tout simplement rassurés par notre simplicité?

Et petit à petit, une conversation s'engage. Ces deux messieurs sont bien différents. Et je me suis plu à les observer. Je me souviens que je trouvais Barnave fort bien, quant à Pétion, indécent. Pétion réagissait comme un docte maître d'école. Il nous faisait la morale, pour nous inculquer des principes républicains! Il nous regardait avec commisération, comme si nous étions des troglodytes demeurés. Il aurait été capable de nous dire ce qu'un paysan, je ne sais plus où, nous a crié à notre passage : « Voilà ce qu'on gagne à voyager! » Voulant être aimable, Élisabeth lui raconte que nous avons été à une messe à Châlons, mais une messe constitutionnelle, précise-t-elle. Pétion a pris cela pour une critique. Il s'est lancé dans des explications doctorales pour lui expliquer les bien-fondés de cette constitution. Élisabeth le regardait avec ses grands yeux bleus de myope qui parurent charmer ce rustre.

Pendant la journée, sans nous arrêter, nous nous servions de nos provisions. A un moment, le roi tenait sa bouteille de vin. Pétion lui tend sa timbale sans rien dire. Le roi le sert, et Pétion cogne sa timbale contre la bouteille au lieu de remercier. Madame de Tourzel en a eu un haut-le-corps. Elle qui était si protocolaire! Il n'arrêtait pas de parler à Élisabeth, qu'il dévisageait sans gêne. Élisabeth, si jeune et innocente, ne se rendait compte de rien. Le pire a été lorsqu'il a commencé à parler de notre départ de Paris. Il a eu l'audace de me dire d'un air sournois : « Il paraît que Leurs Majestés avaient pris une voiture de remise près du château, menée par un Suédois dont je ne me souviens pas du nom. » Tout cela d'un air interrogateur. Sans rougir, cette fois-là, je lui ai juste répondu : « Je ne suis pas dans l'usage de connaître le nom des cochers de remise. » Ma réponse parut le vexer. Barnave souriait.

Quant à lui, il était autrement plus fin que Pétion. J'ai immédiatement compris que je l'intéressais. Et je n'ai pas résisté au plaisir de le charmer, lui aussi. Ai-je eu tort, ai-je eu raison ? Raison, car je pensais que dans notre effroyable situation, il pourrait nous rendre service. Tort, terriblement tort. Pardonnez-moi, mon Dieu. Oui, j'ai mal agi avec lui, car je lui ai laissé penser que j'étais absolument sincère avec lui, que je ne lui mentais pas. Mais tout cela bien plus tard. Car dans la berline, j'étais moi aussi intéressée par lui, ses bonnes façons, sa conversation agréable. Il paraissait sensible. Je me souviens quand le roi racontait la terrible fin du comte de Dampierre, et que je me suis exclamée : « C'est abominable, le massacre de ce seigneur qui faisait tant de bien dans sa paroisse ! » Barnave m'a regardée d'un air tout ému. A un autre moment, j'ai tendu une cuisse de poulet à un garde national qui suivait la voiture et qui paraissait plein d'égards pour nous, lorsqu'une femme a crié : « N'en mange pas, elle est empoisonnée. » J'avoue que j'ai été indignée par ce soupçon, et à l'instant j'ai distribué de cette volaille à mes enfants et j'en ai mangé moi-même. Barnave nous observait. Et il nous dit que cette méchanceté le révoltait. Pétion fit immédiatement un discours compliqué à Barnave. Ces deux-là ne se comprenaient pas, et Barnave évitait de me parler, car Pétion l'observait tout le temps.

A Dormans, Madame de Tourzel a remis à Barnave une lettre pour ses filles, les rassurant sur notre sort. Elle m'a dit avoir confiance en Barnave, elle aussi. Et le roi également nous déclara qu'il avait été très content de Barnave. Pendant tout le long trajet entre Dormans et Château-Thierry, Élisabeth, sans doute gênée par le contact de Pétion, changea de place et se trouva assise à côté de Barnave, avec lequel elle discuta longuement. Elle défendait son frère avec passion, donnant mille preuves de sa bonne volonté envers la constitution, et expliquant les bonnes raisons de notre voyage. Plus tard, Élisabeth me dit : « Barnave a beaucoup d'esprit, et n'est pas aussi féroce qu'on le dit. »

159

Nos conversations ennuyaient notre petit Dauphin, qui passait sans cesse d'une place à l'autre. Il aimait beaucoup être à cheval sur un seul des genoux de son père en le regardant, et il lui faisait mille caresses et minauderies. Il s'installa une fois sur Pétion. Celui-ci ne savait qu'en faire. Aussitôt, l'enfant se glissa sur les genoux de Barnave. Il était attiré par les boutons dorés de son uniforme; il se mit à épeler les mots qui y étaient inscrits. Et plein de joie, il s'écria soudain « vivre libre ou mourir! ». C'était la devise des Jacobins. J'étais fière de la vivacité d'esprit de mon fils, mais en même temps un silence de plomb tomba. Le cher enfant nous regardait avec ses grands yeux ravis et il continuait à découvrir que c'était écrit sur tous les boutons. Et il répétait indéfiniment « vivre libre ou mourir ». Mon Dieu, mon Dieu, s'il avait su! Barnave était très ému. Pétion ne savait quelle contenance prendre et essayait de trouver un sujet mieux à propos.

Cette journée du vendredi 24 juin fut de plus en plus étouffante, et nous étions tous ruisselants. Les fenêtres étaient baissées, mais les stores relevés. Pétion exigeait que cela soit ainsi, pour que les gens au bord de la route puissent nous voir, ainsi que les gardes nationaux. J'étais en plein soleil. N'y tenant plus, j'ai baissé mon store. Pétion se mit à protester violemment en exigeant que je le relève. Voilà encore un de mes torts. Je ne supporte pas que l'on me donne un ordre, surtout de cette manière. Je m'imaginais qu'obéir était un manque de caractère. Je crois plutôt que c'était de l'orgueil. Enfin, à ce moment, j'ai tenu bon. Élisabeth roulait des yeux effrayés. Le roi souriait dans son coin. Finalement, le soleil ayant tourné, j'ai relevé tout doucement mon store en faisant un beau sourire à Pétion. Je ne sais comment il l'a pris.

A Château-Thierry, nous vîmes une foule de paysans assez misérables, armés de fourches et de faux, nous menaçant. Le roi et moi-même perdîmes là notre dernière illusion. Car nous pensions encore que la province était pour nous. Jusqu'à présent, nous avons surtout vu des curieux assez bon enfant. Mais à Château-Thierry, ils ont été violents, ils nous ont craché au visage et par la vitre ouverte une femme a même tiré sur ma manche qui s'est déchirée. A ce moment, j'ai pensé à ma mère. Voit-elle tout ce qui m'arrive, et qu'en pense-t-elle? Lorsque je vivais à Vienne, comment aurait-on pu imaginer pareille situation? Vers deux heures, toujours ce même jour, nous nous arrêtâmes à La Ferté-sous-Jouarre pour déjeuner. Le maire nous reçut dans sa jolie maison au bord de la Marne. Il y faisait si calme. Je dois une grande reconnaissance à ce brave homme, dont je ne me souviens plus du nom. Nous nous sommes si bien reposés, rafraîchis, délassés. Le bord de l'eau était si frais. Pétion faisait les cent pas avec Élisabeth et lui tenait des discours grandiloquents en gesticulant. Je me demande bien de quoi il lui parlait. De loin, j'observais Élisabeth, qui écoutait avec attention et souriait. Profitant de ce que notre féroce gardien ne surveillait plus Barnave, j'en profitai pour lui parler. Mais j'ai l'impression que c'était plutôt lui qui en a profité, avec tact et habileté, pour jeter des jalons pour une entente de longue durée. Je pensais que c'était un allié que je ne devais pas négliger.

La dernière nuit de notre voyage me revient en mémoire. C'était à Meaux. Nous logions au palais épiscopal. Tout y était encore si bien en ordre. Le lendemain en partant, j'ai eu de la peine et je me disais que jamais plus nous n'aurions un si joli petit palais. Je ne me trompais pas.

Le samedi 25 juin, cette journée a été vraiment très éprouvante. Douze heures sans descendre de voiture. Et toujours ce temps de canicule. Les enfants étaient totalement abattus. Les pauvres chéris avaient l'air de noyés avec leur chevelure collée de sueur. Pétion buvait sans arrêt et jetait les os de poulet par la fenêtre devant mon nez. De ma vie je n'ai jamais vu cela. Est-ce la chaleur ou les libations, mais plus nous approchions de Paris, plus les injures et gros mots pleuvaient sur nous. A tel point que même Pétion en parut gêné. Tout n'était pas terminé. Entre Bondy et Pantin, une bagarre de préséance éclata entre la cavalerie qui nous escortait et la garde nationale parisienne. Les titres de noblesse ont pourtant été abolis, mais voilà qu'il s'en crée d'autres. Ils se battent pour avoir le privilège de nous conduire à Paris. Quelques badauds en profitent pour nous insulter, car nos vitres sont ouvertes. Mon Dauphin prend peur et pleure. Je le prends dans mes bras pour le consoler et à ce moment une femme hurla : « C'est ça, console ton bâtard ! » Ce fut un moment horrible, car Louis devint blême, prêt à sauter à la figure de cette femme.

Barnave et Pétion haranguent la cohue, le buste à moitié sorti aux portières. Barnave met toute sa passion et hurle à Mathieu-Dumas, qui sort du carrosse de notre suite : « Songez, colonel, que vous me répondrez sur votre tête du salut de la famille royale. » Les grenadiers ont leur place d'honneur, si cela est un honneur de nous garder comme une denrée rare. Par contre, la traversée de Paris se fait dans un silence de mort. Je ne sais pas si finalement je ne préfère pas quand même être huée. Cette foule muette m'impressionne. Ce n'est pas naturel. Un peu plus tard, j'en ai compris la raison. Sur les murs étaient placardées des affiches où il était écrit : « Celui qui applaudira le roi aura des coups de bâton, celui qui l'insultera sera pendu. » Je suis étonnée que la pendaison soit pour ceux qui nous auraient insultés. Et Pétion exulte. Cet ordre l'enchante. Cette foule maîtrisée le ravit. Nous atteignons les Tuileries vers le soir. Sous les dernières lueurs du soleil, les pierres sont toutes roses et les vitres reflètent des lueurs d'incendie.

Notre voyage est terminé. Pas tout à fait. Les dernières minutes sont vraiment bousculées. Je supplie Mathieu-Dumas de protéger les trois gardes du corps. J'ai peur que la foule qui devient chaque fois plus dense ne les massacre. C'est quand même inimaginable de vivre en un temps où il paraît normal que des têtes tombent autour de vous. Nous arrivons au pied des marches du palais. La Fayette est là avec six députés. La foule est remuante. Je n'avais pas tort lorsque je craignais pour la vie des gardes du corps. Ils furent jetés à bas de leurs sièges et les gardes nationaux eurent juste le temps de les pousser à l'intérieur du château. Le roi monte calmement les marches du perron, et moi, presque soulevée de terre par le duc d'Aiguillon et les députés, je passe au travers de la foule qui hurle. C'est pire qu'une meute à l'hallali. Mon Dauphin est emporté dans les bras du député Menou. J'ai eu un instant de terreur folle car j'ai cru que l'on enlevait mon enfant.

Nous sommes enfin tous réunis dans la chambre du roi. La mémoire me renvoie l'image d'une famille de naufragés. Oui, c'est un naufrage. Et malheureusement, nous ne sommes pas échoués sur une île déserte. C'eût été préférable. Pétion a eu l'air très étonné du flegme du roi qui, immédiatement, sans aucune gêne, s'est remis entre les mains de ses valets pour sa toilette. Après les adieux à ces messieurs, je me suis retirée chez moi, seule. Comme c'est étrange! Le silence me faisait bourdonner les oreilles. Je ne pensais à rien, mes femmes me firent prendre un bain.

VII

ÉQUIVOQUE

Ai-je vraiment tout gâché? Après Varennes, j'aurais dû garder mon calme, mon vrai courage. Lorsque je me revois aux Tuileries à cette époque, j'étais dans un terrible état d'abattement, la désillusion était trop forte. Je me vois comme une souris affolée prise au piège, qui ne sait plus quelle décision prendre pour sauver sa petite famille, ayant en face d'elle un horrible monstre qu'elle n'arrive pas à déjouer. Oui, j'ai mal joué. Je n'avais plus confiance en personne. Je ne comprenais pas le principe d'une monarchie constitutionnelle, ou je ne voulais pas comprendre. J'étais choquée par tout ce qui venait de la révolution. Je n'ai jamais compris que tout avait changé. Le monde avait fait un saut sur une autre étoile, et moi je restais encore dans l'ancien monde, avec mes idées d'avant bien ancrées en moi. Le retour de Varennes m'a rendue folle d'angoisse. Et comme un animal sauvage pris au piège, je me cognais désemparée à tous les barreaux pour sauver les miens.

Ensuite, mon double jeu avec Barnave a été stupide de ma part. Car finalement, cela n'a servi à rien, sauf à me discréditer. J'aurais dû mieux écouter Barnave et suivre ses conseils, mais les nombreuses missives de Fersen me troublaient en me donnant des ordres que je suivais aveuglément. Je l'aimais trop et j'en perdais tout jugement. Je ne regrette pas de l'avoir aimé autant et de l'aimer encore, mais je m'en veux d'avoir perdu tout contrôle de moi-même. Je m'en veux. Et que Dieu pardonne mon orgueil et mon état constant de colère contre tous ces messieurs de l'Assemblée. A cause de cette colère qui me rendait aveugle, je ne voulais pas leur céder. J'aurais dû comprendre que nos principes millénaires d'une monarchie reçue de la main de Dieu ne seraient plus jamais les mêmes. Tous ces principes nouveaux ne rentraient pas dans ma tête. Peut-être, si j'avais eu plus de temps, si l'on m'avait mieux expliqué ce nouveau mécanisme, avant d'en arriver où je suis, aurais-je compris. Mais surtout, mon Dieu, pardonnez-moi car en ce temps ma grande faute a été que j'avais perpétuellement dans le fond de mon cœur une rage, une colère, contre toute cette révolution, et je voyais rouge. Je ne voulais pas céder à ces messieurs, à ce peuple, à cette horreur. Tout cela vient de mon orgueil. Pardonnez-moi, mon Dieu.

Sans orgueil, mon cœur et mes pensées auraient été plus calmes, j'aurais peut-être tout mieux compris, mieux aidé le roi. Dans cet état de choses, aurais-je pu les sauver tous? Aurais-je mieux jugé Axel? Lui aurais-je obéi si aveuglément s'il ne m'avait pas soufflé ce que je voulais entendre? Cher Axel, voilà des pensées bien étranges qui ne changent rien à mon amour.

Cette dernière année aux Tuileries me causa plus de fatigue que l'accumulation des années passées. De plus en plus, j'avais l'impression d'être un animal sauvage pris au piège. Le roi également se débattait, entre ses convictions et les décisions de l'Assemblée.

Dès notre retour, le roi, le Dauphin et moi-même étions vraiment des prisonniers. Traités avec égard, mais prisonniers. Je ne pouvais aller chez le roi ou les enfants sans être accompagnée de plusieurs gardes. Je devais laisser la porte de ma chambre entrouverte. Cette surveillance était insupportable. Un soir où je reposais, un garde est entré, il est venu me regarder presque sous le nez. Ai-je eu peur? Non, mais j'étais horrifiée de constater combien notre vie, notre personne ne valaient plus rien.

J'avais l'impression que mon temps était haché en petites

166

heures, toutes se suivant trop rapidement. Et cependant les jours étaient longs dans l'attente des nouvelles. Que faisait l'Assemblée? Que faisait la ville, dont nous n'avions plus beaucoup de nouvelles, les Provence ayant réussi à quitter Paris et à gagner sans encombre Bruxelles?

A cette époque, ma grande consolation était ma correspondance avec Fersen. Dieu seul sait combien de fois lui ai-je écrit pendant ces derniers mois aux Tuileries. C'était mon unique joie. Je lui disais tous les sentiments qui me passaient par l'esprit. Et j'aurais aimé pouvoir lui expliquer tout ce que je rêvais durant des heures du jour et de la nuit, pendant lesquelles je lui posais des questions et répondais pour lui. Je lui écrivais également mille pensées que je n'avais jamais eu le temps de lui dire pendant les courts instants que nous pouvions glaner de ci, de là, pour être seuls ensemble. C'est un réel plaisir de pouvoir écrire à ceux que l'on aime. Je me sens plus libre en écrivant. J'exprime des sentiments que je n'ose pas dire en paroles. Plus j'aime, plus j'ai une certaine timidité à dire toute ma passion. Par lettre, c'est tellement plus facile! Et avec Axel, je me suis laissée aller à cœur joie. Je pense qu'il en était heureux. Mais il ne me répondait jamais sur les sujets sentimentaux. Ses lettres étaient tendres, pleines d'égards et de conseils. Il pensait à moi, cela m'était d'un immense réconfort. Et toujours ces messages chiffrés! Surtout lorsqu'il s'agissait de messages ayant trait à notre situation, et à nos possibles et impossibles projets. J'essayais de lui expliquer, ainsi qu'à Mercy, les complications de la politique.

Barnave m'écrivait également en me donnant lui aussi des ordres et des conseils. Le résultat de ces correspondances était que je ne savais plus vers qui me tourner. L'Assemblée voulait nous traiter avec douceur, mais le club des Jacobins et celui des Cordeliers, où se réunissaient les plus ardents révolutionnaires en dehors de l'Assemblée, ne cessaient de réclamer la déchéance du roi. Autre souci, que faisait notre cousin le duc d'Orléans dans toute cette affaire?

Cette période est celle qui me fait le plus de honte. J'ai

qu'est
devenue
la Berline ?

l'impression, à force de vouloir me mêler de tout, de vouloir tout concilier, d'une part, et de me battre contre tout ce que l'Assemblée décidait, d'autre part, d'avoir trompé tout le monde. Toujours trop sûre de moi, je voulais finasser avec tous ces messieurs. Là, ce n'était plus de l'orgueil, c'était de l'inconscience, pensant que j'arriverais ainsi à sauver le roi et la monarchie. Il n'y a rien de pire que d'avoir honte de soi.

Ma correspondance avec Barnave était devenue très régulière. Une de mes femmes de chambre, Madame de Jarjayes, donnait à son mari mes lettres pour Barnave. Celui-ci, pour conseiller le roi et pour me guider, me donnait à peu près les mêmes conseils que Mirabeau quelques mois auparavant. Il me demandait entre autres de prier mon frère de reconnaître officiellement le nouveau régime. Il désirait que je conseille à mes parents et aux souverains de toute l'Europe de se réunir en une sorte de congrès pour délibérer sur le bien-fondé de notre nouvelle façon de diriger la France. C'est cette reconnaissance du nouvel état de choses que je n'arrivais pas à admettre. Et pour ne pas irriter Barnave, je faisais semblant d'acquiescer. Pauvre Barnave, si sincère! Il voulait tant m'apprendre à suivre une politique sensée. Comme je me suis jouée de lui! C'est vraiment affreux et stupide, ce que j'ai fait là. Je crois que j'ai perdu tout sens commun. Et pendant ce temps, je recevais une abondante correspondance de Fersen avec mille conseils qui allaient contre tous ceux de Barnave. Et Fersen était jaloux de mes rapports avec Barnave. Vraiment, c'est incroyable! Et pourtant, je ne lui ai jamais reproché de fréquenter tant d'amies, dites « fidèles »! J'aime mieux penser à autre chose.

Malgré toutes ces intrigues, nous arrivions le roi et moi à renouer des liens avec les cours étrangères. Et Barnave donnait toute sa force pour sauver la couronne et le roi. Le 13 juillet 1791, grâce à lui et à ses amis, la commission désignée pour nous innocenter de notre « enlèvement » se réunit pour conclure que l'on n'avait rien à nous reprocher. Pourtant rien n'était totalement résolu. Soudain apparut Danton. Un grand brasseur de mots. Il n'admettait pas le principe de l'inviolabilité du roi, contre Barnave, qui, lui, défendait ce principe avec lyrisme. Enfin, malgré les cris, malgré La Fayette qui fit une apparition avec ses gardes, Barnave conclut en ajoutant : « Tout le monde doit sentir que l'intérêt commun est que la révolution s'arrête là. » Le roi fut déclaré inviolable.

Chaque mois, chaque année me rend la vie plus difficile. Au lieu de monter des marches faciles vers une liberté, nous descendons chaque fois plus vers des gouffres obscurs.

Dans la nuit du 3 septembre 1791, une délégation de soixante députés est venue à pied du Manège au château accompagnée de gardes portant des torchères. C'était pour donner au roi l'ensemble de leur travail définitif sur la constitution. Le roi promit de leur donner sa réponse le plus tôt possible. Mais étant donné le volume énorme que ce projet représentait, il fallait lui laisser un peu de temps. Pauvre Louis, à quoi cela a-t-il servi, tout était déjà décidé.

Le matin du 13 septembre, nous eûmes la messe au château, et pour la seconde fois de ma vie je vis mon bon mari pleurer. La première fois, c'était à la mort du roi Louis XV. Donc, ce 13 septembre, le roi annonça qu'il acceptait la constitution et qu'il la défendrait au-dedans et au-dehors. Les députés vinrent le remercier. J'étais présente, et je leur dis que je pensais comme le roi. Pour nous récompenser de notre bonne conduite, on nous annonça que tous ceux qui avaient participé à notre « enlèvement » étaient relevés de leur condamnation et remis en liberté. Le lendemain, Louis se rendit en cortège à l'Assemblée pour prêter serment à la loi et à la constitution. La salle du Manège était comble. C'est d'une loge que j'ai assisté à cette séance. Est-ce que tout ce peuple s'est rendu compte de l'abjection avec laquelle on a traité le roi ? Une fois entré dans le Manège, on lui montre sans façon un fauteuil. Il n'y a plus de trône. Lorsqu'il commence à prononcer son serment, il s'arrête stupéfait, je le suis moi également : une grande majorité des

169

députés se sont assis et couverts. La voix de mon bon roi était comme voilée, et moi, dans ma loge, j'essayais de ne pas crier mon indignation.

Notre retour aux Tuileries a été bien triste. Chez lui, le roi s'est affalé dans un fauteuil, je me jetai dans ses bras en sanglotant. Et mon bon roi m'a dit : « Ah, Madame, et vous avez été témoin de cette humiliation! » Le pauvre, pauvre homme! Comment lui dire que j'ai souffert pour lui. Et pour nous mettre du baume sur le cœur, voilà Élisabeth qui vitupère en disant à son frère qu'il cautionnait une œuvre démoniaque. Vraiment, elle aurait pu trouver des termes plus amènes pour consoler son frère.

Comment ne pas devenir fou lorsque l'on vous fait passer du froid au chaud et du chaud au froid. Le peuple de Paris s'y entendait dans ce supplice. Après ce que nous avions enduré au Manège, il fallait montrer bonne figure aux députés et aux Parisiens. Il nous fallut fêter la constitution, et la réconciliation du roi avec la nation. Nous avons donc été invités à l'Opéra, pour applaudir le ballet de *Psyché*. Vêtus de nos plus beaux atours, nous avons été applaudis. J'ai cependant souffert lorsque les furies dansaient en jouant avec des flambeaux. Toute la scène paraissait brûler. En d'autres temps, j'aurais peut-être trouvé cela très beau. Mais en ces instants je frissonnais. Le roi était impassible, mais très pâle. Ensuite, nous avons fait un tour par les Champs-Élysées, tout illuminés, c'était tellement beau. Là encore, les émotions ne me manquèrent pas : il y eut des « Vive le roi », et soudain un fou cramponné à notre portière se mit à crier inlassablement « Vive la nation, vive la nation ». Personne ne songeait à le décrocher de là. Que faire? Rien. J'avais envie de me boucher les oreilles. J'ai fini par lui sourire. Pendant une seconde, il cessa de crier. Puis il recommença, jusqu'à ce que la fatigue lui fasse lâcher prise.

Paris est bien beau, lorsque les Parisiens sont sages! Le 30 septembre, nous passons à nouveau au froid, avec la clôture de l'Assemblée constituante, puis au chaud : le roi fut applaudi lorsqu'il déclara qu'il avait besoin d'être aimé de ses sujets. Chez nous, le soir, en famille, le roi était soucieux. Il se demandait ce que la nouvelle Assemblée législative qui devait se réunir le 1er octobre allait nous réserver. Malgré l'heure tardive, les enfants étaient restés. Nous avions besoin de les sentir près de nous. Le 7 octobre, le roi ouvrait solennellement la session de l'Assemblée législative. Son discours avait été préparé par Barnave. Les projets étaient vastes. Il proposait entre autres un programme d'éducation nationale et un autre d'assistance publique. Cela était vraiment dans les goûts de Louis. Je me souvenais du travail qu'il avait conçu lorsque nous étions Dauphins, et que Louis XV lui avait fait brûler en déclarant que c'étaient des idées révolutionnaires. Pauvre cher Louis! Mais en ce jour, l'allocution qu'il prononça fut applaudie, sauf par les Jacobins. Le président Pastouret, se souvenant des paroles du roi, lui dit: « Vous avez besoin d'être aimé des Français, mais nous aussi avons besoin d'être aimés de vous. » Tout était au chaud. Le soir, nous sommes allés au Théâtre italien. Le roi paraissait très ému, et nous avons été très bien reçus.

Puis voilà le froid à nouveau. L'Assemblée se fâche, car elle est exaspérée par les menées antirévolutionnaires et anticonstitutionnelles du comte de Provence à Bruxelles. Il cherchait à agiter toute l'Europe contre la révolution, mais aussi contre la France, et à en tirer parti pour lui. On l'a sommé de rentrer, mais il n'en fait rien.

Lorsque l'Assemblée constituante se mua en Assemblée législative, des hommes nouveaux apparurent dans la vie politique. Barnave, Lameth et Duport, n'étant pas réélus, purent du moins continuer à inspirer le club des Feuillants, qui nous était plus favorable que les autres clubs. J'ai été trop absolue, ce n'était plus d'époque. Et cette nouvelle Assemblée, dont on ne pouvait tirer aucun parti, ne me causait qu'effroi. Notre correspondance secrète avec Barnave ne s'est pas arrêtée pour autant. Il était chaque jour plus confiant, et moi-même plus inquiète. A partir de ces jours de septembre, tout est devenu comme un écheveau, si

171

embrouillé que j'ai l'impression d'être transformée en girouette. Plus personne n'avait confiance en ce que le roi et moi-même pouvions faire ou dire. Les Jacobins et les Girondins accusaient Barnave de nous soutenir. Les émigrés disaient que j'étais l'amie de Barnave et que j'étais devenue une « démocrate ». Fersen, dans ses lettres, me faisait des reproches voilés, mais qui faisaient mouche. Comme il était jaloux de Barnave ! Je redoutais les manœuvres des émigrés, et une invasion par leurs troupes. On ne pouvait sans frémir penser aux suites d'un tel événement, et ce à quoi nous serions confrontés et exposés ici.

Le roi et moi nous continuions à penser qu'un congrès et des discours d'intimidation faits par les monarques étrangers suffiraient à calmer le peuple, au bord de l'insurrection et de la haine contre nous. Là, nous nous faisions des illusions. Nous pensions qu'une intimidation des factieux de l'intérieur donnerait confiance et courage à ceux qui nous étaient encore fidèles. Là, je me trompais encore : les factieux étaient enragés, et les quelques fidèles encore présents en France, à ce moment-là, avaient encore plus peur que moi. Le roi écrivit un long rapport sur ce sujet à Léopold II. Mais mon frère n'a jamais été pressé de répondre à nos lettres angoissées. Mercy était également pour temporiser. Et Fersen s'excitait contre mon frère, qui ne l'écoutait pas. Il m'écrivait des épîtres assez sèches, me demandant d'écrire à mon tour à la terre entière, même à la Russie. Je devenais de plus en plus nerveuse, à m'en trouver mal à la moindre émotion.

En février 1792, Gustave III, roi de Suède, et Mercy reviennent à la charge avec mille projets, entre autres ils nous demandent de recevoir Fersen, celui-ci ayant des messages importants à nous transmettre. Malgré le désir que j'avais de le revoir, j'ai tenté d'arrêter ce projet absolument fou. Fersen apparaissant à Paris aurait été immédiatement arrêté. Depuis Varennes, il était devenu l'instigateur de tous les complots, et le pire des réactionnaires. Malgré tout, l'idée de sa venue fit son chemin et Goguelat, mon secrétaire, qui avait gardé le contact avec Axel, m'annonça que celui-ci devait arriver le 13 février. Je me faisais un sang noir : il allait vraiment venir. Je savais qu'il avait beaucoup d'amis à Paris, surtout des femmes qui évidemment tenaient à lui. Je savais également qu'il connaissait les entrées secrètes des Tuileries et les passages dérobés. Mais il ne savait pas que la garde était devenue beaucoup plus nombreuse. Il est vrai que les jours sont encore courts en février. Et vers le soir, la soldatesque se retire dans des pièces après le dernier tour de garde.

Axel arrivait donc de l'étranger, muni de faux passeports pour l'Espagne et le Portugal. Par le fidèle Goguelat, j'ai appris également que dans son courrier chiffré, il m'appelait Joséphine. J'ai trouvé cela plaisant. Pourquoi Joséphine? Peut-être par rapprochement avec mon frère l'empereur. Donc, il allait vraiment venir. Heureusement que depuis quelque temps j'avais à nouveau la permission de m'enfermer chez moi.

Donc voici ce 13 février. Plus de la moitié du jour est déjà écoulée. J'étais presque sûre qu'il ne viendrait plus. J'avais quitté Louis plus tôt que d'ordinaire, tellement j'étais agitée. Louis l'attendait également. Viendra-t-il chez moi avant ou après avoir parlé au roi? Je faisais des efforts pour me calmer. De quoi avais-je l'air? Mal vêtue, mal coiffée. Heureusement, mes yeux étaient très clairs. Depuis quelque temps, je ne pleurais plus. L'espoir de le revoir me donnait un immense enthousiasme mais en même temps pour ne pas être trop déçue, je me répétais sans cesse que c'était impossible qu'il puisse venir, que c'était trop dangereux, trop risqué pour lui. En ces instants, je m'affolais. Si les gardes le surprenaient? Il y avait un passage où ceux-ci passaient presque tout le temps. Il fallait faire vite et bien silencieusement. A cet endroit, pour éviter les gardes, la seule solution était de passer chez moi avant d'aller chez le roi.

Depuis que nous avions reçu les missives de Gustave III, je ne vivais plus. J'étais distraite, même avec les enfants. Les pauvres amours! Ma Mousseline chérie s'était rendu compte que je n'étais pas tout à fait à ce que je faisais. Elle me dit même : « Maman, vous n'avez même pas remarqué que mon ouvrage de broderie est tout de travers. » J'ai eu des remords et maintenant encore plus. Cela devrait être impensable, que l'on puisse négliger toute attention et tendresse pour ses enfants lorsqu'un homme vous obsède à ce point. Mon amour, ma passion, mes désirs m'absorbaient-ils à ce point? Oui, c'était tout cela en même temps. Et par la suite, je me suis demandée si d'avoir été toujours séparée de lui si souvent, mon imagination ne finissait pas par créer un amour sublime, presque irréel, avec des désirs impossibles. De toute façon, ce 13 février 1792 aux Tuileries, je pense que je délirais un peu, entre la joie de le revoir et la terreur de penser aux dangers qu'il pourrait encourir.

Et maintenant, à l'endroit où je suis, je me sens tellement calme et sereine. C'est merveilleux, de pouvoir penser à ces instants. Je me revois en cette soirée d'attente, d'espoir, et de joies intérieures. Finalement, j'ai réussi à me calmer. Je me suis fait recoiffer et j'ai renvoyé mes femmes. Et ma longue attente a commencé. Que fait-on lorsqu'on attend ainsi celui que l'on aime? Qu'ai-je fait pendant ces instants qui m'ont paru des éternités? On ne fait plus rien. Dieu seul sait ce que depuis des mois je me répétais ce que je voulais lui dire. Tout ce que j'avais envie de lui demander. En ces instants d'attente, je n'avais absolument plus rien dans la tête. Je me sentais vide, je n'entendais que mon cœur battre.

J'avais laissé le loquet de mon appartement ouvert. La porte s'est ouverte, puis refermée doucement, et il était là devant moi, immobile, la porte derrière lui. Il avait l'air d'être dans un cadre. Je n'osais croire qu'il puisse être présent.

Durant des heures, il a été là.

Durant des heures, toutes les misères du monde se sont effacées.

Durant des heures, j'ai enfin pu parler de tout et de rien.

Durant des heures, lui a enfin parlé comme il ne l'avait jamais fait.

Durant des heures, j'ai enfin entendu son âme, son cœur, ses pensées.

174

Jamais, jamais cela ne nous était arrivé. J'ai enfin compris qui était Axel, j'ai enfin compris combien il m'aimait, j'ai enfin compris comment il m'aimait. Et durant des heures, l'un près de l'autre, nous sommes restés silencieux. C'était un commencement, c'était un adieu.

Le petit matin est venu. Et lorsque mes femmes sont arrivées, je l'ai caché dans un réduit derrière ma chambre, jusqu'au moment, pendant la relève des gardes, où il est allé rejoindre le roi. Il est parti, la porte s'est fermée en emportant notre secret. Je pensais que nous ne nous reverrions plus jamais seuls.

Lorsque je suis montée plus tard chez le roi, comme tous les jours, celui-ci parlait encore avec Axel. Ils étaient en pleine exaltation au sujet d'une possible évasion. Finalement, Axel a enfin compris que le roi ne partirait jamais et évidemment moi non plus. Axel était très déçu. Mais que pensait-il vraiment? Le temps d'une évasion était révolu et Louis le lui expliqua longuement. Enfin le roi nous dit bonsoir, et nous laissa seuls. Mon cher Louis! Votre bonté pour moi était de trop, ce soir-là. Je m'étais faite à l'idée de ne plus jamais revoir Axel. Et voilà que nous étions encore ensemble, mais pas tout à fait seuls, je dois dire. Il y avait un perpétuel va-et-vient, Élisabeth, et le service. Alors le jeu des fausses questions et des réponses qui veulent dire autre chose a recommencé. Lorsque j'étais jeune, insouciante, à Versailles, et que j'avais toute la vie devant moi, c'était un amusement que j'aimais. Mais aux Tuileries, en ce soir, je n'ai plus pu le supporter. J'étais au bord des larmes. Axel m'a comprise, et nous nous sommes dit adieu. Il s'est enfoncé dans la nuit.

Ces derniers instants chez le roi ont été comme un mirage. C'étaient des instants flous, qui ont confirmé irrévocablement nos rapports. La certitude de cette coupure jusqu'à l'éternité m'a rendue étrangement calme. J'étais aussi sûre de son amour que je le suis du mien. C'était apaisant. Et dès ce jour, j'ai pensé à lui sans rêver et sans imaginer.

Mon Dieu, étais-je devenue plus sage? Quant à ce que Louis et Axel se sont dit avant ma venue, mon cher mari ne m'en a jamais parlé et Fersen est parti sans me revoir. Il s'en est allé se cacher dans le grenier de lord Crawfurde, m'a-t-on dit. Axel m'avait fait savoir qu'il partait pour l'Espagne et le 24 février il était à Bruxelles.

Il y a quelques instants je me demandais si j'étais devenue plus sage. Sage n'est pas le mot. Ce serait plutôt réfléchie. Mes réflexions me conduisent vers des solutions sages. La sagesse est horriblement pénible lorsqu'elle met des barrières raisonnables à vos passions. Par la volonté, on finit par trouver la sérénité. La volonté seule? Non, il faut en plus un don d'amour généreux, et malgré tout, malgré l'horreur, garder au fond de l'âme une lueur d'espoir. Et je me surprends à me faire un sermon. Cher abbé Vermond, vous seriez bien étonné si vous pouviez m'entendre.

Après le rapide passage de Fersen, notre vie est devenue de plus en plus troublée. Ne voilà-t-il pas que Laporte, l'intendant de la liste civile, entend dire qu'un pâtissier nouvellement arrivé aurait été engagé pour empoisonner le roi? Louis craignait le poison. Il donna l'ordre de ne plus lui servir des pains et pâtisseries faits au château. Après quelques émois et discussions au sein de la famille, Madame Campan se chargea de faire confectionner chez elle pain et pâtisserie. Elle faisait aussi parvenir du dehors les gâteaux préférés de Louis. Je pense que si quelqu'un avait voulu nous empoisonner, il y avait mille autres moyens que les gâteaux. Enfin, cela rassurait le roi

En même temps, le personnel de la bouche a été réduit, Élisabeth est venue prendre tous ses repas avec nous. Nous n'avions plus de serviteur, nous nous servions nous-mêmes en allant chercher nos mets sur une desserte. C'était très agréable d'être seuls entre nous. Nous pouvions en toute franchise discuter des nouvelles qui nous arrivaient de Paris et autres petits potins.

Au mois de janvier 1792, après une réunion à l'Assemblée, quelques députés sont venus sommer le roi de demander à l'empereur Léopold II si son intention était toujours d'être l'allié de la France. Si la réponse était négative, la France entrait en guerre. Barnave de son côté me fit également écrire une longue épître à mon frère pour lui expliquer que tout allait bien. Dans le fond, je n'en croyais rien, c'est ce que j'écrivis à Mercy par un autre courrier. Toute cette duperie n'a servi à rien, qu'à me faire honte à moi-même. Je m'en veux affreusement. Je vais mourir avec cette tache, moi qui n'ai jamais menti de ma vie – vraiment menti pour tromper sciemment!

Mais Léopold ne semblait pas pressé de répondre. Et voilà l'Assemblée qui se déchaîne contre nous, les députés Brissot et Guadet qualifient la cour de « comité autrichien », dirigé par moi évidemment. Le pauvre Narbonne, ministre des Affaires étrangères, est accusé de complicité avec moi. Là-dessus, en février, le chancelier Kaunitz s'en mêle en dénonçant les horreurs perpétrées en France, et en déclarant que si cela continuait, l'Autriche, la Prusse, les Russes et les Suédois feraient une démonstration militaire. Évidemment, la lecture de ces écrits le 4 mars à l'Assemblée provoqua un beau tapage. Lessart édulcorant les dépêches de réponse fut accusé de félonie.

Mon moral tenait à un fil lorsque Louis, après mille précautions, m'annonça la mort de mon frère Léopold. Le choc a été trop violent, j'ai cru étouffer de douleur et j'ai eu une syncope. Mon Dieu, encore un de mes frères. J'ai été veillée pendant plusieurs jours par la princesse de Lamballe. Ses attentions étaient touchantes mais j'étais vexée contre moi-même. Il y avait tant à faire, à lire et à répondre, à écrire, et j'étais paresseusement au lit. Et de voir tous les miens en deuil ravivait ma peine. Lorsque je me suis sentie mieux j'ai envoyé un message par Goguelat au nouvel empereur de vingt-quatre ans, François II, fils de Léopold. Je demandais des secours à mon neveu, était-ce trahir la France? Étais-je vraiment si peureuse, si effrayée par notre situation? Celle-ci était tellement affreuse que l'on aurait demandé secours à qui voulait bien nous entendre, mais personne n'avait vraiment envie de nous secourir et maintenant, je m'en rends compte, ceux qui faisaient semblant de vouloir nous aider étaient ceux-là mêmes qui voulaient en profiter personnellement.

Pendant ce temps, les affaires courantes continuaient. Le roi a constitué un nouveau ministère, choisi parmi les Girondins. Il y avait Roland pour l'Intérieur, Grave pour la Guerre, Claverie était chargé des Finances et Dumouriez des Affaires étrangères. Les nouveaux ministres étaient tous favorables à la guerre. Dumouriez avait un rôle essentiel mais ses intentions me paraissaient équivoques, ou alors, je ne les comprenais pas bien. En tous les cas, il était totalement pour la constitution, ce qu'il m'a expliqué d'une façon claire et assez brutale. J'étais agacée mais je ne lui en ai pas voulu. Le roi l'appréciait.

François II était certainement plus belliqueux que son père Léopold, mais il ne voulait pas prendre l'initiative de déclencher la guerre contre nous. C'est Kaunitz qui a mis le feu aux poudres en exigeant d'une façon vraiment maladroite que l'on rendît ses pouvoirs au roi Louis XVI. Belle occasion de saisir la balle au bond et Dumouriez ne la manqua pas. Le 20 avril 1792 le roi fit donc adopter par l'Assemblée la déclaration de guerre.

Le 26 mars, j'avais eu le tort d'écrire à Mercy et à Fersen, leur racontant, comme je le faisais depuis toujours, ce que je savais des décisions de l'Assemblée et par ce fait, comme cela touchait les projets pris pour la marche des armées, cela a été considéré comme une trahison. C'est affreux, et je ne peux pas dire, comme une enfant stupide : « Je ne savais pas que je trahissais. » Mais je défends ma conscience en ce qui concerne l'attaque de la Belgique en avril. La cause de la défaite de ce corps d'armée est la défection de presque tous les officiers qui sont allés rejoindre les émigrés. Je trouve cela pire que tout car la troupe a été abandonnée à elle-même. Dans leur fureur ils ont massacré le général Dillon. En mai, nos généraux, réunis à Valenciennes, prièrent le roi de demander la paix. L'Autriche temporisait. Mais le roi de Prusse, avec son généralissime Brunswick, avait décidé la marche sur Paris.

Les libelles et les pamphlets ont à nouveau surgi de toutes parts, et j'étais la seule attaquée. Ils sont chaque fois plus infâmes. *L'Ami du Peuple* et *Le Père Duchêne* se déchaînent. On n'ose même pas me les montrer, ils sont orduriers.

Mon pauvre Louis est très abattu, il se remet mal d'une fièvre étrange qui l'a terrassé il y a quelques semaines. L'Assemblée a voté trois nouveaux décrets. Les prêtres, sur simple dénonciation, devaient être punis et déportés. La garde constitutionnelle du roi était dissoute et un camp de vingt mille gardes nationaux fédérés serait constitué à Paris. Toutes ces nouveautés ont vraiment inquiété le roi. Il voulut bien ratifier le décret concernant la garde, mais il refusa de signer ce qui concernait l'expulsion des prêtres et la nomination de vingt mille gardes nationaux. La constitution lui donnait ce droit de veto sur tous les décrets de l'Assemblée. Roland est venu faire pression sur lui mais il tint bon. Le 12 juin, étant sûr des officiers supérieurs, il renvoya les ministres girondins et ne garda que Dumouriez qui finalement partit pour le front.

L'Assemblée et la masse populaire commencèrent à devenir houleuses. Et voilà La Fayette qui vient nous affoler en nous expliquant que l'anarchie était totale dans le pays. Craignant que La Fayette ne fasse un coup de force militaire, les Jacobins et les Girondins décident d'organiser une journée populaire pour nous montrer la force de la nation!

Mon Dieu, mon Dieu, Louis et moi-même étions atterrés, dans notre château des Tuileries nous étions tellement seuls, menant une petite vie de bourgeois paisibles, et voilà que la tempête recommence.

Le 20 juin 1792, partie des faubourgs Saint-Antoine, Saint-Marceau, de Montreuil et de l'Observatoire, une foule armée de piques, de bâtons et de haches déferle sur l'Assemblée pour y déposer des pétitions, pour forcer le roi à retirer son veto sur les deux décrets qu'il a refusé de signer. Les députés ne reçurent qu'une délégation. Pour une fois, ce sont eux que la foule a effrayés. Malheureusement, cette masse humaine ne pouvant pénétrer dans la salle du Manège se réunit dans le jardin des Tuileries près du château. Les manifestants finirent par forcer les grilles, la garde nationale n'offrant qu'une bien faible résistance.

Madame Élisabeth, les enfants et moi-même étions tous réunis chez le roi au premier étage. Le calme de Louis nous en imposait. Vers trois heures les choses se gâtent. Les gardes ne résistent plus, ils obéissent aux ordres d'un dénommé Santerre, brasseur de son état, mais qui a pris le commandement des gardes nationaux du faubourg Saint-Antoine. Les grilles sont enfoncées. Comme dans un raz de marée, en quelques instants le château est envahi par les émeutiers. On ne peut imaginer le vacarme que peuvent faire des haches et des piques faisant sauter des portes, et le bruit sourd que fait une foule envahissante traînant les pieds sur un parquet glissant.

Et pour la première fois j'ai entendu : « À bas Monsieur Veto. » Mon pauvre roi, c'est à lui qu'ils en veulent maintenant. Petit à petit la marée monte – dire que je n'ai jamais vu la mer! Une horde escalade le grand escalier. Quelques fidèles, malgré mes protestations, m'emmènent avec les enfants dans la chambre du Dauphin avec Mesdames de Tarente et de Tourzel. Le roi va à la rencontre des émeutiers avec Élisabeth accrochée à ses basques. De la chambre du Dauphin on nous entraîne encore plus loin et nous arrivons dans la salle du conseil. Nous sommes poussés, les enfants, les dames et moi-même, contre une des parois et l'on traîne devant nous l'immense table du conseil, notre dernier rempart. Et une nouvelle attente angoissante commence. Je pose le Dauphin devant moi sur la grande table, Mousseline près de moi presque dans mes jupes. Et l'imprévisible arrive. Le brasseur Santerre monte la garde près de moi et la foule passe en me dévisageant comme une bête curieuse à la foire. Les enfants ont séché leurs larmes et eux à leur tour contemplent cette foule bigarrée qui défile devant nous.

Mon Dieu, tout cela pourrait ne pas être méchant, mais

180

pendant de longues heures, deux ou trois, je ne sais plus, je suis affreusement inquiète du roi. Où est-il, que se passe-t-il ? Enfin quelqu'un en passant est venu me rassurer. Grâce à Dieu, il est sain et sauf. Entouré par Messieurs de Beauvau, de Mouchy, de Mailly qui ne l'ont pas quitté. Mon merveilleux Louis a tenu tête, a discuté avec tout le peuple qui lui demandait de retirer son veto. Avec un calme que lui seul peut avoir, il expliquait les raisons pour lesquelles il ne signerait jamais. Vers dix heures du soir, la foule encore plus fatiguée que nous s'est retirée. La cour et les jardins se sont vidés. Nous nous sommes enfin tous retrouvés sains et saufs et nous avons pu prendre une bonne collation, que l'on me porta jusqu'au fauteuil où je me suis effondrée. Tout le monde se retire bien tard pour la nuit. Les enfants s'endorment comme des masses. Quant à moi j'ai eu un instant d'effroi, ma chambre avait été complètement saccagée. J'ai quand même pu utiliser mon lit. On finit par prendre son parti de tout.

Ne pouvant dormir, en cherchant dans ces décombres j'ai pu trouver une chandelle que je suis allée allumer au quinquet du passage intérieur, et j'ai écrit à Fersen, le rassurant sur notre sort. Les nouvelles vont vite et à Bruxelles on racontera sûrement le pire. Oh, ami de mon cœur, je ne voulais pas être une cause de souci pour vous.

Voilà ce qui me manque dans cette geôle, c'est de pouvoir écrire à ceux que j'aime. Dans ma chambre des Tuileries, malgré le désordre, les miroirs en miettes, j'étais comme dans un cocon, mes portes n'ayant pas été brisées, j'étais bien enfermée chez moi.

Après cette tornade tout est redevenu calme. Le roi et les enfants dormaient comme des anges aux âmes en paix. Et moi ? Mon âme, où en étais-tu ? Où en est-elle à présent ? Même dans le calme le plus absolu, depuis des années mon âme a toujours eu un poids sur elle, parfois ce n'était qu'un petit caillou, mais durant tous ces jours de troubles, en pensant au roi, à mes enfants et à Élisabeth, j'ai un bien lourd pavé sur l'âme.

Cette journée du 20 juin 1792 a été encore un palier dans notre pèlerinage vers l'enfer ou vers l'éternité et à chaque étape je découvre combien le peuple de Paris a de l'imagination pour nous varier les supplices.

Et soudain la vie reprend son rythme, notre petite vie de cour si désuète reprend avec ses horaires, ses courtisans qui viennent aux nouvelles en faisant leur petite cour à petits pas, en chuchotant comme en présence d'un grand malade. Dans le fond de moi-même je suis terrorisée et depuis ce grand charivari je fais dormir les enfants dans ma chambre. Ils sont ravis, depuis longtemps ils n'ont pas été à pareille fête, les chers amours. Cela m'a pacifiée. Les enfants donnent une confiance dans l'avenir ou alors une angoisse lorsque l'on voit le monde devenir chaque jour plus infernal. Mais à ces instants leur souffle calme et régulier et leurs menottes tout ouvertes, pleines de confiance, me donnaient un bonheur sans pareil. Merci, mon Dieu, pour ces belles heures. Dans cet état d'esprit, j'écrivais à Fersen mon optimisme en ajoutant que nous serions bientôt heureux et sauvés! Comment pouvais-je le rassurer à ce point sur notre sort?

Le 14 juillet, encore un, mes prévisions heureuses s'effondrent. Des projets sinistres circulent en ville à notre sujet. La Fayette réapparaît. Il craint des manifestations violentes pendant les fêtes du 14 juillet. Avec Montmorin et Gouverneur Morris, un de ses amis américains, il a mis au point un plan pour nous emmener à Compiègne. Gouverneur Morris nous certifie que « dans six semaines, ce sera trop tard ». Le roi est très ébranlé et prêt à suivre le plan, et voilà que pour une fois, au lieu de soutenir le roi, je n'ai rien dit. Oh, mon Dieu, comme je le regrette. Le fait de nous en remettre à La Fayette ne me plaisait pas et toujours mon incompréhension des astuces politiques! Je ne comprenais pas qu'il fallait saisir notre chance en nous mettant à l'abri, même sauvés par La Fayette, à condition d'adopter les nouveaux principes. Je ne voulais pas m'en remettre aux constitutionnels. J'ai été sotte et butée, oui, je ne cesse d'y penser,

182

de ressasser tout cela en moi. Mon Dieu, dois-je Vous en demander pardon comme une faute ou est-ce une maladresse? Oui, c'est une faute, mon Dieu, due à mon orgueil. J'ai du mal à m'en repentir, pardonnez-moi.

Malgré toutes les craintes, le 14 juillet se passa sans tumulte. Le roi et moi sommes même dans nos très beaux costumes d'apparat, étant très inquiets en notre for intérieur. Dans un silence macabre je revois mon roi, si grand, imposant, avec son habit d'apparat si brillant contrastant au milieu de cette foule que je voyais si terne, s'en aller vers l'autel de la patrie prêter serment à la constitution. J'avais l'impression qu'il ratifiait son acte de mort. Je me sentais livide.

Il y a quelque chose qui me donne un réel remords et me fait beaucoup de peine, c'est la déception que nous avons dû causer à tous ceux qui ont tenté de nous sauver. Bertrand de Molleville, Montmorin et Malouet sont parmi ceux-là. Ils nous auraient fait fuir à la sauvette des Tuileries et de Paris pour nous cacher au château de Gaillon, en attendant de passer en Angleterre. Louis et moi trouvions tout cela faisable. Le roi devait donner son approbation à Bertrand de Molleville qui s'impatientait. Le roi, lui, attendait la dernière extrémité, oui, mon Dieu, mon bon Louis, cette dernière extrémité nous a perdus. Le pauvre Molleville, désespéré, a encore écrit au roi pour lui dire de se hâter. Louis lui envoya son sceau en ajoutant de sa main « qu'il y aurait moins de danger à demeurer qu'à fuir ». Pauvre Bertrand de Molleville.

Oh, mon Dieu, je réalise combien Louis et moi nous étions en dehors de notre temps! Nous réfléchissions comme si nous étions encore à Versailles. Je m'étonne de voir notre lenteur à changer, le monde entier qui nous entoure a changé, lui. Quel est l'air qu'il respire qui doit être différent du nôtre? En tous les cas, en cette fin de juillet, tout avait l'air de bouillir dans la ville, à l'Assemblée, dans le pays, lorsque parut le 3 août le manifeste de Brunswick. Fersen, dans sa passion de vouloir nous sauver, a commis une grave erreur en écrivant le terrible manifeste et en excitant Brunswick à le proclamer. Le résultat en a été le contraire de ce qu'il attendait. Les Français et les Parisiens dans leur majorité en ont été comme piqués par un aiguillon et l'armée s'en est trouvée plus forte.

Le roi et moi-même avons été atterrés en le lisant. Il allait à l'encontre de tout ce que nous espérions. Le texte était si maladroit qu'il disait absolument le contraire de ce qu'il aurait fallu dire aux Français pour les calmer. Ce manifeste eut l'effet d'une détonation sur les Parisiens, c'en était fini de nous.

Pétion, devenu maire de Paris, demanda la réunion d'une convention nationale élue au suffrage universel. L'Assemblée eut encore quelques scrupules à notre égard et refusa de délibérer sur la déchéance du roi.

Le 10 août 1792, Louis et moi aurions dû mourir. En ce jour la monarchie française s'est écroulée. A quoi pourrons-nous servir? Voilà la pensée décourageante et sans espoir que je remuais dans ma sotte cervelle. Mais voyons les événements, à quoi bon!

Cette fois-ci, tout était irrémédiable. Dois-je prendre sur moi la responsabilité totale de cette chute vertigineuse? Oh, mon Dieu, dites-le-moi, il y a certainement beaucoup de ma faute mais je suis sûre que le monde s'est déchaîné autour de moi, contre moi. J'aurais pu peut-être donner un meilleur exemple, mais je ne puis pas croire que je suis seule responsable de cette catastrophe, de tous ces morts, de toute cette haine. Aurait-il seulement fallu un petit grain de sable pour détraquer la machine et je serais ce grain de sable? Mon Dieu, s'il Vous plaît, faites que je ne me laisse pas aller au désespoir quelques heures avant ma mort. Pensons plutôt au passé, aux images que je vois dans ma mémoire.

Le dimanche 5 août, était-ce prémonition, était-ce un don de Dieu, mais par un hasard extraordinaire toute la cour, nos amis, nos serviteurs, étaient présents à l'office divin. En ce beau dimanche d'août, toutes les femmes et moi avions mis nos plus beaux atours, les hommes également. C'était la

184

dernière messe de la cour de France. Et nous ne le savions pas.

Le 9 août, on est venu prévenir le roi qu'une insurrection sans précédent se mettait en marche, partant de tous les quartiers et très bien encadrée. Mandat, le commandant de la garde nationale, s'occupa de la défense du château et il fit appeler le régiment de Suisses cantonné à Rueil. Ils étaient neuf cents. Vers onze heures du soir Roederer est venu dire au roi que deux mille hommes étaient déjà en armes et que toute la capitale était prête à marcher; vers où, on ne savait pas bien, mais on pensait qu'il s'agissait du château ou de l'Assemblée. Il faisait si beau, toutes les fenêtres étaient ouvertes, les fleurs du jardin embaumaient l'air de l'été. Élisabeth et moi-même étions accoudées à la fenêtre, les enfants jouaient, le roi après le départ de Roederer vint lire près de nous.

Soudain la grosse cloche des Cordeliers sonna le tocsin, et petit à petit toutes les cloches de la ville se mirent en branle. Nous sommes restées à la fenêtre, nous frissonnions, c'était si terrible mais tellement beau tout ce peuple de Paris en marche vers nous. L'émotion nous fait rentrer dans le salon; je tremblais. Assise avec Élisabeth, toutes nos dames nous entouraient en silence. Que pouvions-nous dire? Roederer revint et prit un siège que le roi lui désigna. Personne ne parlait. A quoi bon? Je suppose que chacun pensait à sa fin dernière, à l'instar des passagers d'un navire en perdition.

Les cloches se turent, le silence nous oppressait, nous nous sommes regardés et petit à petit comme des automates dont on remonte la manivelle, chacun a repris sa vie. Les enfants étaient sagement endormis chez eux avec Madame de Tourzel qui les veillait. Je suis allée m'étendre avec Élisabeth à l'entresol dans une petite pièce de repos. Le roi somnolait tout habillé sur un divan. Madame de Tourzel avait envoyé un mot à son fils François pour le prévenir qu'il n'y aurait pas de coucher du roi ce soir. Le jeune homme était avec son ami La Rochefoucauld qui revenait du théâtre. Les deux jeunes gens furent très étonnés par cette décision inso-

185

lite et continuèrent la soirée paisiblement en buvant du punch. Le lendemain, ils étaient tous deux au palais, tout surpris de tomber de la sérénité à l'état de guerre. Voilà la vie !

Vers l'aube nous avons été réveillés par un grand bruit. Toujours avec Élisabeth, nous avons couru chez le roi. Il n'avait rien entendu, il dormait toujours étendu sur son divan. Je le revois encore et je pleure, le meilleur des hommes, seul, tout abandonné, les cheveux en bataille, paraissant si tranquille, un homme à l'âme sereine. Si je pouvais être comme lui, confiante dans la main de Dieu ! Louis se réveilla. Je le précédai dans la salle du conseil où tous ceux qui avaient pu nous rejoindre nous attendaient.

C'était l'aurore du 10 août. Après cette curieuse nuit d'attente, tous réunis, seigneurs, officiers, serviteurs, nous étions comme une seule famille sans façons guindées, échangeant nos impressions, nos craintes. J'ai apprécié cet instant de confiance aimable. Et voilà Paris qui s'éveille avec l'angélus. Puis une rumeur de foule qui approche. Puis c'est le tocsin que l'on entend, comme pour dire aux derniers Parisiens endormis : « Allez, allez vers des temps nouveaux. » Les verront-ils tous, ces temps nouveaux ? Pendant ces premières heures du matin, le roi, du haut du perron du château, alla parler aux gardes qui devaient nous défendre. C'était bien inutile, nous nous sommes fait injurier. Mes pauvres enfants, que devez-vous penser de nous ! Bientôt nous voyons la place du Carrousel envahie par les Marseillais et les bataillons du faubourg Saint-Marceau. Ils se rangent en ordre de bataille en face de nous. Je demande à Roederer : « Que devons-nous faire ? » Comme procureur, il prend l'initiative de nous conduire à l'Assemblée. Il s'ensuit une discussion entre Roederer, le roi et moi. Nous pensons encore parvenir à nous défendre. C'est tout juste si Roederer ne nous a pas dit que nous rêvions. Pour nous défendre nous n'avions que les neuf cents Suisses et les mille gardes nationaux, contre deux mille hommes armés et plusieurs milliers de manifestants également armés et décidés à en découdre. Le roi encore une fois tente de haranguer les gardes qui lui hurlent à la figure : « A bas le roi, à bas le veto. » Comme j'ai souffert pour lui.

Il est déjà dix heures du matin et nous apprenons que Mandat, accusé de nous être trop favorable, vient d'être massacré. Roederer vient retrouver le roi et nous demande de nous réfugier à l'Assemblée. Nous protestons tous les deux. Alors Roederer lui dit : « Sire, ce n'est plus un conseil que nous prenons la liberté de vous donner ; nous n'avons qu'un parti à prendre en ce moment, nous vous demandons la permission de vous entraîner. » A cet instant j'eus une telle émotion que paraît-il mon décolleté est devenu presque violet et ma chère Tourzel m'a recouverte d'une modestie. Le roi discute encore mais enfin il cède. « Marchons », me dit-il.

Encore un départ. Nous quittons les Tuileries pour toujours. Allait en tête Monsieur de Bachman, major des gardes suisses. Nous passons entre ceux-ci rangés en double file. Monsieur de Poix est juste devant nous. Je marche derrière le roi tenant le Dauphin par la main. Madame Élisabeth et Madame Royale se donnent le bras. Puis viennent la princesse de Lamballe et Madame de Tourzel et nos ministres. Je ne voyais le roi que de dos mais son allure était si digne et forte que je l'admirais. Quant à moi heureusement que La Rochefoucauld me donnait le bras car je tremblais comme une feuille au vent. Marie-Thérèse était très effrayée, la chère enfant, mon petit Louis Charles marchait sans crainte, c'était une belle promenade pour lui. Nous avons été injuriés. Cela devenait une habitude, je n'écoutais même plus, mais notre entourage paraissait inquiet.

En arrivant au Manège, le roi dit : « Je viens, Messieurs, pour éviter un grand attentat, pensant que je ne puis être mieux en sûreté qu'au milieu de vous. » Il s'assit auprès du président, et moi et la suite nous étions sur les bancs des ministres. A ce moment quelques députés ont déclaré que devant le roi il n'était pas constitutionnel de prendre des délibérations. Alors, ce qui paraît invraisemblable arriva.

On nous tassa tous dans la loge exiguë du logographe, le secrétaire qui prenait les notes des débats et dont le réduit se trouvait derrière le fauteuil du président.

Nous restons entassés dans ce cagibi jusqu'à dix heures du soir. Nous ruisselons, nous mourons de soif. Les enfants se sont endormis d'épuisement et nous restons silencieux pour écouter ce qui se dit à l'Assemblée. C'est loin d'être réjouissant. Il se passe des choses terribles aux abords du Carrousel et du château. Il y a eu des ordres, des contrordres. Quelques ordres de cesser le feu n'arrivèrent jamais. Au début l'Assemblée envoya des députés pour dire qu'il était inutile de tirer au canon sur les Tuileries, le roi n'y étant plus. Ces députés rebroussèrent chemin sans avoir pu traverser le porche. Le roi avait donné au début l'ordre aux Suisses d'arrêter le tir car ainsi les attaquants cesseraient le leur. Ce fut un carnage dont on accusa le roi. Les Suisses en défendant malgré tout le château furent presque tous tués. Les survivants furent envoyés en prison à l'Abbaye. De notre réduit nous écoutions avec anxiété. Assez tard ce fut le silence. A ce moment-là, la foule a envahi le château.

Après cette grave échauffourée les députés perdirent de leur prestige et leur autorité. Alors les nouveaux maîtres de Paris apparurent pour le malheur de tous avec la Commune de Paris, Robespierre, Marat et Danton.

De la loge du logographe, nous entrapercevons Vergniaud se lever et déclarer : « Le peuple français est invité à former une convention nationale et le chef du pouvoir exécutif est provisoirement suspendu de ses fonctions. » Ils veulent adoucir la sentence en déclarant que « dès que le calme sera rétabli, ladite famille sera installée au Luxembourg ». Il faut quand même que l'on nous sorte de notre réduit. Nous sommes tous conduits avec ma femme de chambre Madame Augier au couvent des Feuillants attenant au Manège.

Des fous et des forcenés étaient enfermés aux Feuillants et toute la nuit nous avons entendu les cris et leurs injures. Le lendemain la chère Campan eut la permission de nous apporter des vêtements et du linge. Le roi avait une cellule à part et nous les femmes et le Dauphin quatre cellules que l'on appelait pompeusement un appartement. Nous sommes restés là jusqu'au 12 août au soir. Jusqu'au 11 c'est un traiteur qui nous a apporté nos repas, mais la Bouche a repris son service le 13 août.

Les Feuillants, quelle parenthèse étrange, pendant que l'on discutait de notre sort à l'Assemblée. Dans la soirée du 13 Pétion avec un officier municipal est venu nous chercher et encore une fois nous nous sommes entassés dans un carrosse du palais traîné par deux chevaux seulement. La princesse de Lamballe était avec nous. Vers sept heures, quelle n'est pas notre surprise d'arriver devant la façade tout illuminée du palais neuf du Temple, appelé « Palais du prince ».

VIII

SÉQUESTRÉE

Maintenant, c'est toute ma vie que je revois, et tout tourbillonne dans mon esprit. Pourtant, quelques images sont très précises. Avant que l'on me transfère dans ce cachot humide et froid, ici à la Conciergerie, la période que nous avons passée au Temple, tous ensemble avec le roi, me paraît presque heureuse.

En arrivant au Temple, j'imaginais que l'on nous installerait dans la partie centrale où jadis Artois avait une belle résidence. Dire que j'y suis allée dans la nuit des temps, en traîneau, par des jours d'hiver, où mon beau-frère donnait des réunions fort distrayantes. Que de belles soirées j'ai passées là du temps où Artois donnait des fêtes! Mais rien de tout cela n'existe plus. Notre arrivée en pleine nuit était comme irréelle. Toute la façade du palais était illuminée, laissant les deux tours sombres du Moyen Âge dans la pénombre, silhouettes menaçantes. Cela avait l'air d'une grande réception. Pour cet instant, après tant d'émotion et d'angoisse, Louis et moi nous n'osons croire à ce petit bonheur. On nous a servi un souper somptueux. Mon petit Dauphin s'était endormi sur les genoux de Tourzel.

Mais, hélas, c'était trop beau. Notre bonne surprise fut de courte durée. Je crois que c'est Madame de Tourzel qui la première a saisi que nous n'allions pas rester dans le palais. En effet, après le repas, on nous a conduits par un dédale de corridors, de souterrains, et même par un jardin jusqu'à la

191

petite tour, celle qui est accolée à l'énorme donjon, la grosse vieille tour du Temple qui était le vieux réduit des Templiers. La commune avait décidé de nous installer provisoirement dans l'appartement de l'archiviste, le pauvre Berthélémy, qui a dû vider les lieux sur l'heure. Pendant combien de temps nous fera-t-on changer de demeure pour être à chaque fois dans un lieu plus sinistre?

Cet appartement était petit, mais intime, et surtout nous n'étions pas séparés les uns des autres. Hélas, peu de jours après, nous avons commencé par être séparés de Madame de Tourzel et de ses deux filles, et de ma tendre amie la princesse de Lamballe. On les a emmenées à la prison de la Force. Je frémis en pensant au martyre de la princesse de Lamballe, revenue d'Angleterre pour partager notre sort. J'ai envie de crier à l'idée du traitement que ces furieux lui ont fait subir, et à sa dépouille que l'on nous a montrée à nos fenêtres du Temple. C'était au début du mois de septembre, la ville entière pillait et massacrait tout autour de nous; nous avons vécu des moments d'horreur. Même les gardes municipaux et les commissaires faisaient de leur mieux pour nous protéger contre la fureur de la populace. Cet instant est un des pires de ma vie. Sainte et douce amie, que Dieu vous ait en garde!

Le logement que je partageais avec mes enfants et Madame Élisabeth était agréable, bien meublé, simplement. Nous n'avions gardé avec nous que deux valets de chambre pour le roi et le Dauphin, dont le brave Cléry. Parmi nos serviteurs fidèles, il y avait encore le brave Turgy. Il m'a rendu un fier service, un jour où j'avais cassé mon peigne en écaille. Je ne sais par quel miracle, il m'en trouva un autre. Ces petites attentions nous allaient droit au cœur. Que sont devenus ces fidèles serviteurs? Que Dieu les garde. Quatre femmes de chambre sont aussi restées avec Élisabeth, Mousseline et moi.

Nous prenions nos repas en famille, servis dans la salle où nous passions le plus clair de notre temps. Ma sœur Élisabeth et moi avions nos ouvrages de broderie, nous écoutions

192

le roi donner des leçons de mathématiques et de religion au Dauphin. C'était paisible. Le roi se promenait souvent avec le Dauphin dans un jardin entre le Temple et ses grandes murailles. Parfois, nous entendions des petits crieurs de journaux annoncer très fort certaines nouvelles importantes. Surtout celles des mouvements des armées des Français, et celles des Prussiens de Brunswick, puisque c'était la guerre depuis le mois d'avril 1792. Ainsi, nous nous tenions un peu au courant. Aucun de mes frères n'a jamais remué le petit doigt pour nous venir en aide. Et l'on m'a accusée de trahison! Quant aux Prussiens et Brunswick en tête, avec son désastreux manifeste, ils n'ont fait qu'envenimer les choses en ce qui nous concernait, puisque c'est à cause d'eux que nous nous sommes retrouvés enfermés au Temple.

Notre vie au Temple, malgré les angoisses quotidiennes, nous a procuré une vie de famille. Le roi et moi-même avons pu parler souvent de bien des sujets, ce qui a pacifié nos cœurs. J'ai des remords d'avoir souvent été très agacée et même furieuse contre mon pauvre Louis. Sa gloutonnerie m'exaspérait. Aux pires moments d'angoisse, il mangeait avec plaisir, et quantités. Déjà, à Versailles, cela m'avait choquée. J'en ai même parlé avec la chère Campan. Et aux pires des moments que nous avons pu vivre ensemble, alors que ma gorge se serrait et ne pouvait laisser pénétrer aucune nourriture, lui avalait sans sourciller des plats entiers. Même lorsque notre sort était suspendu entre deux fils, après l'invasion des Tuileries, dans les cellules du couvent des Feuillants où l'Assemblée nous avait momentanément hébergés, il prenait d'énormes repas. Enfin, pardon, mon Dieu, et pardonnez-moi, Louis. Est-ce que tous les Bourbons sont aussi gloutons? Il faut dire qu'au Temple les repas étaient excellents; ce n'était pas des repas de prisonniers. Il y avait plusieurs entrées, un plat léger, des entremets, des compotes, des fruits, du vin de Malvoisie, du bordeaux et du champagne.

Décidément, la commune avait voulu bien faire les choses. Notre linge était soigné, les lits confortables, nos vêtements en état. Comme ma garde-robe avait disparu corps et biens dans le pillage des Tuileries, on m'a fait refaire tout mon trousseau, ainsi qu'à Élisabeth et à Mousseline, qui grandissait si vite, la pauvre enfant. Trente couturières se sont mises à l'ouvrage jour et nuit pour suffire à la besogne. J'ai retrouvé des bonnets et des chemises de linon, des redingotes de taffetas, des robes et des jupons à mon goût. On s'évertuait à nous traiter en hôtes. La bibliothèque du roi était bien fournie, il avait tous ses chers livres d'histoire, de latin, de mathématiques, et même de machinerie.

Mon Dieu, il n'y a pas si longtemps, nous étions tous réunis au Temple. De ma vie, je n'ai jamais eu des jours en famille si calmes. Vers la fin du mois de septembre, l'appartement préparé pour le roi dans le gros donjon du Temple a été terminé. La grande tour a été tapissée et meublée décemment. L'ancien régisseur du comte d'Artois, Pierre Thomas Jubault, prit plusieurs pièces d'ameublement dans le palais du Temple pour les mettre dans la tour. On a aménagé quatre pièces pour le roi et le Dauphin à l'étage supérieur, et quatre autres pièces pour Madame Élisabeth, les enfants et moi-même à l'étage au-dessus. Mais nos « appartements » n'ont été prêts que quelques semaines plus tard, car on a procédé à quelques aménagements pour moi : la commune a fait installer une baignoire et a fait venir un clavecin. Pendant un moment nous avons été séparés, nos gardes ne voulaient même plus que nous nous voyions pour les repas. Tout a fini par reprendre son cours et nous avons pu à nouveau nous voir en famille pour les repas.

Mais nos journées au Temple étaient perpétuellement dérangées par des irruptions subites de ces messieurs révolutionnaires, je dirais plutôt ces hommes. Le pire était le terrible Hébert, auteur diabolique de ce journal, *Le Père Duchêne,* que l'on avait nommé notre gardien en chef. Je crois vraiment qu'il me haïssait. Son sans-gêne n'avait pas de bornes, il faisait perpétuellement irruption dans nos chambres. Il fumait sa pipe sans se soucier le moins du monde de nous incommoder, et n'hésitait pas à me souffler sa fumée au visage. D'être perpétuellement en état d'alarme me rendait très nerveuse. Je le regrette, car Louis en souffrait.

Notre vie au Temple a été notre dernière escale avant l'enfer. Je reviens encore en arrière, toujours et encore pendant les jours où nous avions un léger, si léger espoir ; espoir de quoi ? De pouvoir, du moins, mettre au point un semblant de constitution avec des personnes raisonnables. Mais personne n'était raisonnable. Et ceux que j'ai vus à mon jugement étaient effrayants de fanatisme. Fouquier-Tinville, Saint-Just, Robespierre, sans parler des témoins comme Hébert. Mais avant ces instants auxquels je pense, j'en reviens aux soins que l'on avait pour nous au Temple. Était-ce pour nous ménager, était-ce pour nous faire croire à un changement dans la politique ?

Mon dernier bonheur : tous les matins, je donnais des leçons à mes enfants ; je pouvais jouer avec eux et les coucher le soir. Nous jouions aux cartes en famille, et j'ai même essayé de me remettre au clavecin. Mais je fondais en larmes, car cela me faisait trop penser aux jours heureux à Trianon, où en jouant je rencontrais le regard de Fersen.

Le roi priait beaucoup. Moi, je rêvais, et je me laissais aller à la mélancolie, ce qui est une faute. Oui, on se replie sur soi-même et l'on ne pense plus à ceux qui vous entourent. Ma sœur Élisabeth priait également, mais son fatalisme m'agaçait souvent. Il n'était pas de mise.

Malgré cette routine et ce calme apparent, nous étions toujours inquiets. Surtout lorsque nous entendions le tocsin sonner dans Paris. Nous nous demandions quel présage de malheur il annonçait. Nous avions quand même de petites consolations, avec des personnes qui étaient à notre service. Non pas les gardes et les soldats, mais les serviteurs qui très vite furent étonnés de constater que nous n'étions pas les monstres décrits par les pamphlets. Seuls les Tison, placés là par la commune de Paris, restaient insensibles à notre sort. Mais Turgy, qui pouvait entrer et sortir du Temple, s'était arrangé pour que l'un des crieurs de journaux vienne crier sous nos fenêtres. Il faisait également passer des messages. C'est ainsi que nous avons su que l'ami fidèle et dévoué Mercy d'Argenteau tentait d'attendrir la cour de Vienne en notre faveur. Comme je suis heureuse de savoir Axel en sûreté à Vienne, ainsi que l'ambassadeur Mercy d'Argenteau que j'ai si souvent maltraité en n'écoutant pas ses conseils. Et heureusement que je ne l'ai pas écouté, surtout en politique. Ce sont les seuls qui pensent encore à moi. Comme c'est merveilleux de sentir des filins invisibles qui me relient à celui que j'aime.

Tous ces petits agréments nous furent bientôt supprimés. Nos gardiens et les hommes de la Convention, subitement persuadés que nous allions nous évader, donnèrent l'ordre de resserrer notre surveillance.

Le 21 septembre 1792, nous entendons des rumeurs et des cris de joie. Nous sommes inquiets, la joie n'existe plus, nous sommes entourés de haine. Il est vrai que la foule de Paris est changeante, mais que peuvent annoncer des cris de joie ? Le lendemain, nous connaissons la raison de cette allégresse : des commissaires de la Convention viennent annoncer froidement au roi qu'il n'est plus roi. En un mot, sa destitution. Et que désormais, il s'appellera Louis le Dernier. Ce semblant de nom de famille a été très tôt changé en Louis Capet.

J'ai longtemps réfléchi à la façon tellement impassible avec laquelle il a reçu cette nouvelle déclaration officielle. Mon roi ! C'était un homme si bon, il pensait plus qu'il ne parlait, et son honneur et sa foi passaient avant tous les compromis ; je pense que c'est une des raisons pour lesquelles il était toujours si lent à se décider.

Il n'était plus le roi, et je n'étais plus la reine. Cela a été comme si on nous enlevait un poids sur l'âme. Nous n'avions plus de responsabilités, mais nos pensées continuaient à nous faire réagir comme nous l'avions toujours fait. Il est impossible de réprimer les réflexes et la manière d'être que l'on nous a inculqués depuis notre tendre enfance. Ce n'est pas parce que l'on n'a plus la fonction que

196

l'on ne peut plus penser et agir comme nous l'avons appris par l'exemple des générations qui nous ont précédés. Depuis l'instant où le peuple a enlevé à Louis toutes ses fonctions, j'ai eu l'impression qu'il a trouvé une grande sérénité. Si je pouvais suivre son exemple! Mais quoique ma situation soit insoluble, je continue à bouillir intérieurement en espérant l'impossible. Est-ce de l'entêtement, de l'orgueil ou du courage? Louis, dans sa sérénité, était courageux, très courageux.

Au Temple, à partir de ce 21 septembre, nous attendions. Mais qu'attendions-nous? Dans le fond de nous-mêmes, nous pensions bien que l'on finirait par nous exécuter. En y réfléchissant, pour tous ceux de la Convention, c'était l'unique solution; ils ne pouvaient rien faire d'autre de nous. Et mes enfants? Comment peut-on les sauver? Peut-être que notre mort les sauverait. C'est ma pire souffrance de ne rien savoir d'eux.

Après le 21 septembre, Louis et moi-même nous sommes occupés le plus possible des enfants. Nous voulions leur donner le plus d'amour possible, et leur transmettre les joies et les lumières qui restaient encore dans nos cœurs. Et puis un jour, soudainement, une commission fait irruption dans nos appartements, et nous devons leur remettre tous les instruments tranchants, les papiers et les crayons que nous possédions. C'est incroyable. Ils me laissent quand même mes aiguilles à broder. Le roi est tout désolé de se séparer d'un petit couteau qu'il portait sur lui depuis toujours. Nous sommes vraiment traités en détenus. Ce changement d'attitude redouble nos inquiétudes.

Et voilà que mon bon mari est isolé. Il lui est interdit de monter nous voir. Nous entendons de nombreux va-et-vient dans l'appartement du dessous, où loge le roi. Nous ne sommes séparés que par un parquet. Nous sommes si proches, nous nous entendons presque, et nous ne pouvons rien nous dire, ni nous voir, ni nous sourire, ni échanger un regard. C'est encore un tourment de plus, une épreuve inutile qui nous est infligée. Par Cléry, nous apprenons que la

197

Convention a décidé de juger le roi. Comme par hasard, on a trouvé aux Tuileries, au moment opportun, une armoire de fer où il conservait ses papiers les plus importants, les lettres de Mirabeau, celles de ses frères, et quelques autres. Nous ne savons rien de plus, si ce n'est que Malesherbes vient souvent voir le roi pour l'aider. Mais comment l'aider ? Si j'avais pu être à ses côtés, le voir plus souvent en ces derniers moments, aurais-je pu lui être utile ? A quelques jours de Noël 1792, Cléry parvient à nous prévenir que le jugement du roi est imminent. Puis plus rien pendant près d'un mois. C'est terrible, cette torture de savoir un être cher si proche de vous, et de ne pouvoir cependant en avoir aucune nouvelle, ni le voir ni même lui parler.

Élisabeth et moi sommes dans l'angoisse. Et le 20 janvier, un employé municipal rentre chez moi, il a l'air affreusement gauche et gêné. Je prends peur, il nous dit que nous sommes autorisés à descendre chez le roi avec les enfants.

Comment penser à ces instants sans pleurer, sans ressentir une douleur qui prend le cœur ? Nous sommes tous réunis pour la dernière fois, le roi est si calme, il nous sourit et son bon regard bleu nous dévisage avec intensité. Demain, il ne sera plus là. Durant notre vie, nous n'avons jamais été aussi unis qu'à ces instants. Mon bon roi, qui m'a tant aimée, et que j'ai si mal aimé ! L'ai-je si mal aimé ? Lorsque nous nous sommes quittés, il m'avait promis de me revoir le lendemain matin à sept heures.

Maintenant, j'essaie de rêver à des jours heureux. Mais dans mon cœur et dans ma tête résonnent les bruits du 21 janvier 1793, et des rumeurs que j'essaie d'interpréter. On monte et on descend des escaliers, mais pas jusque chez nous. Les enfants dorment, Élisabeth est près de moi, livide. Nous retenons notre souffle pour mieux entendre ce qui se passe au-dehors. Des portes ont claqué, des ordres ont été donnés, un carrosse est arrivé, puis le départ de ce carrosse. Un convoi avec la troupe. Et puis, un grand silence, un silence glacé, un silence de mort. Combien d'heures sommes-nous restées ainsi prostrées près de la fenêtre, que nous avions ouverte malgré le froid, pour mieux entendre les bruits de la ville? Qu'avons-nous entendu? Il nous semble une rumeur, et puis une salve de canon. A cet instant, mon cœur s'est arrêté.

J'ai tout de suite su, comme si une épée de glace avait transpercé mon corps. J'ai regardé Élisabeth, qui était comme absente. Je ne voyais rien quand soudain au travers de ce brouillard, j'ai perçu le mot « maman »; alors j'ai compris, mon bon roi n'était plus, et voilà le petit roi vers lequel j'ai couru. Oh, comme je l'ai serré dans mes bras, mon adorable petit Louis XVII! En revoyant ces instants, mes larmes coulent toutes seules. Le gardien assis non loin de moi ne comprend pas ces larmes silencieuses, qui tombent sans bruit, glissant sur mon visage immobile. Le voilà qui se lève et vient vers moi : « Vous avez mal quelque part? » – « Non, merci, ce n'est que mon cœur qui pleure. » Le pauvre homme ne comprend pas, et va se rasseoir, il a l'air très triste. Comme cela doit être ennuyeux de rester assis sans bouger, sans penser à rien. Je suppose qu'il ne pense à rien. Peut-être à sa femme. J'ai remarqué que tous ces hommes d'une très petite classe ont une femme. Un soldat pense toujours à sa femme, un boulanger a toujours une boulangère. Mon Dieu, voilà que l'horrible chanson dont on nous a rebattu les oreilles lors du retour de Versailles me revient : « Le boulanger, la boulangère et le petit mitron. » Oh, mon petit mitron adoré, où es-tu? Et voilà mes larmes qui coulent de plus en plus belle. Pendant un instant, j'étais distraite de mes pensées, par la question du gardien. Et j'ai pensé à lui au lieu de penser à moi. Dans ma vie, ai-je assez pensé à ceux qui m'entouraient? Ou ai-je trop pensé à moi? J'aimais voir les gens heureux autour de moi, mais ce n'était pas vraiment penser à eux. Les ai-je aidés à être heureux? Peut-être certains amis, mais il y en avait tellement! Au Temple, nous étions réduits aux proportions d'une famille normale, on pourrait presque dire, un ménage normal. Mais ce n'était quand même pas normal du tout! Ce qui me révoltait et me révolte encore, c'était de voir comment le roi était traité. Je n'arrive pas à me mettre dans la tête que nous sommes des êtres humains comme tout le monde. On m'appelle l'orgueilleuse Autrichienne. Autrichienne, oui, si l'on veut, mais je suis aussi Française. Mais l'orgueil? Est-ce de l'orgueil de savoir qui l'on est? D'où l'on vient? Et ce pour quoi nous sommes sur cette terre? François de Lorraine, mon père, me disait, lorsque petite, que j'étais triste ou que je n'aimais pas faire certaines choses : « Marche la tête haute et le regard droit, et Dieu pourvoira au reste. » C'est une attitude, une discipline que j'ai gardées. Le corps a des réflexes, mais ce n'est pas forcément de l'orgueil. Enfin, saint Pierre ou saint Michel, à vous de décider.

Ma petite Marie-Thérèse possède déjà ces bons réflexes. J'en suis fière, cela ne l'empêche pas d'être très sensible; elle pleure si facilement! Ma petite Mousseline chérie, où es-tu, comment es-tu traitée? Heureusement qu'Élisabeth est auprès de toi.

Ce 21 janvier, journée d'enfer, nous avons prié. Nous nous sommes pelotonnées dans ce que nous formons à présent, une famille bien réduite. Sans chef. Je ne me souviens pas que l'on soit venu nous annoncer la mort du roi. Tout le monde le savait sans en parler. Et puis quelque chose m'est apparu comme complètement déplacé : la femme Tison, qui nous surveillait constamment, et que nous soupçonnions d'être une espionne, entra chez nous, m'apportant une robe et un bonnet de deuil. Le deuil d'une veuve. C'est la seule robe que je porte depuis, une robe plus qu'austère et un bonnet blanc à charlotte. Je suis vraiment très étonnée de cette attention, de la part de personnes qui ont tout renié et tout rejeté. En y réfléchissant, c'est peut-être pour me montrer comme une simple veuve; je ne suis plus rien, plus reine de France, une veuve comme toutes les veuves de France. Mais je reste quand même toujours l'Autrichienne. Ces pauvres gens sont vraiment pleins de contradictions. Je reste archiduchesse d'Autriche, cela ils ne peuvent me l'enlever, et c'est ce qui les gêne; ils seront plus tranquilles une fois que je serai morte.

Par des amis fidèles qui ont pu me passer des messages, j'ai su que mon roi est mort si noblement, comme un roi doit mourir. Ses dernières paroles, dites du haut de l'estrade des supplices, ont été entendues par la foule amassée à ses pieds, mais par la suite l'ordre fut donné au tambour de couvrir sa voix.

Dans les derniers jours de cet épouvantable mois de janvier 1793, Cléry a réussi à me remettre l'anneau de mariage du roi, et son cachet pour son fils, ainsi qu'une touffe de cheveux. C'est tout ce qu'il m'est resté de lui.

Élisabeth, les enfants et moi, recroquevillés sur nous-mêmes, nous nous occupions un peu comme des automates à tous les petits travaux quotidiens. La Convention semblait nous avoir oubliés pour quelque temps. La pensée du roi ne nous quittait pas. Lorsque nous entendions des pas dans l'escalier, le premier réflexe était de penser que Louis allait ouvrir la porte. Puis il nous revenait qu'il n'était plus, que nous étions seuls au monde et que les visites ne pouvaient annoncer que de mauvaises nouvelles. Les enfants étaient notre seule joie. Nous nous en occupions le plus possible, sans les obséder.

Et puis est apparu dans notre horizon un dénommé Toulan. Un personnage étrange. Il a été un des premiers, le 10 août, à envahir les Tuileries. Il a même reçu une médaille de récompense pour ces hauts faits républicains. Il est considéré comme un incorruptible, et on lui a confié ma surveillance ! Que s'est-il passé dans cette tête bizarre ? Petit à petit, il change et devient un sujet d'un dévouement absolu et désintéressé. Il n'attend aucune récompense, il veut nous sauver. Je reprends un espoir fou. J'apprends entre-temps que le général de Jarjayes, malgré tous les dangers qu'il peut courir, a quitté l'armée de Coblence et qu'il se trouve à Paris. Je n'ose y croire, son épouse était une de mes femmes de chambre, jadis. Je fais parvenir un message à Jarjayes, par Toulan. Jarjayes se méfie, il n'est pas sûr que le message soit de moi. Il demande à Toulan de lui faciliter une entrée au Temple. J'envoie un autre message à Jarjayes, en lui disant de se hâter, mais de se méfier, car la femme Tison, qui est enfermée avec moi, ne me paraît pas sûre. C'est un instinct chez moi, de ressentir physiquement les personnes qui ne m'aiment pas. Là-dessus, Toulan fait des miracles. Il arrive à introduire Jarjayes en flattant l'allumeur de réverbères. Le bonhomme lui passe ses vêtements et ses instruments, et Jarjayes passe pour un allumeur de réverbères, pendant que le véritable va boire un coup. Tout cela paraît risible, mais je n'en étais pas moins morte d'angoisse. Mon émotion est immense et j'ai du mal à me contrôler lorsque Jarjayes pénètre chez moi en prétextant la curiosité auprès des gardiens. Un troisième personnage entre en jeu à cette époque : un dénommé Lepitre, lui aussi municipal affecté à notre surveillance. Lui agit pour de l'argent, et il ne s'en cache pas. Comme il est boiteux, son infirmité lui permet de dissimuler des messages dans le talon creux de sa bottine. Je n'ai pas une grande confiance en ce nouveau venu : il fanfaronne, parle un latin de cuisine pour ne pas être compris, ce qui met la femme Tison sur ses gardes. Il nous procure quand même de faux passeports.

Tout semble prêt, avec Jarjayes nous avons mis au point un plan qui semble à la fois irréaliste et solide comme le roc. Il s'agit de nous déguiser en gardes nationaux, Élisabeth, Mousseline et moi, et de faire passer mon petit roi pour le fils de l'allumeur de réverbères. Pendant des jours, Toulan et Lepitre se sont arrangés pour être de garde ensemble, apporter des tenues de gardes nationaux sous leur manteau, arriver avec des chapeaux et repartir tête nue. Si ce n'était pas aussi dramatique, cette situation de théâtre aurait pu m'amuser. Mais non, j'étais prise d'un fol espoir, je commençais à croire à la réussite de ce plan. Je devais partir avec Jarjayes et mon fils dans une voiture qui attendait loin des murs, Marie-Thérèse avec Lepitre, et une troisième voiture légère pour Élisabeth et Toulan. Mais les choses ont traîné trop longtemps et finalement, pris de peur, Lepitre nous quitte. Avec cette défection, il est impossible de nous faire évader tous les quatre en même temps. Au moment de la défection de Lepitre, Jarjayes était tellement passionné qu'il voulait me sauver seule. C'était une proposition inimaginable. Comment pouvait-on penser que je me sauverais seule sans mes enfants et en abandonnant Élisabeth? Comment pouvait-on penser que j'aurais pu être à ce point une femme sans cœur et sans honneur? Je suis restée avec mes enfants, je suis restée autant que possible auprès d'eux, jusqu'à ce qu'on m'arrache à eux.

Pourtant, j'ai profité de ces derniers contacts avec ceux qui voulaient me faire évader pour sauver les ultimes reliques que je possédais de mon roi, avant qu'on ne me les retire comme on me retirait tout ce à quoi je pouvais tenir. J'ai donné à Jarjayes l'anneau de mariage de Louis, son cachet et ses cheveux pour qu'il les remette à Provence. Au moins, ces souvenirs resteront dans la famille. Je voulais encore donner de mes nouvelles à Fersen, dont je savais qu'il remuait ciel et terre pour moi et mes enfants. Je ne pouvais plus lui écrire, car je n'avais plus ni papier ni crayon, et au printemps 1793 nous étions de plus en plus surveillés. Le seul message dont il comprendrait à coup sûr qu'il venait de moi, c'était mon cachet et ma devise, que j'ai apposés sur une petite carte. Cet oiseau aux ailes déployées, c'était moi m'envolant en esprit vers lui. Et combien était vraie la devise qui l'accompagnait : « Tutto a te mi guida. » Oui, tout me guidait vers lui, il était la seule pensée heureuse qui me restât. Ce message sans mot, sans phrase, sans chiffre, était semblable aux longs regards que nous avions échangés pendant les heures heureuses de Trianon ou des Tuileries. Rien de plus, rien de moins.

Cependant, de fidèles amis arrivaient à nous faire parvenir des messages. Les uns avec les événements, les autres avec des plans aussi irréalisables les uns que les autres pour nous faire évader, ce qui nous a joué de forts mauvais tours car la surveillance et la suspicion étaient chaque jour plus sévères.

Et malgré cela, le plus incroyable est qu'il se trouvait encore des gens en France qui voulaient nous sauver! Au mois de juin, la liberté a une fois de plus été à portée de la main, et une fois encore nous a échappé. Le baron de Batz, avec trente fidèles recrutés parmi les Bretons et les Vendéens, avait constitué une troupe de gardes nationaux entièrement dévoués à ma cause. Il a même réussi à circonvenir un certain Michonis, administrateur des prisons, et donc autorisé à pénétrer comme bon lui semblait au Temple, et à en sortir de même. Je n'ai vu ce Michonis que l'espace d'un instant, en ce soir de juin où il m'a expliqué ce qu'il attendait de moi pour que je voie la lumière du jour en toute liberté. Mais au moment même où l'espoir semblait justifié, le sort a décidé que nous resterions à jamais en prison. Nous avons été trahis, et tout a échoué. Je ne sais pas ce qu'il est advenu de tous ceux qui se sont dévoués à notre cause. Dieu les garde!

Un jour, le pire de ma vie est advenu, on est venu m'arracher le plus beau, le plus adorable des rameaux de ma famille unie comme un grand arbre, mon petit roi Louis XVII. Par un beau jour d'été, le 13 juillet 1793, on m'a enlevé mon enfant. J'ai mal partout en y pensant. Ils sont entrés dans la pièce, empanachés comme pour une cérémonie officielle, et m'ont annoncé froidement qu'ils venaient prendre mon fils. Toutes mes forces me sont revenues d'un seul coup. J'ai lutté, crié, pleuré, supplié, je ne sais plus combien de temps. J'ai baigné mon enfant de mes larmes. Mais ils l'ont emmené. Le pauvre petit sanglotait lui aussi.

Ils l'ont confié à un cordonnier, le concierge Simon. Mon fils est désormais élevé par un inconnu d'un milieu qui n'a jamais été le sien. Mon enfant est à l'âge où tout se grave dans le cœur et la pensée. Simon le faisait passer sous mes fenêtres, je l'entendais rire. Simon lui faisait réciter les droits de l'homme. Cela encore n'était pas un mal, mais il lui faisait chanter des chansons vraiment obscènes. Je me sentais frissonner jusqu'aux os. Y a-t-il des degrés dans l'horreur? Je croyais avoir tout subi, il y a eu la dernière des épreuves, ils ont utilisé mon fils contre moi; je ne veux pas y penser maintenant. Je crois que seulement évoquer ces instants me glacerait sur place. Mon Dieu, il faut que je sois digne jusqu'à la mort que l'on va me donner.

J'ai toujours fait attention à mon petit Dauphin. Mon Dieu, il n'est plus Dauphin, mais Louis XVII. Où est-il, pauvre petit enfant, seul au milieu des loups? Je pensais à l'instant à la mort atroce de mon amie la princesse de Lamballe, mais vraiment le pire, je crois, c'est lorsqu'on m'a arraché mon enfant pour le remettre à cet affreux Simon.

A ce moment-là, je l'avoue, je crois que j'ai perdu courage.

IX

JUGÉE

Le donjon du Temple. J'y suis restée près d'un an avec ma famille. Nous y étions heureux jusqu'au 21 janvier 1793. J'avais encore mes enfants et Élisabeth. Et l'on est venu m'arracher à eux. Oui, arracher; j'ai eu l'impression que l'on m'écorchait toute la peau du corps.

Dans la nuit du 1er au 2 août, nous étions déjà couchées, nous entendons un remue-ménage dans le pourtour du Temple, dans les escaliers. Que se passe-t-il? Michonis, celui-là même qui naguère m'avait proposé un plan d'évasion, à la tête de quatre administrateurs, nous fait sortir du lit, Élisabeth, Mousseline et moi-même, devant ces hommes. Nous nous couvrons vaille que vaille, et Michonis nous lit, me lit le décret qui a été signé cette nuit, donnant ordre de me transférer à la Conciergerie.

Élisabeth et Mousseline m'aident à me vêtir convenablement. J'ai l'impression d'être paralysée, je prépare mon paquet de hardes, ma robe noire de deuil et ma robe blanche. Je ne peux pas emporter grand-chose. Des hommes ont envahi notre chambre, ils fouillent mes poches, ils ne me laissent qu'un flacon contre l'évanouissement. Mais je n'ai pas l'intention de m'évanouir. Je suis calme. J'ai à peine le temps d'embrasser ma fille et ma belle-sœur qui supplient nos geôliers de les laisser m'accompagner. Je les vois comme dans une brume.

Je les vois constamment comme si mon cœur était resté

près d'elles. Elles étaient mes derniers liens avec le passé. Des liens si doux, si tendres, si aimants. Pendant ces derniers mois, j'ai appris à mieux connaître Élisabeth. Dire que nous avons été si longtemps ensemble et qu'il a fallu ces derniers mois de souffrance pour qu'enfin je comprenne le fond de son caractère!

La première fois que je l'ai vue, c'était le jour de mon mariage dans la chapelle royale. Le roi Louis XV était venu me présenter les deux sœurs du Dauphin mon mari. Il y avait Clotilde, une jeune princesse dodue à l'air aimable, plus jeune que moi, et la toute petite Élisabeth, qui n'avait alors que sept ans. Lorsque je pense qu'elle n'a presque pas connu ses parents, que Louis et moi avons dès ce moment été sa seule famille, avec mes tantes, je me dis que je comprends mieux qu'elle n'ait jamais voulu se séparer de nous. Elle a pleuré toutes les larmes de son corps lorsque sa sœur Clotilde a quitté la cour pour épouser le prince de Piémont-Sardaigne. Elle était renfermée, mais tellement sensible! Elle m'a agacée bien des fois en se laissant si facilement influencer par mes tantes, mais maintenant que je suis seule, je comprends bien la solitude dont elle a souffert. Elle nous a suivis tout au long de notre errance, a partagé avec nous les heures les plus difficiles, et a été d'un dévouement extrême dans les derniers temps que nous avons passés au Temple. Je crois qu'elle avait voué sa vie à son frère chéri, et l'aimait peut-être mieux que je n'ai aimé mon pauvre Louis. Tout ce qui touchait au roi lui était précieux. Ce n'est que dans ces derniers temps que j'ai vraiment saisi que cette dévotion s'était étendue à nous, et que je pouvais la considérer comme ma véritable sœur. Chère Élisabeth, je vous ai confié ce que j'avais de plus précieux, ma petite Mousseline. Vous êtes mes yeux et mes oreilles pour veiller, de loin, sur mon petit roi Louis XVII. Toutes seules, ma sœur et ma fille, vous êtes seules et mon cœur se serre à l'idée de ce que peuvent vous faire vos geôliers.

J'ai descendu l'escalier de la grosse tour du Temple, comme une automate, pour la dernière fois. Je suis tellement pressée d'en finir avec le Temple et d'aller enfin vers ce qui m'attend depuis longtemps que j'oublie de me baisser à l'endroit où une grosse poutre sort du mur. Je me cogne. Aussitôt, l'un des gardes se précipite vers moi pour me demander si je me suis fait mal. Comme c'est étrange qu'il se soucie de cela alors qu'il sait bien vers quoi je vais. De toute façon, je n'ai rien senti, plus rien à présent ne peut me faire de mal. Mais je remercie tout de même le gendarme qui a eu un effort d'humanité. D'ailleurs, j'ai remarqué que ces pauvres bougres, malgré tout ce vers quoi ils m'entraînent, ne sont pas dépourvus de cœur. Pourquoi leur en voudrais-je de faire leur devoir?

Accompagnée de Michonis, je suis montée dans le fiacre qui m'attendait pour m'emmener à la Conciergerie. La Conciergerie, ne serait-ce pas l'antichambre de la mort? Cet isolement est-il une manière de m'avertir de ce qui m'attend, ou s'agit-il de faire peur à mon entourage? Pourtant, accoutumée comme je le suis à descendre une à une les marches qui me mènent vers l'enfer ici-bas, je ne peux m'empêcher de penser qu'à chaque fois que j'ai cru être arrivée au plus bas, il s'est trouvé encore une marche avant la fin ultime. Ainsi, je peux garder la tête hors de l'eau, garder une parcelle d'espoir. En arrivant à la Conciergerie, devant la Seine, dans cette prison sinistre qui sent le moisi et la mort, je sais que tout n'est pas encore fini pour moi.

Il est trois heures du matin, je suis debout à attendre que les formalités soient finies. Quelle curieuse sensation que de se retrouver debout au milieu d'une cellule dans laquelle tout le monde s'affaire pour mettre les éléments en place. Il n'y a pourtant pas grand-chose à faire. Mais, en cet instant terrible, alors que le monde semble se refermer sur moi, on me conserve encore des égards. Pour m'accueillir, on a fait partir le prisonnier qui occupait cette cellule.

Le concierge se nommait Richard. Lui, je ne l'ai vu qu'au greffe, faisant un balluchon de mes souvenirs, les seuls que dans ma hâte j'avais pris avec moi. La femme Richard a été dès le début une bien brave femme, affolée à l'idée de me loger dans cette cellule sordide. Elle s'est démenée de son mieux pour me trouver ce qu'il y avait de plus décent en ce lieu qui respire l'angoisse et la mort. On m'a laissé ma petite montre en or que je peux accrocher à un clou près de la fenêtre. Il ne me reste plus qu'à contempler mon nouveau logis. Au moins, cette épreuve est épargnée à mes enfants et à Élisabeth, et bien que je souffre d'être séparée d'eux, j'ai tout de même le réconfort de penser qu'ils ne partagent pas mon infortune.

Malgré tous les efforts de cette pauvre Madame Richard, ce n'est vraiment pas gai, mais je pense que ce n'est pas le but d'une prison, ni celui de mes geôliers de me rendre la vie facile. Il y a un lit de sangle, deux matelas, un oreiller, des draps propres et une couverture, une table et deux chaises, et aussi une chaise d'aisance. Un tapis est accroché au mur pour m'isoler du froid et me cacher la muraille lépreuse de cette prison. Malgré mon abattement, je suis touchée de ces attentions. Je les dois à la femme Richard et à sa servante Rosalie Lamorlière.

Je viens de faire un long voyage dans ma vie. Certains diront que ce voyage a été bien court. Je ne le trouve pas, il a été rempli d'incidents et a perpétuellement changé de paysage. Et moi-même, ai-je bien occupé ce temps? J'aurais voulu, avant de m'en aller vers l'au-delà, préparer deux besaces de mes hardes, les propres et les sales. Et finalement, j'ai tout mélangé. Sainte Vierge, mon saint patron, venez à mon aide! Je vais bientôt être en présence de Dieu, et je ne suis pas prête, non, pas prête du tout. Il est vrai, comment peut-on être jamais prête devant Vous, mon Dieu? Il faut encore que je mette de l'ordre dans mon âme entre les bons et les mauvais souvenirs.

Il y avait un monde fou dans cette cellule étroite : les gendarmes, Michonis, les Richard et leur servante. Cette dernière a l'air d'une brave fille de la campagne; pleine de bonne volonté, elle s'avance vers moi pour m'aider à me déshabiller et à me coucher. Mais je n'ai pas besoin d'aide : « Je vous remercie, ma fille, depuis que je n'ai plus personne, je me sers moi-même. » Ma réaction un peu brusque a eu l'air de lui faire de la peine. Et j'ajoute : « Tout de même, j'aimerais mieux être vraiment seule. » Derrière le paravent, deux gendarmes montent la garde, et je trouve ce mince bout de bois bien trop symbolique à mon goût. Je les entends ronfler alors que je ne parviens pas à trouver le sommeil. Je n'avais pas retrouvé cette sensation d'être épiée sans cesse depuis les Tuileries, où des gardes dormaient dans mon antichambre et venaient me regarder jusque sous le nez. Au Temple, au moins, nous avions cette intimité-là. Ici, c'est bien pire que tout ce que j'ai vécu : ils sont tellement proches que je n'ose pas respirer trop fort.

La petite Rosalie qui le premier soir avait voulu m'aider à me déshabiller était pleine d'attentions et de prévenances pour moi. Elle me racontait sa vie à la campagne, cela me distrayait ; je repensais à Trianon, à la petite ferme et aux enfants des fermiers : que sont-ils devenus ? A la voir si gentille, Rosalie, Rosalie, quel ange, qu'aurais-je fait sans elle. Rosalie, qui me tenait toujours du bouillon au chaud, car j'avais toujours froid. Rosalie, qui me raccommodait ma robe noire qui s'en allait en loques. Rosalie, qui a su me faire de jolis petits bonnets blancs dans l'immense bonnet de veuve que l'on m'avait remis au Temple. Ainsi, elle pouvait les laver l'un après l'autre. Rosalie, qui le soir venant, aux heures mélancoliques du crépuscule, me tenait compagnie avec la chandelle que j'avais juste pour y voir clair avant de me coucher. Petite Rosalie, le dernier sourire que je verrai avant de quitter ces lieux.

Où sont tous ceux qui furent si bons pour moi ? Je sais que certains sont morts, mais que sont devenus les autres, qui m'ont servie avec leur cœur ? La chère Madame Étiquette, la gentille Bibaut de Misery, qui était auprès de moi lorsque j'étais Dauphine, et tant d'autres qui ont précédé celles qui m'ont suivie jusqu'au Temple. Je tremble pour les chères Tourzel et Campan. Et j'en reviens à la si bonne famille de fermiers du hameau et à leurs adorables enfants, les deux petits avec lesquels je jouais lorsque j'étais Dauphine. Mon Dieu, que sont-ils devenus? Et tous ceux qui risquèrent leur vie pour tenter de nous sauver? Tant et tant d'hommes et de femmes qui sont peut-être morts ou qui vont mourir à cause de moi, par ma faute. Oh, mon Dieu, mon Dieu, pardonnez-moi.

Même les Richard ont été touchés de mon sort. Madame Richard s'est proposée pour me coiffer. Elle n'avait pas l'habileté du cher Léonard à Versailles, ni même celle de la chère Campan, mais à quoi bon, puisque mes cheveux sont devenus tout blancs et que je les cache sous un bonnet de deuil? C'était tout de même un réconfort de voir des gens gentils autour de moi, compatissant à mes malheurs.

Petit à petit, j'ai senti que même ceux que je prenais pour des brutes rivalisaient d'égards pour moi. Je ne sais par quel miracle, Richard m'a fait apporter de l'eau de source de Ville-d'Avray, la seule que je puisse boire depuis des années. Michonis même m'a fait apporter du Temple mille objets que je considérais comme des trésors : des chemises garnies de dentelles, des bas de filoselle, un manteau, trois fichus de linon, et surtout une paire de chaussures à la Saint-Huberty, dont j'avais un pressant besoin, car celles que j'avais aux pieds étaient pourries par l'humidité. Et les gendarmes m'ont apporté des fleurs! C'était sans doute pour se faire pardonner leur présence incessante et importune, mais j'ai été touchée. Et j'ai remarqué que les fleurs devenaient de plus en plus jolies, malgré la saison qui avançait. En riant et d'un air un peu gêné, l'un des gardes m'a expliqué que lorsqu'il disait que les fleurs étaient pour la reine, la fleuriste s'ingéniait à lui choisir les plus jolies et les plus fraîches. J'en aurais pleuré de reconnaissance. C'est incroyable, tous ces inconnus capables d'attentions tellement douces!

Mon Dieu, est-ce que dans ma vie j'ai été capable d'avoir de tels égards pour mes proches ou pour de parfaits inconnus? Je vous demande pardon, mon Dieu, mais je crois que mon égoïsme et mon amour du plaisir, dans le temps, m'ont empêchée de prêter attention à d'autres qu'à moi-même. Oui, j'ai été vaniteuse, dans ma jeunesse, et peut-être même égoïste. Si seulement je pouvais retourner en arrière pour préparer un peu mieux mon âme à ce qui va arriver, je crois que je ferais bien plus attention à tous ceux que j'ai côtoyés. J'ai toujours été entourée de prévenances ; dans les situations les plus difficiles, il s'est toujours trouvé des âmes compatissantes, des personnes dévouées pour me rendre la vie un peu plus aisée. Ici encore, les Richard et Rosalie se sont débrouillés pour que j'aie une nourriture saine et non pas l'horrible gruau des prisonniers.

En ce mois d'août torride, il venait quantité de gens dans ma prison. Des curieux qui payaient les Richard pour avoir l'autorisation de me voir en chair et en os, et puis aussi Michonis. Il n'a pas été inquiété après l'affaire du baron de Batz qui a voulu me sauver lorsque j'étais encore au Temple. Il a gardé son poste d'inspecteur des prisons. Chaque jour, il vient faire son office, vérifie que les barreaux des fenêtres soient bien solides, que la serrure soit en ordre ; puis, quand le gendarme, confiant de me laisser à une personne sûre, sort de la pièce, il me donne des nouvelles de mes enfants et d'Élisabeth. C'est mon seul lien avec l'extérieur, et je remercie le Ciel d'avoir encore cette joie : entendre parler de ceux qui me sont chers, et pas dans les termes immondes de cet odieux Hébert. Oui, quand Michonis est là, je peux enfin parler de mes chers enfants, et cela me réchauffe le cœur.

Un jour, Michonis est venu avec un personnage. Cela lui arrivait de temps à autre. Il jouait vraiment un double jeu. D'un côté, je lui étais reconnaissante parce qu'il m'apportait des nouvelles de ceux du Temple, de l'autre sa cupidité me troublait. Il se faisait payer pour se faire accompagner jusque dans ma cellule. Lorsque je l'ai vu en compagnie d'un autre, j'ai d'abord été déçue, car je me suis dit que ce jour-là, il ne prendrait pas le risque de me parler librement. Je n'ai pas regardé la personne qui l'accompagnait, étant plongée dans ma lecture.

Par hasard, je lève les yeux de mon livre, et mon cœur s'arrête de battre, je crois défaillir. Je viens de reconnaître

213

Rougeville, un chevalier de Saint-Louis, l'un des fidèles qui nous a si bien défendus aux Tuileries dans tous les assauts que nous avons dû subir de la foule. Il m'a tenu le bras, jadis, il m'a parlé en des temps où nous étions presque libres. Je ne comprends rien, je le vois faire des mimiques à l'insu de Michonis, je me trouble, je suis incapable de prêter le moindre sens à tous les gestes qu'il fait derrière le dos de l'inspecteur des prisons. C'est comme si j'étais au théâtre, à voir une pantomime italienne, sans en comprendre le sens. Ma raison refuse de fonctionner. Ils partent, et je suis au désespoir, car j'ai l'impression de m'être laissée emporter par mes émotions. J'ai manqué de maîtrise de moi. Je pense soudain à tout ce que me disait mon cher papa sur le contrôle de soi et tous les avantages que l'on pouvait en tirer dans des circonstances difficiles. Mon Dieu, il y a si longtemps! Si mon cher papa me voyait en ce moment, il serait sans doute bien déçu de constater que je ne mets pas en pratique ce qu'il a mis tant de soin à me répéter.

Je me sens forte à présent, je me reprends, un fol espoir me saisit. Ils vont revenir, je le sais. Et de fait la porte de ma cellule s'ouvre à nouveau, laissant entrer Michonis et mon visiteur. Cette fois, je prête une attention soutenue à tous ses gestes. Je ne le quitte pas des yeux. J'espère que Michonis ne s'en aperçoit pas, et du coin de l'œil je le surveille lui aussi, tout en lui parlant de choses et d'autres. Mais non, tout va bien, Michonis voulait s'assurer que tout était en ordre. Pendant qu'il a le dos tourné, je vois Rougeville laisser négligemment tomber quelque chose près du poêle. Je me sens défaillir, je ne tiens plus. Maintenant, il me tarde que ces deux hommes quittent ma cellule pour que je puisse avoir le fin mot de l'histoire. Enfin ils partent.

Profitant de ce que je suis seule pour une fois, puisque l'inspecteur des prisons n'a pas encore rappelé les gendarmes, je me précipite près du poêle pour voir ce que Rougeville y a laissé tomber. C'est un œillet. Je suis d'abord déçue. Certes, c'est charmant de sa part, mais enfin je ne manque pas de fleurs puisque l'on m'en apporte régulièrement; si c'est un message, il est bien symbolique. Je triture la fleur si légère, si blanche, je la presse contre mon cœur, je fouille les entrelacs délicats du cœur de cette petite chose si fragile, et – miracle – j'y trouve un billet. Le billet est si mince, l'écriture si fine que j'ai du mal à le lire, car ma vue a tant baissé et l'on n'y voit pas grand-chose dans cette prison. Je m'approche de la fenêtre et je lis ces mots :

Ma protectrice, je ne vous oublierai jamais, je chercherai toujours le moyen de vous marquer mon zèle. Si vous avez besoin de trois à quatre cents louis pour ceux qui vous entourent, je vous les porterai vendredi prochain.

Vendredi! On était le mercredi 28 août 1793, j'étais ici depuis bientôt un mois, et un fidèle cherchait encore à me sauver. Est-ce Fersen qui est derrière tout cela? Cher Axel, je sais, sans le voir ni avoir aucune nouvelle de lui, qu'il remue ciel et terre pour me faire sortir de là où je suis. J'espère qu'il n'a pas commis la folie de revenir en France, j'espère qu'il pense à sauver sa vie. Mon âme s'enflamme à l'idée de celui qui se dévoue pour moi depuis tant d'années. La dernière fois que nous nous sommes vus, aux Tuileries, j'ai pensé que nous ne nous reverrions plus jamais. Et si mon instinct m'avait trompée? Non, je rêve trop. Fersen, Fersen est loin, Fersen est en sûreté. Je sais qu'il pense à moi. Sa sensibilité souffre de me savoir près de la mort. Lui va vivre dans son pays, près de sa sœur chérie. C'est de l'au-delà que je le verrai. Je saurai! Que saurai-je de plus que je ne sais déjà sur lui? Le fond de son cœur, le fond de sa pensée, mais personne ne connaît vraiment le fond du cœur de ceux que l'on aime. Il y a toujours plus à découvrir, et jamais cela ne nous satisfait. Si, avec la grâce de Dieu, j'arrive au paradis, je crois que je ne voudrai pas pouvoir sonder les cœurs de ceux que j'aime. Je préférerai garder mes rêves. Qui n'a pas de défaut? Mon Fersen, comme les autres. Mais j'aime aimer pour le simple plaisir d'aimer. Et en ces heures sombres, c'est apaisant de penser à lui, sans me faire de tourment pour lui, il est en sûreté.

Mais si, grâce à cet ultime projet d'évasion, j'allais enfin sortir d'ici et le revoir ? Je ne sais plus vraiment où j'en suis, la joie m'envahit, et puis soudain je songe que si je parviens à sortir de la Conciergerie, les révolutionnaires risquent de s'en prendre à mes enfants et à Élisabeth si je ne les emmène pas avec moi. Mais j'avais confiance, il me semblait que si Axel avait réussi à me faire signe, sans aucun doute il parviendrait également à sauver les miens, car il sait que je ne puis vivre sans eux.

Mais que faire de ces trois ou quatre cents louis d'or ? Sans aucun doute, il s'agit pour moi de payer les gendarmes ou les gardes. J'aimerais mieux être assurée des fidélités par de l'amour que par de l'argent. Mais, du dehors, ils sont certainement mieux informés que moi et doivent s'occuper de tout. Je suis prise d'un grand espoir, j'ai l'impression que la lumière revient dans mon esprit. Oh, mon Dieu, combien de fois n'ai-je pas eu tant d'espoirs si forts, qui tous se sont soldés par des déceptions. Et malgré tout, il a fallu continuer, descendre un peu plus bas vers le fin fond de la terre.

Mais cette fois, alors que j'étais à la dernière extrémité, j'y croyais vraiment. Je n'avais aucun moyen de faire savoir à Rougeville que j'adhérais à son projet. Depuis le Temple, je n'avais plus ni papier ni crayon, rien pour écrire, et j'osais encore moins confier un message oral à quiconque. C'eût été trop compromettre celui qui eût accepté de prendre un tel risque. Tous les codes si difficiles qui me servaient encore naguère ne me sont aujourd'hui d'aucune utilité, puisque je ne peux pas écrire : je cherche autour de moi, fouille désespérément la pénombre de mes yeux fatigués, à la recherche d'une idée, d'un stratagème qui pourrait me sauver. Je ne pense pas alors qu'il puisse me perdre. Et par hasard mon regard se pose sur l'ourlet de ma robe qui s'est une fois de plus déchirée. Je pense qu'il va falloir la recoudre : mais voilà l'idée : les aiguilles à couture ! Fébrilement, je fouille dans mon petit étui, en retire une aiguille et commence à percer de petits trous pour former des lettres sur le billet que j'ai reçu. C'est long et difficile, je n'y vois pas grand-chose, mais je ne peux pas attendre plus longtemps. Je profite de l'inattention des gendarmes, qui sont revenus mais qui jouent aux cartes avec Madame Harel, la nouvelle femme de ménage. Je trace quelques lettres pour signifier mon accord à Rougeville. Je suis presque sauvée!

Il me reste à trouver un messager qui acceptera de se charger du précieux billet et de le donner à Rougeville lorsqu'il reviendra à la prison. L'un des gendarmes, un nommé Gilbert, est un homme de cœur; je veux essayer mon charme sur lui et le persuader de donner ma réponse à Rougeville. Pour plus de sûreté, je lui promets également une bonne récompense. Le brave homme hésite longuement. Je crois qu'il est touché par mon sort, qu'il est peut-être attiré par les louis d'or que je lui promets sans les avoir, mais je pense qu'il craint plus encore les autres gendarmes et les conventionnels. La dénonciation est une chose si aisée par les temps qui courent! Au bout d'un long moment, je crois l'avoir convaincu, il accepte.

Et pendant plusieurs jours j'ai vécu d'espoir et de bouillon de légumes que Rosalie m'apportait tout chaud. Je voulais garder mon calme, mais c'était si difficile! J'étais presque joyeuse et prête à toutes les conversations avec les gendarmes qui me surveillaient. J'étais charmante avec la petite Rosalie, elle-même si gentille, et je me prenais à lui raconter des histoires et à lui parler de mes enfants. Je lui disais combien mon fils était un enfant adorable, combien il me manquait ainsi que ma fille, je lui racontais les mille mots d'enfant qu'il avait prononcés, si touchants, si remplis de grâce. Il est terrible de savoir que cet enfant ne peut guère se souvenir de Versailles et des jours heureux que nous y avons vécus. La plus grande partie de sa vie, à présent, il l'a passée entouré de violence, toujours dans les fuites et les déménagements. Et dire que maintenant, mon petit garçon de huit ans est aux mains d'hommes brutaux et sans éducation.

Toute à mes pensées d'avenir, je ne voyais pas le temps passer. Je pensais que tout se déroulait convenablement, comme je l'avais médité. Hélas, j'ai été trahie, le billet n'est jamais parvenu à Rougeville, et le 3 septembre, à la place de Michonis, ce furent deux députés, des nommés Amar et Sevestre, qui firent irruption dans la pièce où j'étais enfermée. Ils venaient pour m'interroger au sujet d'un complot dont ils avaient eu vent. J'étais terrorisée à l'intérieur de moi, mais au-dehors je me forçais à garder mon calme et à faire l'innocente. Non, il ne pouvait s'agir de mon billet, c'était sûrement autre chose qu'ils avaient inventé pour me perdre, mais pas ce projet-là! D'ailleurs, leurs questions se sont tournées vers d'autres sujets, plus politiques. Là, j'étais plus à mon aise. Ils voulaient savoir si je souhaitais la victoire des armées autrichiennes. Il m'était facile de répondre que je voulais la victoire des armées du pays de mon fils, c'était tellement sincère! Il n'y avait que Fersen pour imaginer que la victoire des armées de ma famille d'Autriche allait me sauver. Moi, je savais bien que ce n'était pas vrai, et je voulais avant tout que mon fils soit fier de son pays.

Sans doute ces messieurs espéraient-ils me confondre; ils ont dû être bien étonnés de ma sincérité. Mais ils ne sont pas repartis les mains vides : ils m'ont confisqué tout ce qui restait dans ma cellule, tout ce à quoi je pouvais encore tenir. La mort dans l'âme, j'ai vu partir la petite montre en or que ma mère m'avait donnée et que j'avais accrochée au mur de ma cellule, et toutes les bagues qui me restaient : mon anneau d'or que j'avais reçu le jour de mon mariage, ma bague en or, une si jolie petite bague à talisman que Louis m'avait donnée pour la naissance d'un de mes enfants, la bague à pivot si charmante, et celle si touchante en forme de petit collier. Qu'il est étrange de voir s'en aller toutes ces merveilles, moi qui ai tant aimé les bijoux qu'on a voulu me perdre à cause d'eux! On m'a encore pris le médaillon qui contenait les cheveux de mes enfants, et mes aiguilles.

Est-ce toutes ces émotions, est-ce l'angoisse où j'ai dû me débattre qui ont déclenché des hémorragies si fortes que je ne savais plus comment dissimuler mes chauffoirs à tous ces hommes qui ne me quittaient pas. C'était vraiment la pire des humiliations, vraiment insupportable. Et pourtant, j'ai passé outre.

Ils sont revenus le lendemain, et puis le jour d'après, et j'ai fini par leur dire que j'avais bien reçu un billet, mais que je ne savais pas de qui.

Je me suis soudain trouvée coupée du monde. J'ai changé de lieu : sous prétexte que j'étais souffrante, mais je pense que c'était surtout par crainte que je ne meure avant le procès, j'ai été transférée dans la pharmacie de la prison. Tous mes gardes ont été changés, je n'ai plus jamais revu ni les Richard ni Michonis. Cette nouvelle cellule était affreuse. Ils avaient tellement peur que je m'échappe que les fenêtres ont été murées à mi-hauteur, et que je n'ai plus eu de chandelle la nuit. En cette saison, le jour commence à tomber plus vite, et je reste de longues heures allongée sur mon lit sans pouvoir rien faire d'autre que de penser, de prier. J'ai perdu beaucoup de sang, c'est comme si la vie se retirait peu à peu de moi, doucement. La brave femme qui a remplacé Madame Richard, Madame Bault, ne cesse de m'administrer des cordiaux pour que la vie ne me quitte pas tout à fait.

Dans cette cellule, seuls me parviennent de l'extérieur les bruits des cloches de la Sainte-Chapelle. C'est vraiment monacal : le silence, le froid, la lecture, le peu de lumière, tout y est. Combien tout cela est différent de la retraite que l'abbé Vermond m'avait fait faire à Pâques juste avant mon mariage ! Il y avait le soleil, alors, j'étais pleine de vie, je ne tenais pas en place, il me fallait faire des efforts surhumains pour écouter les sermons de ce bon abbé. Comme j'étais jeune et heureuse, alors ! Aujourd'hui, j'aimerais tant que le cher abbé soit à mes côtés, qu'il me tienne les discours qu'il me tenait jadis, qu'il m'entretienne du salut de mon âme et de la vie future qui m'attend. Mon Dieu, tiendrez-Vous compte de cette retraite forcée qui m'a rapprochée de Vous ?

Mon Dieu, dans ces moments terribles, j'ai senti la souffrance dans mon corps. L'humidité venant du sol m'a broyé les os, je ne pouvais plus rien faire. Mais je n'allais tout de même pas rester étendue toute la journée sur mon lit! Alors j'ai demandé de la lecture, et cela, on a bien voulu me l'apporter. J'ai lu le soleil, les aventures du capitaine Cook, les découvertes, j'ai lu la mer et les îles, j'ai lu tout ce que je n'avais jamais vu, jamais imaginé, à quoi je prêtais une oreille distraite jadis, parce que j'avais pour moi le soleil, les amis et Trianon. Ma chère maman m'a si souvent recommandé de lire, et je ne l'ai jamais écoutée. Me voit-elle en ce moment?

Le temps s'écoulait sans que je le voie, je pensais sans cesse aux miens, à mon cher mari, mais lui est délivré de ce calvaire, lui a rejoint le paradis. Et mes petits, comment allaient-ils? Je n'avais plus aucune nouvelle à présent, j'étais fermée au monde, car il fallait trois guichets pour arriver à cette nouvelle cellule : la tempête peut bien se déchaîner à l'extérieur, je n'en sais rien. De l'automne qui doit être si beau et flamboyant au-dehors, je ne vois rien, que ce brouillard qui monte de la Seine et envahit mon être tout entier. A quoi bon manger, je n'ai pas faim. Suis-je devenue un pur esprit? Ô ma mère, mon cher Mercy, mon cher Joseph, vous qui me reprochiez d'être trop futile, si vous pouviez me voir en ce moment, vous seriez bien étonnés. Oui, je pense, je lis. La nuit, je ne peux que penser, étendue sur ma paillasse, car le jour tombe vite et je suis livrée à l'obscurité sans fond.

Combien de temps suis-je restée ainsi? Je n'ai plus de montre pour mesurer le temps, puisque le dernier vestige qui me rattache à mon enfance viennoise, la montre en or de ma mère, m'a été retiré. Un mois, peut-être. L'attente est terrible, car je sais que je dois attendre quelque chose. Ils ont jugé le roi et ils l'ont condamné. Je sais désormais qu'ils en feront de même pour moi. Je dois être forte, être digne de lui, je dois tenir bon, ne pas laisser mon corps montrer ma faiblesse. Mais dans mon esprit tout est clair. « Garde la tête haute », disait mon père. Lorsque l'on garde la tête haute, les pensées le sont également, l'esprit est plus vif, plus aiguisé, l'intelligence gagne en clarté. Ils ne pourront pas m'ôter ma dignité intérieure, elle est tellement ancrée en moi que je la garderai jusqu'à la mort.

Les journées étaient vraiment longues. Je ne pouvais pas lire tout le temps. Alors je regardais les gardes jouer à des jeux de hasard. Aux cartes, au tric-trac, et je souriais en pensant aux jeux de Versailles, et à ma fureur lorsque Joseph prétendait que le salon de Madame de Guéméné était un tripot. Mes gardiens paraissaient étonnés, mais pas mécontents du tout en me voyant sourire.

Je n'ai eu aucune nouvelle de ce qui se tramait à l'extérieur jusqu'au 12 octobre. Ces derniers jours de ma vie sont tellement présents, tellement gravés, tellement douloureux, mon Dieu, que peut-être Vous les porterez à mon crédit lorsque je parviendrai devant Vous. Peut-être pèseront-ils sur la balance en face de mes futilités, de ma vie légère et insouciante, des bêtises que j'ai commises et de mes désobéissances d'enfant. Le 12 octobre, donc, les gendarmes sont venus me chercher pour m'emmener dans une autre partie de ce palais immense. Pour la première fois depuis des jours et des jours, je suis sortie de mon cachot et j'ai vu le soleil. C'était la fin d'une belle journée d'automne, tout était baigné d'or et de rose. Nous avons traversé des cours, suivi des corridors sans fin, et je suis entrée dans une salle immense.

Des hommes m'attendaient là : Fouquier-Tinville, l'accusateur public, le président Herman, et quelques secrétaires. J'étais seule sur la banquette en face de ces hommes. Personne pour me défendre. Je m'en moquais, mais j'étais un peu inquiète car la salle n'était pas du tout éclairée, le jour tombait rapidement et je devinais dans l'ombre d'autres silhouettes, sans parvenir à les distinguer. Je ne savais pas si j'étais là pour un interrogatoire ou pour un procès, mais j'ai vite compris qu'il s'agissait d'un interrogatoire.

Avais-je peur? Non, plus rien ne me faisait peur. Cela commence très simplement, je fais attention à toutes mes paroles, pour ne pas trahir le fond de ma pensée, mais aussi pour ne pas me compromettre. Répondre à la demande de mes noms, âge, profession, ce n'est pas difficile : je suis Marie-Antoinette de Lorraine-Autriche, trente-huit ans, veuve du roi de France. Mais tout de suite commencent les

221

arguties, et je dois jouer la fine mouche. On me demande où je résidais avant mon arrestation. Mais que faut-il considérer comme mon arrestation? Est-ce un piège? Si je dis Versailles, je paraîtrai penser que je suis prisonnière depuis les journées d'octobre, et ils m'en voudront. Si je réponds les Tuileries, ce ne sera pas exact, car nous n'avons pas été arrêtés aux Tuileries, nous sommes partis pour nous réfugier à l'Assemblée. Et si je dis le Temple, ce ne sera pas vrai non plus, car j'étais déjà prisonnière au Temple. Je réponds donc que je n'ai pas été arrêtée, mais qu'on est venu me prendre à l'Assemblée pour me conduire au Temple, ce qui après tout est encore le plus proche de la vérité.

On me questionne sur ma famille d'Autriche, « le roi de Bohème et de Hongrie », comme disent ces hommes pour ne pas prononcer le nom d'empereur. On me demande si j'ai fait passer de l'argent à mon frère. C'est vraiment incroyable, comment peuvent-ils imaginer que j'ai envoyé de l'argent à mon frère? Il n'en avait vraiment pas besoin, c'est pure calomnie. Je ne comprends pas pourquoi on me prête des intentions que je n'ai jamais eues. Après tout, ces hommes ne peuvent rien savoir de ma vie. Tout ce qu'ils croient savoir, ils l'ont puisé dans ces odieux pamphlets, qu'ils sont trop heureux de prendre pour argent comptant.

Et puis, bien sûr, viennent les questions qui concernent mon pauvre Louis. On me reproche de lui avoir appris l'art de la dissimulation, moi qui dans ma jeunesse ai tant choqué la cour parce que j'étais trop franche et que je ne pouvais tenir ma langue. A les en croire, je suis responsable de toute la politique depuis des années, c'est moi qui ai influencé Louis. Mais je me défends avec hardiesse et confiance en moi : oui, le peuple a été trompé, mais ce n'est ni par moi ni par mon mari. L'interrogatoire est long, terriblement long. Le secrétaire prend des notes, je me tiens aussi droite que possible, tous mes sens en éveil. Voilà qu'on me parle de Varennes, de notre fuite de Paris, et que l'on veut que j'en sois seule responsable. Comme je réponds : « J'ai effectivement tenu la porte pour que nous puissions sortir des Tuileries », ils croient me tenir et me font triomphalement observer que si j'admets ce fait, c'est que c'est moi qui dirigeais toute l'équipée. Là, je suis tranquille, je vais pouvoir me permettre un peu d'ironie : « Je ne crois pas qu'une porte ouverte prouve qu'on dirige les actions, en général, de quelqu'un ! » Les enfants et moi avons simplement suivi mon mari. C'est presque un jeu, c'est presque facile, mais je ne dois pas baisser ma garde. Et cela continue sur ce ton, je réponds pied à pied, on en vient même au fameux banquet du régiment de Flandre, le dernier où j'ai été acclamée d'une manière chaleureuse, où j'ai eu l'ultime impression d'être aimée. Mon Dieu, comme c'est triste que des choses que l'on croyait bien faire se retournent ainsi contre vous ! Ce sont les effets de la passion, de la rage, de cette époque horrible que nous vivons, où l'on ne peut plus respirer sans que l'on vous soupçonne du pire des crimes. On me reparle bien sûr de cette fameuse affaire de l'œillet, et je tais encore le nom de Rougeville, qui s'est dévoué et m'a perdue.

Et soudain tout s'arrête, presque brusquement : je n'ai plus rien à ajouter, on me propose un avocat. Cela m'est tellement indifférent que j'accepte que l'on m'en nomme d'office, et ils prononcent les noms de Tronçon-Ducoudray et de Chauveau-Lagarde.

De retour dans ma cellule, je me demande si j'ai eu raison d'accepter un conseil. Des hommes nommés d'office, ce ne seront que des fantoches ! Et s'ils sont sincères, par les temps qui courent ils risquent la mort. Le roi au moins a eu un vrai conseil, le brave Malesherbes qui a mis tout son cœur à le défendre. Mais bien entendu Malesherbes a été inquiété après la mort du roi. Je crois cependant qu'il est toujours en vie. D'une certaine manière, je ne suis pas très inquiète de ce procès qui se prépare, car je me rends compte que ces messieurs n'ont rien de bien solide contre moi. N'étaient la haine et leur acharnement contre tout ce qui représente la royauté, je crois que je pourrais être tranquille. Je passe une nuit calme, rassemblant mes forces pour les jours qui viennent, repensant à tous les événements qui ont été évoqués au cours de cette soirée. Mon Dieu, comme tout cela me semble loin! C'était hier, et pourtant c'était il y a mille ans. Nous étions heureux alors, nous étions réunis, en famille. Et puis en ce temps-là j'étais entourée de ceux que j'aimais. Fersen! Non, ne pas penser à lui maintenant, ne pas revoir ses gestes, ne pas entendre le son de sa voix, ne pas évoquer son regard. Et pourtant, je pense à Louis, et je suis heureuse en espérant le revoir. Louis, vais-je vous revoir tout de suite?

Il y a deux jours – non, trois jours, c'était le 13 octobre –, j'ai vu entrer dans ma cellule l'un de mes défenseurs, Chauveau-Lagarde. Il m'apportait l'acte d'accusation. C'était un jeune homme si mince, effaré de la tâche qu'on lui avait confiée, épouvanté par l'acte d'accusation, mais plein de bonne volonté. Nous avons lu ensemble le chef-d'œuvre de bêtises qu'avait réussi à concocter Fouquier-Tinville. Quand je pense que c'est sur tout ce fatras que l'on va me condamner, je suis un peu désolée. Mon Dieu, Vous êtes seul juge, je n'ai de comptes à rendre qu'à Vous, pas à ces hommes haineux. Je n'avais pas vraiment envie de me défendre. Mais Chauveau-Lagarde, plein de fougue, m'a remontré qu'en une nuit, il ne parviendrait pas à travailler suffisamment pour construire ma défense, et que je devais à mes enfants de faire tous les efforts nécessaires pour me garder en vie. Il me demandait d'écrire à la Convention pour demander un délai de trois jours afin que mes conseils puissent préparer une défense. Je répugnais vraiment à demander quelque grâce que ce soit à ces monstres qui avaient accumulé les chefs d'accusation les plus invraisemblables contre moi. J'ai pourtant fini par tracer quelques lignes de ma main :

Citoyen Président, les citoyens Tronçon et Chauveau, que le Tribunal m'a donnés pour défenseurs, m'observent qu'ils n'ont été instruits qu'aujourd'hui de leur mission. Je dois être jugée demain, et il leur est impossible de s'instruire dans un si court délai des pièces du procès et même d'en prendre lec-

224

*ture. Je dois à mes enfants de n'omettre aucun moyen néces-
saire pour l'entière justification de leur mère. Mes défenseurs
demandent trois jours de délai. J'espère que la Convention
les leur accordera.*

Je ne voulais rien demander pour moi-même à ces hor-
ribles personnages. Mais je crois que je devais à mes chers
petits, et puis aussi à ces hommes qui prenaient ma
défense à cœur, de demander en leur nom. J'étais inquiète
en pensant à mes enfants, car j'avais lu avec Chauveau
dans l'acte d'accusation que l'on me reprochait des indécences auxquelles je me serais livrée avec mon fils. Dans
tout ce fouillis d'inepties, je n'y ai d'abord vu qu'une
calomnie de plus, tout comme cette autre accusation
idiote, selon laquelle c'était moi qui faisais répandre tous
les pamphlets ignobles qui traînaient sur mon compte.
Pour toute personne de bon sens, c'eût été risible, mais le
bon sens n'est plus.
Le délai demandé à la Convention a été refusé. Le prétendu procès a duré deux jours. Deux longs jours pendant
lesquels j'ai entendu toutes les horreurs possibles et imagi-
nables. Dans la bouche des quarante et un témoins qui sont
venus déposer, je n'ai entendu que les mots d'orgies, de trahison, d'argent ; ils parlaient tous par ouï-dire, ils n'avaient
rien de précis, mais c'était plus terrible que tout, de voir
cette haine immense et collective, la façon dont ces pauvres
gens étaient persuadés que j'étais bien un monstre, et qu'il
était de leur devoir de déposer contre moi. En moi-même, je
crois que j'aurais pleuré. Mais il me fallait me tenir digne,
garder mon maintien pour mes enfants. J'étais seule sur
mon siège de bois, peut-être un peu anxieuse. Tout au long
de ces dépositions, pour maintenir ma nervosité, je piano-
tais sur l'accoudoir, m'imaginant retrouver un clavecin et
les airs de Gluck.
Et j'entends à nouveau toutes les accusations auxquelles
j'ai répondu quelques jours auparavant. Je réponds méca-
niquement. Tiens, il est à présent question de La Fayette.

225

On prétend que le blondinet a été mon amant. Toutes ses manigances politiques ne lui ont servi de rien, il est lui aussi accusé désormais. Ils sont vraiment mal informés! Comment ne savent-ils donc pas que La Fayette m'a toujours agacée au plus haut point? Le plus étrange, c'est que pendant tous ces interrogatoires où l'on m'a posé les pires questions et accusée des pires horreurs, on ne m'a jamais pour ainsi dire parlé de Fersen, ni accusée de quoi que ce soit à cause de lui. C'est étonnant. C'est comme si tout le monde ignorait jusqu'à son existence. C'est tout juste si l'on m'a demandé quel était le nom du Suédois qui a conduit la berline hors de Paris pour notre fuite à Varennes. Donnant le nom de Fersen, j'ai pu répondre avec calme, et heureusement sans rougir. J'ai perdu tant de sang ces derniers jours que cela m'a sauvée de la gêne que j'aurais eue si je m'étais mise à rougir comme il m'arrivait souvent lorsque l'on me parlait de Fersen. Fersen, mon bon Fersen! Tout juste cocher pour Herman, Fouquier-Tinville et Robespierre!

Mais voilà que le pire est arrivé. J'ai vu entrer l'odieux Hébert, qui depuis des années me poursuit d'une haine impitoyable. Que lui ai-je donc fait? N'a-t-il point le moindre sentiment d'humanité, est-il un monstre sorti de l'enfer pour perdre mon âme, pour l'emplir de désespoir? Je ne devrais pas m'étonner qu'il vienne déposer contre moi à mon procès. Je m'apprête à fermer mon âme à toutes ces horreurs, mais soudain j'entends le plus terrible, les mots me transpercent comme des poignards : il m'accuse des pires choses avec mon fils; non, mon âme se refuse toujours à prononcer les mots odieux. Bien pire, il produit, triomphant, le témoignage de cet enfant, à qui l'on a fait dire des horreurs contre sa mère et contre sa tante. Je réponds à côté, comme hors de moi-même. Je pense à mon fils, isolé des siens, confié à des êtres ignobles, sans aucun secours de ceux qui l'aiment vraiment et veilleraient à la droiture de son esprit. Mon Dieu, le pauvre enfant! C'est un enfant exubérant, plein de joie de vivre, toujours prêt à plaire à son entourage. Il est tellement sensible! Je m'en suis ouverte

plus d'une fois à cette chère Campan et à Madame de Polignac, car j'avais remarqué, déjà à Versailles, qu'il pouvait
être indiscret et répéter tout ce qu'il avait entendu sans bien
le comprendre. Je sais aussi qu'il a beaucoup d'imagination,
et que sans vouloir mentir il est capable d'inventer des histoires s'il voit que l'auditoire y prête attention et a l'air
content de lui. Mon Dieu, me suis-je assez occupée de lui?
L'avons-nous assez corrigé de ce défaut? Mais comment
être trop sévère avec un enfant lorsque le monde autour de
vous s'écroule, que l'on risque de le perdre d'une minute à
l'autre, et que les circonstances sont exceptionnelles? Mon
Dieu, je pense aussi à la souffrance de ma petite Marie-
Thérèse, à ce qu'elle a dû éprouver en entendant ces mots.
Pourvu qu'elle n'en veuille pas trop à son frère! Et ma chère
Élisabeth, qui aime cet enfant autant que moi, que doit-elle
penser? Mon fils, mon enfant, mon tout-petit, je voudrais le
tenir dans mes bras, le consoler, lui dire que tout cela n'est
pas grave et que nous nous aimons tous si tendrement.

Autour de moi, à ces accusations ignobles, bien des audi-
teurs ont eu l'air gêné et un silence de mort a suivi. On
entendait le bruit de la plume du greffier sur le papier. Soudain un des jurés a demandé que je réponde précisément à
ces accusations. Je ne sais pas comment j'ai trouvé la force
de parler. C'était comme si l'inspiration venait du dehors de
moi. J'ai levé la tête et répondu ce que me dictait mon
cœur :

« Si je n'ai pas répondu, c'est que la nature se refuse de
répondre à pareille inculpation faite à une mère. J'en appelle
à toutes celles qui sont ici. »

Que pouvais-je dire d'autre? J'étais comme dans un autre
monde. Mais je crois que cette parole, et l'air dont je l'ai
dite, a impressionné la salle. Derrière moi, j'ai entendu une
femme murmurer à sa voisine : « Vois comme elle est
fière! » Je me suis dit que cet air de grandeur que je n'avais
pas pris à dessein allait être considéré comme une preuve
supplémentaire de ma monstruosité. Un peu inquiète, j'ai
cherché du réconfort auprès de mon défenseur Chauveau,

assis à côté de moi : « N'ai-je pas mis trop de dignité dans ma réponse ? » Mais lui, sans doute aussi impressionné, a trouvé les mots qu'il fallait pour tranquilliser ma conscience : « Madame, soyez vous-même, et vous serez toujours bien. » Et d'un seul coup me sont revenues en mémoire les lettres et les semonces de ma mère, lorsque j'étais jeune. « Quand donc serez-vous enfin vous-même ? » m'écrivait-elle. Oh, ma chère maman, dire qu'il a fallu attendre l'heure de ma mort et des circonstances si épouvantables pour qu'enfin je me rende compte de ce que vous vouliez me dire.

Après ces instants atroces, je crois que je n'ai plus été tout à fait consciente de ce qui se déroulait autour de moi. J'ai continué à répondre dignement. Je crois que j'ai lutté pendant près de quinze heures ce premier jour.

Et il a fallu recommencer le lendemain. C'était hier, c'était tout à l'heure. Ai-je encore mis assez de dignité dans la dernière phrase que l'on m'a laissé prononcer ?

« Hier, je ne connaissais pas les témoins, j'ignorais qu'ils allaient déposer contre moi. Eh bien, personne n'a articulé contre moi aucun fait positif. Je finis en observant que j'étais la femme de Louis XVI et qu'il fallait bien que je me conformasse à ses volontés. »

Ensuite, j'ai attendu, comme tout le monde. Ce qui allait suivre m'était somme toute assez indifférent. Je ne me faisais pas beaucoup d'illusions, car si on a laissé parler mes défenseurs, de toute façon c'est bien l'accusation et l'odieux Fouquier-Tinville qui ont eu le dernier mot. S'ils ont réussi à condamner mon bon Louis qui était bien plus aimé que moi, je ne doute pas qu'ils parviennent également à me condamner. Mais peut-être sera-ce la déportation ?

Ce 15 octobre au soir, je sais que je vais mourir. Dans mes allées et venues entre ma cellule et la salle d'audience, Brune m'escortait. Ce dernier soir, après avoir la tête qui résonnait par ce mot répété par des centaines de voix, la mort, je n'y voyais plus. Pourtant, je ne pleurais pas. Dans les escaliers, Brune m'a offert son bras. C'est extraordinaire comme un simple geste peut vous donner une lumière au cœur. Brune et tant d'autres m'ont comblée de leur gentillesse. Cela représentait un tel trésor dans le dénuement où je me trouvais.

Les jurés se sont retirés au milieu de la nuit. Ils sont revenus quelques heures après. C'était la mort. Et l'on m'a ramenée dans ma cellule.

Pour l'instant, je grelotte de froid, étendue tout habillée sur mon petit lit. J'entends les gardes marmonner entre eux. Le paravent me sépare à peine d'eux. Il fait encore nuit, mais demain sera là très vite. Pour moi, c'est encore le 15 octobre, c'est encore la fête de ma chère maman, et de ma petite Mousseline. Sainte Thérèse d'Avila, aidez ma fillette, si douce. Ma maman qui êtes déjà arrivée à bon port, aidez votre petite fille à vivre, à bien vivre. Écartez d'elle toutes les horreurs par lesquelles je suis passée. Le 15 octobre, c'était de beaux jours, jadis, et me voilà étendue tout en noir, et je ne réalise pas très bien ma mort toute proche. Ai-je vraiment reçu l'absolution? Que Dieu me pardonne. J'ai vu plusieurs prêtres, l'abbé Magnien, l'abbé Emery, qui me paraissaient de saints prêtres, non assermentés, mais sait-on jamais? Mon nouveau gardien, Bault, m'avait laissé espérer qu'il réussirait à ce qu'un prêtre puisse me joindre hier. Mais comment, lorsque l'on sait qu'il y a trois guichets gardés avant de pouvoir m'atteindre dans ce logement? Je ne veux plus ruminer mon passé, l'avenir est très proche. Je laisse bien des êtres chers, mais je vais en retrouver d'autres. Je suis quand même épouvantée. Mon Dieu, ma vie, malgré tout ce que l'on a dit, a été je l'espère tout de même meilleure à Vos yeux. Ai-je vraiment peur de mourir? Non, je sens une grande sérénité envahir mon âme, et je pense à mon cher papa et à sa phrase chérie : « Fais ce que tu dois, marche la tête haute, et Dieu t'aidera. » Oui, mon papa, demain, c'est ainsi que je ferai.

J'ai écrit à Élisabeth. Puis j'ai pensé à Vous, mon Dieu. Croyez-Vous que je vais trouver grâce à Vos yeux? Ai-je été assez honnête en examinant avec Vous ma conscience?

Mon Dieu, ayez pitié de moi, en ces derniers instants. Je me prépare pour Vous, sans le secours de personne. Je crois que je n'ai pas peur, mais donnez-moi la force de me tenir droite jusqu'au bout.

Mais voici la petite Rosalie qui entre dans ma cellule. La pauvre enfant, elle veut que je prenne un peu de bouillon. Quelle absurdité! Tout est fini pour moi, à quoi rime de m'alimenter? Enfin, pour lui faire plaisir, j'accepte. Elle me demande aussi de changer de robe, pour ne pas aller à l'échafaud dans une robe de deuil qui pourrait irriter le peuple. De toute façon, je tenais à mettre ma robe blanche, mais je voudrais bien aussi changer de linge, et le faire tranquillement pendant que les gardes qui sont dans la pièce ont le dos tourné. C'est encore trop demander, et Rosalie est obligée de se mettre devant moi en écartant ses jupes pour me cacher au regard de ces hommes qui ne doivent pas me quitter des yeux.

Un prêtre assermenté entre dans ma prison. Je le savais. Je ne lui prête guère d'attention, cela n'a pas d'importance. Puis voici le bourreau. Mon Dieu, comme il est grand! Il s'appelle Samson, comme dans la Bible. C'est drôle, je pense soudain à Mirabeau que Madame de Staël comparait aussi à Samson. Mon Dieu, il coupe mes cheveux, mais quelle importance, puisqu'ils sont devenus blancs et qu'ils n'ont plus rien de commun avec la chevelure de ma jeunesse. Il me remet mon bonnet n'importe comment, et Rosalie qui me l'avait si joliment mis! J'ai les mains liées, et je songe avec amertume que le roi, lui, avait les mains libres en allant vers son supplice. Mon Dieu, c'est mon tour. La porte de mon cachot s'ouvre, ce grand jeune homme qui me tient au bout d'une longue corde s'avance dans les couloirs, je le suis comme un animal en laisse. Voici la cour, le soleil de midi. Je suis éblouie. Mon Dieu, je m'avance vers Vous, dans la lumière.

La lettre que Marie-Antoinette avait écrite à Élisabeth, son testament, n'est jamais parvenue à la malheureuse princesse, elle-même exécutée en 1794. Plus de vingt ans après, un nommé Courtois, chargé de trier les papiers de la Révolution, a fait parvenir à Louis XVIII la dernière lettre de la reine :

C'est à vous, ma sœur, que j'écris pour la dernière fois. Je viens d'être condamnée, non pas à une mort honteuse, elle ne l'est que pour les criminels, mais à aller rejoindre votre frère. Comme lui innocente, j'espère montrer la même fermeté que lui dans ces derniers moments. Je suis calme comme on l'est quand la conscience ne reproche rien. J'ai un profond regret d'abandonner mes pauvres enfants. Vous savez que je n'existais que pour eux et vous, ma bonne et tendre sœur. Vous qui aviez par votre amitié tout sacrifié pour être avec nous, dans quelle position je vous laisse! J'ai appris, par le plaidoyer même du procès, que ma fille était séparée de vous. Hélas! la pauvre enfant, je n'ose pas lui écrire, elle ne recevrait pas ma lettre. Je ne sais pas même si celle-ci vous parviendra. Recevez pour eux deux ici ma bénédiction. J'espère qu'un jour, lorsqu'ils seront plus grands, ils pourront se réunir avec vous et jouir en entier de vos tendres soins. Qu'ils pensent tous deux à ce que je n'ai cessé de leur inspirer : que les principes et l'exécution exacte de ses devoirs sont la première base de la vie, que leur amitié et leur confiance mutuelle en fera le bonheur. Que ma fille sente qu'à l'âge qu'elle a, elle doit toujours aider son frère par les conseils que l'expérience qu'elle aura de plus que lui et son amitié pourront lui inspirer; que mon fils, à son tour, rende à sa sœur tous les soins, les services que l'amitié peut inspirer; qu'ils sentent enfin tous deux que, dans quelque position où ils pourront se trouver, ils ne seront vraiment heureux que par leur union; qu'ils prennent exemple en nous. Combien, dans nos malheurs, notre amitié nous a donné de consolations! Et dans le bonheur, on jouit doublement quand on peut le partager avec un ami. Et où en trouver de plus tendre, de plus uni que dans sa propre famille? Que mon fils n'oublie jamais les derniers mots de son père, que je lui répète constamment : qu'il ne cherche pas à venger notre mort.

J'ai à vous parler d'une chose bien pénible à mon cœur. Je sais combien cet enfant doit vous avoir fait de la peine. Pardonnez-lui, ma chère sœur. Pensez à l'âge qu'il a, et combien il est facile de faire dire à un enfant ce qu'on veut, et même ce qu'il ne comprend pas. Un jour viendra, j'espère, où il ne sentira que mieux le prix de vos bontés et de votre tendresse pour tous deux.

Il me reste à vous confier encore mes dernières pensées. J'aurais voulu les écrire dès le commencement du procès. Mais outre qu'on ne me laissait pas écrire, la marche a été si rapide que je n'en aurais réellement pas eu le temps.

Je meurs dans la religion catholique, apostolique et romaine, dans celle de mes pères, dans celle où j'ai été élevée, et que j'ai toujours professée. N'ayant aucune consolation spirituelle à attendre, ne sachant pas s'il existe encore ici des prêtres de cette religion, et même le lieu où je suis les exposerait trop s'ils y entraient une fois, je demande sincèrement pardon à Dieu de toutes les fautes que j'ai pu commettre depuis que j'existe. J'espère que, dans Sa bonté, Il voudra bien recevoir mes derniers vœux, ainsi que ceux que je fais depuis longtemps pour qu'Il veuille bien recevoir mon âme dans Sa miséricorde et Sa bonté.

Je demande pardon à tous ceux que je connais, et à vous, ma sœur, en particulier, de toutes les peines que, sans le vouloir, j'aurais pu leur causer. Je pardonne à tous mes ennemis le mal qu'ils m'ont fait. Je dis ici adieu à mes tantes et à tous mes frères et sœurs. J'avais des amis; grands regrets que j'emporte en mourant; qu'ils sachent du moins que jusqu'à mon dernier moment j'ai pensé à eux.

Adieu, ma bonne et tendre sœur; puisse cette lettre vous arriver! Pensez toujours à moi; je vous embrasse de tout mon cœur, ainsi que ces pauvres et chers enfants. Mon Dieu, qu'il est déchirant de les quitter pour toujours! Adieu, adieu : je ne vais plus m'occuper que de mes devoirs spirituels. Comme je ne suis pas libre de mes actions, on m'amènera peut-être un prêtre; mais je proteste ici que je ne lui dirai pas un mot, et que je le traiterai comme un être absolument étranger.

Marie-Antoinette a été exécutée le mercredi 16 octobre 1793, à midi et quart. Malgré toutes ses épreuves et sa faiblesse, elle resta toujours gracieuse et monta les degrés de l'échafaud avec légèreté.

BIBLIOGRAPHIE

Les principaux faits et dates ont été retrouvés dans les ouvrages suivants :

André CASTELOT, *Marie-Antoinette*, Perrin, Paris, 1989.

Jean CHALON, *Chère Marie-Antoinette*, Perrin, Paris, 1988.

Jean CHEVALLIER, *Barnave ou les deux faces de la Révolution*, Payot, Paris, 1936.

Françoise KERMINA, *Hans Axel de Fersen*, Perrin, Paris, 1985.

Charles KUNSTLER, *La Vie privée de Marie-Antoinette*, Hachette, Paris, 1938.

Lettres de Louis XVI et de Marie-Antoinette, 1789-1793, présentées par Jean-Pierre Dormois. Paris, 1988.

Évelyne LEVER, *Louis XVI*, Fayard, Paris, 1985.

Évelyne LEVER, *Marie-Antoinette*, Fayard, Paris, 1991.

Yves OZANAM. Les notes de Chauveau-Lagarde pour la défense de Marie-Antoinette devant le tribunal révolutionnaire, *Histoire de la Justice*, 1992; t. 5 : p. 189-209.

Chantal THOMAS, *La Reine scélérate. Marie-Antoinette dans les pamphlets*, Seuil, Paris, 1989.

Stefan ZWEIG, *Marie-Antoinette*, Grasset, Paris, n^{lle} édition, 1989.

TABLEAU CHRONOLOGIQUE
ET
TABLEAUX GÉNÉALOGIQUES

VIE DE MARIE-ANTOINETTE	LES ÉVÉNEMENTS EN FRANCE	LES ÉVÉNEMENTS DANS LE MONDE
1755, 2 nov. : naissance	1751-1772 : publication de l'*Encyclopédie*	1755, 1er nov. : tremblement de terre de Lisbonne
		1756 : début de la guerre de Sept Ans
		1761 : Pacte de famille
	1762 : Rousseau, *Le Contrat social*	
		1763 : Traité de Paris
1765 : mort de l'empereur François Ier, père de Marie-Antoinette	1766 : rattachement de la Lorraine à la France	
	1768-1775 : construction de la place Louis-XV (future place de la Révolution puis de la Concorde)	
1770 : 16 mai : mariage avec le Dauphin		1772 : premier partage de la Pologne
1773 : première entrée dans Paris		
1774, fév. : première rencontre avec Fersen 10 mai : avènement de Louis XVI, don du Trianon	1774, 10 mai : mort de Louis XV Turgot contrôleur général des Finances	1774 : Goethe, *Werther*
1775 : sacre de Louis XVI	1775 : Beaumarchais, *Le Barbier de Séville*	1775 : machine à vapeur de Watt
	1776 : Necker remplace Turgot	1776 : déclaration d'indépendance des États-Unis
1777, av. : visite de Joseph II à Versailles		1777 : La Fayette en Amérique
1778, 1er déc. : naissance de sa fille aînée, Marie-Thérèse	1778 : mort de Voltaire et de Rousseau	1778 : alliance franco-américaine
1780, 29 nov. : mort de l'impératrice Marie-Thérèse		1779 : Gluck, *Iphigénie*
1781, 22 oct. : naissance du premier Dauphin Louis Madame de Polignac gouvernante des enfants royaux	1781 : démission de Necker	1781 : Kant, *Critique de la raison pure*
		1783 : Traité de Versailles
1785, 27 mars : naissance de Louis, duc de Normandie (Louis XVII) 15 août : arrestation de Rohan – Affaire du Collier	1785 : David, *Le Serment des Horaces*	1785 : Mozart, *Les Noces de Figaro*
		1785-1788 : expédition de La Pérouse
1786, 31 mai : acquittement de Rohan 9 juill. : naissance de sa fille Sophie	1787 : assemblée des notables	1787 : constitution des États-Unis
	1788 : convocation des états généraux	

Tableau chronologique : la vie de Marie-Antoinette et les événements en France et dans le monde

VIE DE MARIE-ANTOINETTE	LES ÉVÉNEMENTS EN FRANCE	LES ÉVÉNEMENTS DANS LE MONDE
1789, 4 juin : mort du premier Dauphin 1er oct. : banquet du régiment de Flandre 6 oct. : la famille royale ramenée aux Tuileries (Journées d'octobre)	1789, 5 mai : ouverture des états généraux 20 juin : serment du jeu de Paume 9 juill. : Assemblée constituante 14 juill. : prise de la Bastille 4 août : abolition des privilèges 26 août : déclaration des droits de l'homme et du citoyen	
1790, 20 fév. : mort de l'empereur Joseph II, rapprochement avec Mirabeau, été à Saint-Cloud 13 nov. : émeute contre la reine aux Tuileries	1790, 12 juill. : Constitution civile du clergé 14 juill. : Fête de la fédération	1790 : Goethe, *Faust* 21 juill. : affaire de la baie de Nootka
1791, 19 fév. : émigration des tantes 20-21 juin : Varennes	1791, 17 juill. : Fusillade du Champ-de-Mars 14 sept. : Constitution de 1791 1er oct. : Assemblée législative	1791, 13 av. : condamnation par le pape de la Constitution civile du clergé 27 août : déclaration de Pillnitz 5 déc. : mort de Mozart
1792, fév. : dernière visite de Fersen aux Tuileries 1er mars : mort de l'empereur Léopold II 20 juin : manifestation aux Tuileries 10 août : sac des Tuileries, la famille royale à l'Assemblée 13 août : la famille royale au Temple 3 sept. : massacre de la princesse de Lamballe 11 déc. : début du procès du roi	1792, 25 av. : *La Marseillaise* 11 juill. : « La patrie en danger » 3 août : Publication du *Manifeste de Brunswick* 25 août : Commune de Paris. La Convention sept. : massacres de septembre 20 sept. : Valmy 21 sept. : abolition de la royauté. 1re République	1792, 9 janv. : paix entre la Russie et l'empire Ottoman 20 av. : déclaration de guerre à l'Autriche 19 juin : Catherine II de Russie envahit la Pologne
1793, 16 janv. : exécution du roi Louis XVI 13 juill. : Louis XVII enlevé à sa mère 2 août : Marie-Antoinette à la Conciergerie 3 sept. : affaire de l'œillet 12 oct. : mise en accusation 16 oct. : condamnation et exécution	1793, 10 mai : création du Tribunal révolutionnaire et début de l'insurrection vendéenne 24 juin : Constitution de l'An I 23 août : « Levée en masse » 4 sept. : « La terreur à l'ordre du jour » 17 sept. : loi des suspects	1793, 23 janv. : second partage de la Pologne 1er fév. : entrée en guerre de l'Angleterre

Tableau chronologique : la vie de Marie-Antoinette et les événements en France et dans le monde

De Marie-Thérèse d'Autriche

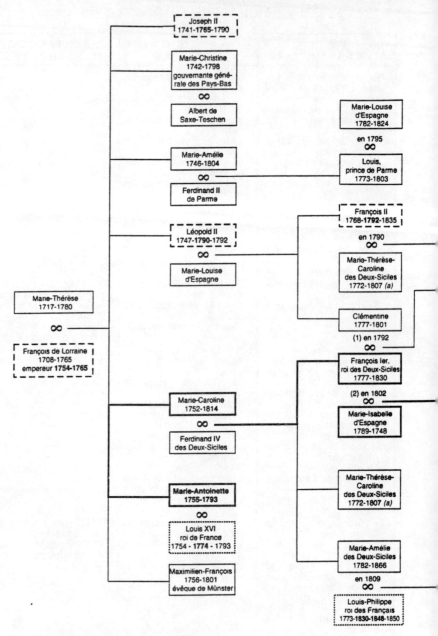

*Par souci de clarté, ne sont présentés
dans cette généalogie que les personnages
cités dans le livre ou ayant une descendance
pour notre propos.*

Les lettres entre parenthèses et en italiques
permettent d'identifier les princesses citées
deux fois dans la généalogie, pour leur naissance
et pour leur mariage.

à la comtesse de Paris

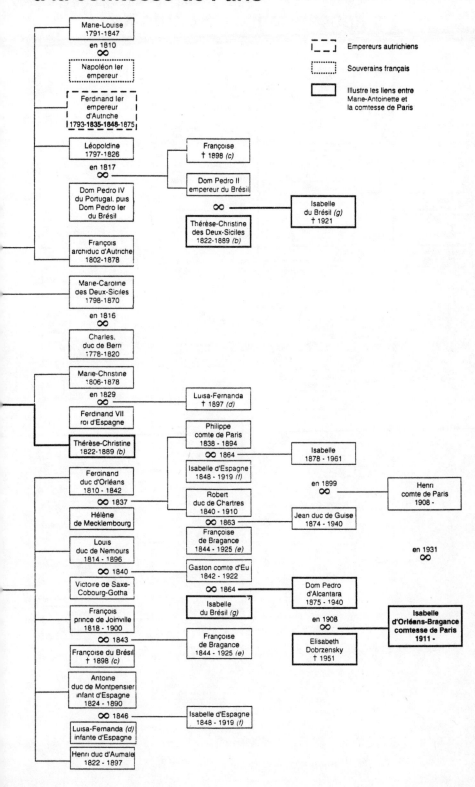

Marie-Louise
1791-1847

en 1810
∞

Napoléon Ier
empereur

Ferdinand Ier
empereur
d'Autriche
1793-**1835-1848**-1875

Léopoldine
1797-1826

en 1817
∞

Dom Pedro IV
du Portugal, puis
Dom Pedro Ier
du Brésil

François
archiduc d'Autriche
1802-1878

Marie-Caroline
des Deux-Siciles
1798-1870

en 1816
∞

Charles,
duc de Berri
1778-1820

Marie-Christine
1806-1878

en 1829
∞

Ferdinand VII
roi d'Espagne

Thérèse-Christine
1822-1889 (b)

Ferdinand
duc d'Orléans
1810 - 1842

∞ 1837

Hélène
de Mecklembourg

Louis
duc de Nemours
1814 - 1896

∞ 1840

Victoire de Saxe-
Cobourg-Gotha

François
prince de Joinville
1818 - 1900

∞ 1843

Françoise du Brésil
† 1898 (c)

Antoine
duc de Montpensier
infant d'Espagne
1824 - 1890

∞ 1846

Luisa-Fernanda (d)
infante d'Espagne

Henri duc d'Aumale
1822 - 1897

Françoise
† 1898 (c)

Dom Pedro II
empereur du Brésil

∞

Thérèse-Christine
des Deux-Siciles
1822-1889 (b)

Isabelle
du Brésil (g)
† 1921

Luisa-Fernanda
† 1897 (d)

Philippe
comte de Paris
1838 - 1894

∞ 1864

Isabelle d'Espagne
1848 - 1919 (f)

Robert
duc de Chartres
1840 - 1910

∞ 1863

Françoise
de Bragance
1844 - 1925 (e)

Gaston comte d'Eu
1842 - 1922

∞ 1864

Isabelle
du Brésil (g)

Françoise
de Bragance
1844 - 1925 (e)

Isabelle d'Espagne
1848 - 1919 (f)

Isabelle
1878 - 1961

en 1899
∞

Jean duc de Guise
1874 - 1940

Henri
comte de Paris
1908 -

Dom Pedro
d'Alcantara
1875 - 1940

en 1931
∞

en 1908
∞

Elisabeth
Dobrzensky
† 1951

Isabelle
d'Orléans-Bragance
comtesse de Paris
1911 -

Empereurs autrichiens

Souverains français

Illustre les liens entre
Marie-Antoinette et
la comtesse de Paris

La descendance de Louis XV

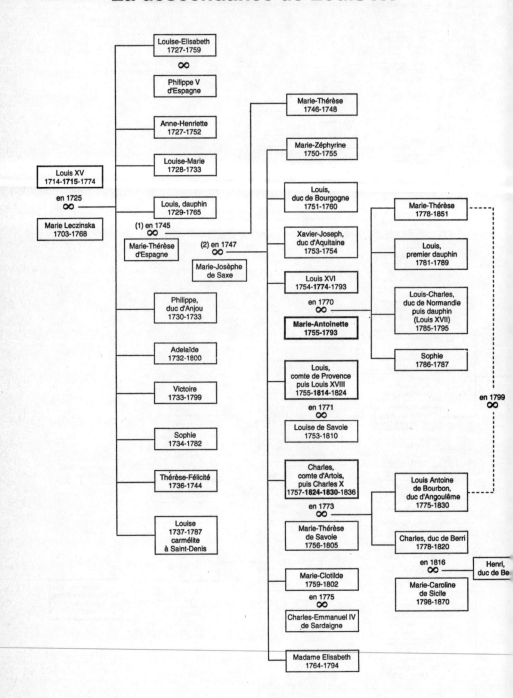

TABLE DES MATIÈRES

Cet ouvrage a été réalisé par la
SOCIÉTÉ NOUVELLE FIRMIN-DIDOT
Mesnil-sur-l'Estrée
pour le compte des Éditions Robert Laffont
en septembre 1993

Imprimé en France
Dépôt légal : septembre 1993
N° d'édition : 34893 – N° d'impression : 24382